每天一堂销售课

（白金珍藏版）

唐华山　编著

人民邮电出版社
北　京

图书在版编目（CIP）数据

每天一堂销售课 ：白金珍藏版 / 唐华山编著. -- 北京 ：人民邮电出版社，2016.9（2019.2重印）
ISBN 978-7-115-43454-8

Ⅰ. ①每… Ⅱ. ①唐… Ⅲ. ①销售学 Ⅳ. ①F713.3

中国版本图书馆CIP数据核字(2016)第201581号

内容提要

销售是个技术活儿，它拼的不仅是产品，更需要高超的沟通技巧与营销技巧。

本书将销售人员在销售过程中最有可能遇到的各种难题，以及经过实践总结出的各种销售方法与策略，用一年365天的形式串联起来，每天讲述一个销售人员普遍关注或对销售人员有所帮助的话题。书中内容涵盖销售定律、销售认知、销售口才、沟通技巧、需求挖掘、产品展示、排除异议、促进交易、催款要账、网络营销以及售后服务等销售领域的各个方面，既有理论指导，又有应对策略和案例解析。

这是一本销售实战操作手册，能够帮助销售人员以及相关工作人员抓住销售工作的精髓，形成自己的销售技巧，进而使销售业绩倍增。

◆ 编　　著　唐华山
责任编辑　姜　珊
执行编辑　付微微
责任印制　焦志炜
◆ 人民邮电出版社出版发行　　北京市丰台区成寿寺路11号
邮编 100164　　电子邮件 315@ptpress.com.cn
网址 http://www.ptpress.com.cn
北京虎彩文化传播有限公司印刷
◆ 开本：787×1092　1/16
印张：19.5　　2016年9月第1版
字数：362千字　　2019年2月北京第8次印刷

定　价：39.00元

读者服务热线：(010) 81055656　印装质量热线：(010) 81055316
反盗版热线：(010) 81055315
广告经营许可证：京东工商广登字20170147号

PREFACE

前言

销售是一切商业活动的基础，企业的利润、产品的价值、顾客的利益、员工的收入，都只有在销售发生之后才能实现。

从事销售工作的好处数不胜数。通过销售，我们可以将自己的价值观或产品推销给别人，在别人接受的过程中，我们也会获得极大的满足感和成就感；通过销售，我们可以学会观察，从心理层面了解到他人的想法，成为一个心理专家；通过销售，我们能够和他人建立起和谐的人际关系，使自己成为一个更受欢迎的人；通过销售，我们必然要去很多不同的地方，面对不同性格的客户，从而把自己培育成一个社会活动家；通过销售，我们要想让别人接受自己的产品，就要有超人的口才，把产品的优越性充分地表达出来，这样就培养了自己的沟通技能和演说能力……销售的迷人之处就在于，它为普罗大众提供的成功机会是平等的，它不分地位高低，不分资历学历，不分相貌丑俊，只要我们拥有出色的销售技能，即便两手空空，也可以白手起家，实现财务自由。

如今，在经济环境变革加速的背景下，销售变成了一项非常具有挑战性的事业。外部市场的变化，行业竞争的加剧，使市场、渠道、信息、客户、产品、服务都与以往截然不同。要应对这种局面，销售人员必须拥有更多的沟通技巧、更好的应变能力，而这一切又都是以更加完备的销售知识和技能为基础的；同时，越来越大的业绩甚至职业压力，也使得众多的销售人员没有足够的时间去逐本啃读专著。

为此，本书将各类销售知识与技能分解为365个知识点，内容全面，形式灵活，读者可以在忙碌之余随时翻看查阅，逐步增加知识、提升能力。书中每篇文章的内容均由三个部分组成：一是“核心提示”，用一句话的形式提炼该单元的核心内容；二是“理论指导”，包括“理论讲解”（对某一个营销主题相关理论的讲授或技巧的介绍）和“经典案例”；三是“行动指南”，主要是给予销售人员一些指导性的建议。

概括起来，本书具有以下五大特色。

◆系统全面——本书立足于全程指导，对销售活动的各个层面条分缕析，涉及销售人员想知道或必须知道的各方面知识。

◆观念前沿——本书汇集世界顶级营销专家的最新观点，这些富有启发性的先进理念可以帮助销售人员实现自我提升与自我超越。

◆案例经典——本书与读者分享来自一线销售高手的成功经验，有助于读者更好地胜任销售工作，获得突出的业绩。

◆与时俱进——当前的销售环境与以往大不相同，本书与时俱进，根据当下环境，给出合适的销售方式，微博、微信、二维码、APP 等方面的销售技巧应有尽有。

◆注重实战——本书针对销售人员中普遍存在的典型问题，提供了有效的解决方案。

谨以此书献给那些不向平庸妥协，不向失败低头，致力于以销售改变人生的朋友们。让我们从每一天开始做起吧，从每一个细节、每一项技能、每一种理念开始做起。365 天足以构筑一个希望，形成一种能量，铺就一条通途。相信只要坚持下去，你的销售人生一定会精彩纷呈。

本书在策划与编写过程中，得到了郑月玲、唐秀娟、郭东华、唐洪飞、崔侠、郑海龙、郑茂章、谢俊超、唐荣银、胡芹、崔艳、李彩莉、毕锋、王晓蕾等人的大力帮助，在此向他们表示感谢。没有他们的帮助，本书是很难面世的。

由于作者水平所限，书中偏颇和不当之处在所难免，恳请读者朋友批评指正，以便再版时让本书更加完善。

CONTENTS

目 录

第2章 销售认知/17

第3章 衣着形象/29

第4章 气质修养/39

第5章 销售礼仪/45

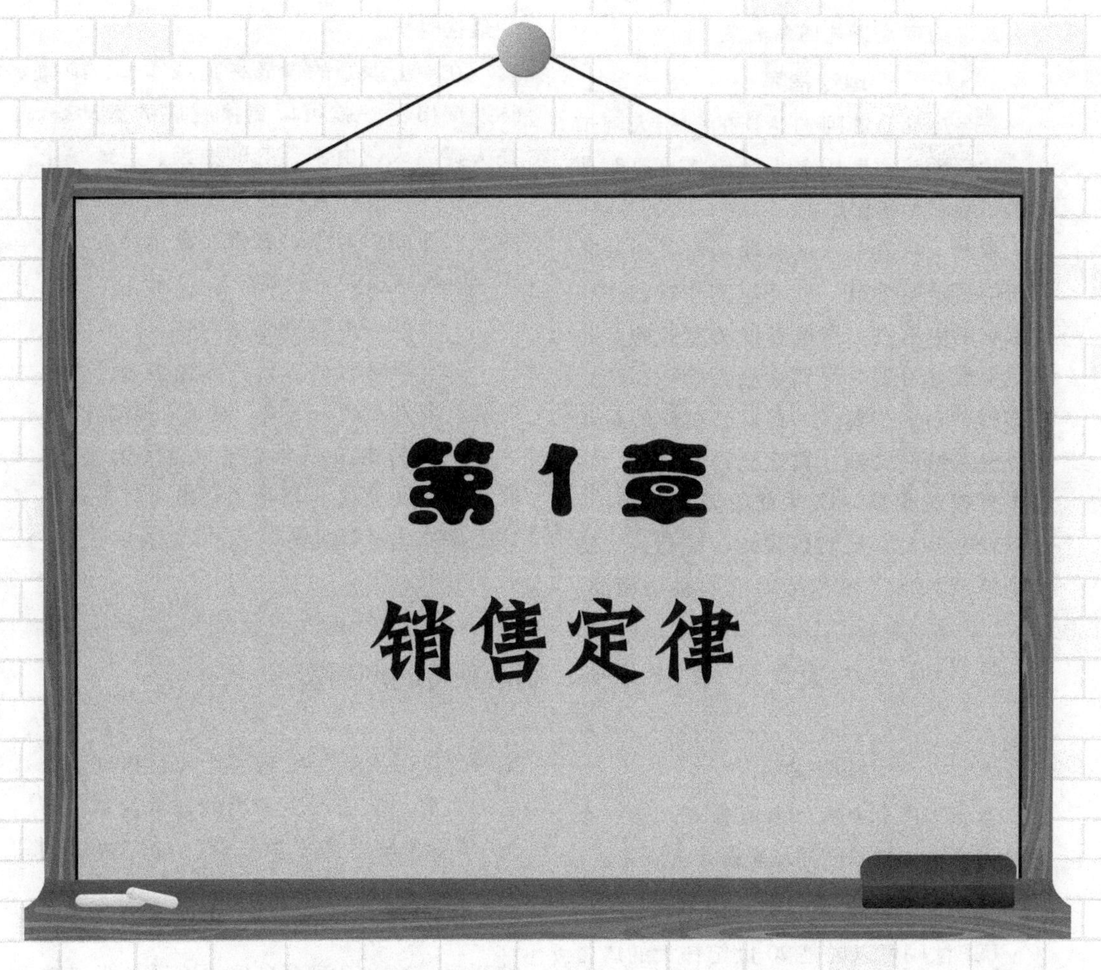
第1章
销售定律

第1天　名人效应：借助名人效应，早日走向成功

核心提示

名人效应是指知名人士对消费者购买行为的影响程度、范围与效果。

理论指导

著名运动品牌阿迪达斯的创始人阿道夫·达斯勒曾经运用名人效应将自己制作的鞋子顺利地销售出去。

那时，阿道夫·达斯勒制作了一双带钉子的短跑运动鞋，可是他不知道怎样将这双鞋销售出去。当他听说美国短跑名将欧文斯最有希望夺得奥运会金牌时，他立刻想到了一个主意——将自己制作的运动鞋免费送给欧文斯。奥运会结束以后，在全世界观众竞相一睹体育明星的风采时，这双鞋也进入了人们的视线。此后，“欧文斯的鞋”成了短跑运动员的必备用品。之后，每逢有新产品推出，阿道夫·达斯勒总要精心选择试穿的运动员与产品销售的最佳时机。

在瑞士举办的世界杯足球赛上，阿迪达斯推出了一款可以更换鞋底的运动鞋。在决赛当天，由于天气的原因，足球场上一片泥泞，而穿着阿迪达斯新款运动鞋的球员们却健步如飞。这让阿迪达斯的新款运动鞋再次引起了轰动。

行动指南

让有影响力的人为产品做宣传，可以迅速提高产品的知名度。销售人员要牢记：名人效应的运用一定要建立在产品质量、服务水平过硬的基础之上，否则得到的也终会像泡沫一样消失。

第2天　USP法则：制造独特的产品卖点

核心提示

每一则广告都必须向消费者说明一个独特的卖点，只有这样消费者才会买账。

理论指导

USP法则可以说是20世纪伟大的广告创意策略之一。该法则是由曾任美国Ted Bates广告公司董事长的罗塞·瑞夫斯提出的，他认为，每一则广告都必须向消费者说明一个独特的卖点，让消费者明白购买广告中的商品可以得到什么具体的利益。

宝洁公司一直善于制造卖点，以该公司推出的洗发水为例，“海飞丝”的定位是去头屑，“潘婷”的定位是让头发健康而有光泽，“飘柔”的定位是使头发飘逸柔顺。“海飞丝”的包装让人联想到蔚蓝色的大海，从而产生清爽的视觉效果；而“头屑去无踪，秀发更出众”的广告语则进一步在消费者的心中树立起“海飞丝”去头屑的理念。“飘柔”的包装采用明快的颜色，给人以清新自然的感受；而“洗发、护发一次完成，让头发飘逸柔顺”的广告语，再配以少女甩动如丝般秀发的画面，更加深了消费者对飘逸柔顺效果的印象。“潘婷”的包装向消费者传递了高贵与优雅的品牌信息；而“营养头发，更健康、更亮泽”的广告语则强调了“潘婷”重在修护的功能。

行动指南

销售人员要能说出自己产品的独特之处，找到一个与消费者利益相吻合的卖点，用细节打动和吸引消费者。

第3天　逆向思维："反弹琵琶"常常能获得意想不到的收获

核心提示

在销售活动中，销售人员要善于运用逆向思维，出奇制胜。

理论指导

逆向思维就是把目标点变为出发点的思维模式，也就是人们经常所说的"反过来想一想"。

下面来看一个运用逆向思维获得成功的经典营销案例。

几乎是在一夜之间，某地的汽车推销员们都获悉一个消息：王先生的车子太旧，即将报废。于是大家纷纷前去向他推销新款汽车。

在这些上门推销的人中，有人说："您的这辆车太旧了，您开着它出门不觉得有失身份吗？"有人说："您的车既然换了那么多零件，还不如用那些钱买一辆新车划算。"还有人说："您要是嫌贵的话，我可以向您推荐价格便宜的车。"这些充满讽刺意味的话让王先生感到很不舒服，因此产生了很强的防御心理。

过了几天，一名中年男子前来推销汽车，王先生仍然感到十分反感。但是这位推销员与以前的那些推销员不同，他并没有劝王先生买车，而是说："王先生，您的这辆车除了安全问题之外，至少还能再开上三四个月，如果现在就换新车的话，那么实在是太不划算了，我看您可以过一阵子再考虑买车的问题。"说完，推销员递上一张名片后就走了。

经推销员这么一说，王先生觉得自己应该冷静地考虑一下。经过一番思考，他决定换一辆车，于是立即按名片上的电话与那位推销员取得了联系。

行动指南

面对难题，销售人员要敢于反其道而行之，从问题的另一面寻找突破口。

第4天　紫牛理论：与众不同的产品会吸引消费者的注意

核心提示

在产品同质化日益严重的今天，销售人员只有为产品找到一个与众不同的卖点，才能吸引消费者的关注。

理论指导

当许多牛同时出现时，人们只会记得有一群牛，而对个体没有印象。如果牛群中有一头紫色的牛，那么人们就会忽视其他牛的存在，而只对紫牛有印象。紫牛理论由美国营销大师赛斯·高汀提出，该理论强调的是差异化营销。

下面来看一个案例。

王老吉作为罐装饮品的后起之秀，在我国南方有很好的销量和口碑，但是在北方，由于人们几乎没有饮用凉茶的习惯，所以销量一直不高。经过一番市场调研，王老吉凭借自身独特的定位，很好地解决了北方人在用餐时普遍担心的“上火”问题，销售额一下子从2002年的1亿元左右猛增到2007年的90亿元左右，从此畅销大江南北。王老吉成功的关键就在于找到了独特的定位，成为饮料行业中最亮眼的一头“紫牛”。

行动指南

要想打开产品的销路，销售人员就必须设法让产品足够显眼，只有这样才会引起消费者的购买欲望。

第5天　干鱼片理论：把握销售良机，抢先占领市场

核心提示

谁的产品能最先占领市场，谁就能最先得到赚钱的机会。

理论指导

如今，市场竞争越来越激烈，谁的产品能最先占领市场，谁就能最先得到赚钱的机会。这就是干鱼片理论所要告诉我们的道理。

下面来看一个故事。

有一个渔夫，靠捕鱼谋生。虽然同样是捕鱼，但是他赚的钱比其他渔夫都多。其他渔夫都很羡慕他，于是纷纷询问这个渔夫有何秘诀。这个渔夫笑着说：“其实，我们每次打捞上来的鱼的数量与质量都相差不多，但是我和你们的卖法不同。每次捕到鱼后，我都会在第一时间高价卖给一流的豪华餐厅，如果第一天没有卖出去的话，那么就在第二天以低价卖给二流的餐馆。而你们总是想把鱼卖个好价钱，结果错过了出售的大好时机，最后只能把卖不出去的鱼做成不值钱的干鱼片。”

新产品就好比生鱼片，销售人员要趁着新鲜尽快将它卖出去，否则等到它变成了一文不值的干鱼片时，就很难脱手了。

行动指南

在企业进行新产品研发之前，销售人员要做好营销计划，等到新产品一上市就迅速抢占市场先机。

第6天　聚焦法则：有焦点才会有卖点

核心提示

在做产品推广时，销售人员要遵循聚焦法则。

理论指导

聚焦法则是指将产品的卖点聚集在一个简单的词语或概念上，可以让产品深入人心。

下面来看一个案例。

美国派克公司为了开拓市场，除了不断改进笔型设计以吸引消费者之外，还善于利用重要事件和知名人士来扩大派克笔的影响力，提高产品的知名度。

1962年2月20日，美国宇航员约翰·格林乘坐“友谊”7号水星舱在太空中成功地绕地球飞行了三圈。为了纪念和庆祝人类航天史上的这一重大突破，派克公司决定用制造火箭的材料制作一支特别

的派克笔送给约翰·格林。此举被一些媒体报道后，派克公司和派克笔一下子成为人们关注的焦点，并在人们的心中留下了良好的印象。

行动指南

销售人员要牢记聚焦法则，不要一下子向目标客户推荐很多的产品，而要专攻其一。

第7天　达维多定律：主动淘汰陈旧的产品，否则别人就会淘汰你

核心提示

在激烈的市场竞争中，企业要想保持竞争优势，必须重视创新，在产品卖得很好的时候就要想到下一步该开发什么新产品。如果一直抱着吃老本的想法，那么早晚都会被市场淘汰。

理论指导

达维多定律是由曾任英特尔公司副总裁的威廉·达维多提出的。达维多认为，要想始终保持领先，企业就要主动淘汰自己的旧产品，不断开发适合市场需要的新产品。

1995 年，英特尔公司为了避开与 IBM 公司生产的 PowerPC RISC 系列产品的竞争，决定缩短当时极其成功的 486 处理器的技术生命。1995 年 4 月 26 日，很多媒体都报道了“英特尔牺牲‘486’，支持‘586’”的决定。

这一决定反映了英特尔公司的一个长期战略，即运用达维多定律，比竞争对手抢先一步生产出速度更快、体积更小的微处理器……然后通过一边减少旧芯片的供应，一边降低新芯片的价格，使产品迅速占领市场。英特尔公司使用这种战略，将很多竞争对手远远甩在了后面。

行动指南

销售人员要牢记达维多定律，适时对自己的销售策略进行调整和创新。

第8天　931法则：精诚所至，金石为开

核心提示

要想得到客户的认可，销售人员必须有锲而不舍的精神。

理论指导

一位优秀的保险推销员在工作中发现了一个很有意思的现象：大约每向 9 名客户推销保险，就会有 3 名客户产生投保的想法，而在这 3 名有投保想法的客户中，最后一定会有 1 人投保。这就是“931 法则”，有的营销专家将其称为成交比率。

“931 法则”告诉销售人员：要想得到客户的认可，除了要有不怕吃苦的精神，还要懂得运用相应的方法。

世界上最容易的事是坚持，最困难的事也是坚持。说它容易，是因为只要愿意做，人人都能做到；说它困难，是因为真正能够做到的终究只是少数人。成功贵在坚持，这是一个尽人皆知的道理。

下面来看一个案例。

某知名企业招聘销售人员，人事经理告诉几十名应聘者“大厦的电梯坏了”，于是带着他们来到楼梯间，由1楼往位于28楼的办公室爬去。结果大多数人不是待在1楼等电梯修好，就是爬了一半便放弃了。面对坚持到最后的几名应聘者，人事经理宣布：“你们被录用了——其他人全部被淘汰。”

这家企业认为，以爬楼梯来考核一名员工是否具有坚持不懈的精神再合适不过了，一个连几层楼梯都不愿意爬的人很难成为优秀的销售员。

行动指南

销售人员要注重培养自己锲而不舍的精神，在销售的过程中恪守主动、自信、毅力这三项原则。

第9天　1:29:300法则：数量决定业绩，付出总有回报

核心提示

1:29:300法则告诉销售人员：只有多拜访客户，才能获得成功。

理论指导

1:29:300法则也叫海恩法则，最初反映了一个关于飞行安全的规律，即在每一起重大飞行事故的背后，必然有29次轻微事故，而在每次轻微事故的背后，又有300多处事故隐患。要想避免一起重大事故的发生，人们必须把这300多处事故隐患控制住。这条法则充分说明了结果与原因之间的必然联系。

1:29:300法则不单单适用于航空领域，在销售领域也同样适用。对销售人员来说，一次成交来自于29位潜在客户中的一位，而这29位潜在客户又来自于300次拜访。因此，销售人员要勤于拜访客户，只有这样才能为成交打好基础。

优秀的销售员都是从寻找准客户开始走向成功的。日产汽车公司销售大王奥诚良治发现了一个数量定律：每寻找25位客户，就会有4位客户对购买汽车感兴趣，而在这4位客户中，就有1位客户会购买汽车。于是他规定自己每天必须找到100位客户。另一位销售人员则发现了一个“50—15—3—1”的数量定律，即每打50个电话，就会有15位客户感兴趣，其中又有3位客户表示愿意面谈，最后能做成1笔生意。于是，他规定自己每天必须打50个电话。

行动指南

销售人员必须做好客户拜访计划，每天按计划执行，尽快扩大客户基数。

第10天　80/20法则：锁定最能创造价值的重要客户

核心提示

80%的产品销量往往来自于20%的客户。

理论指导

意大利经济学家维弗雷多·帕累托认为，80%的社会财富集中在20%的人手里，而80%的人只拥有社会财富的20%。这就是80/20法则。

对销售人员来说，80%的产品销量往

往来自20%的客户。这就意味着销售人员必须重点关注两种客户——大客户和长期客户。在工作中，销售人员要花更多的时间和精力用于维护与大客户、长期客户的关系，因为这些客户创造的利润最高。

有的销售人员认为所有的客户都一样重要，所有的销售机会都必须抓住。而80/20法则恰恰指出了在原因和结果、投入和产出、努力和报酬之间存在这样一种典型的不平衡现象：20%的成绩归功于80%的努力；市场上80%的产品可能是由20%的企业生产的；20%的客户有可能给企业带来80%的销量。销售人员如果能锁定20%的重要客户并努力促使其产生购买欲望，那么就离成功不远了。

行动指南

销售人员要锁定重点销售对象，将工作重心放在那些有明显购买意图和购买能力的客户身上。

第11天　6+1缔结法则：设法让客户不断点头说“是”

核心提示

在拜访客户之前，销售人员要准备好让对方说“是”的话题。

理论指导

6+1缔结法则源于销售过程中的一个常见现象：在销售一种产品前，销售人员可以先问客户6个问题，如果能得到6个肯定的答案，那么接下来的销售过程就会变得比较顺畅。也就是说，销售人员在和客户谈论产品时，如果客户能不断地点头说“是”，那么成交的概率就会比较大。

“推销之神”原一平在推销保险时，总爱问客户一些让他们回答“是”的问题，他发现这种方法很管用。当问过五六个问题且客户都回答了“是”之后，他再继续聊保险方面的话题，客户仍然会点头，这种惯性往往会保持到客户投保。后来，他请了一个心理学专家为自己设计了一连串的问题，每一个问题都能保证让自己的潜在客户回答“是”。利用这种方法，原一平得到了很多大额保单。

在销售过程中，有些销售人员经常被一些突如其来的问题弄得目瞪口呆，结果败下阵来。其实，只要销售人员牢记自己的目标，事先堵住可能造成麻烦的漏洞，营造一种和谐的气氛，主导整个沟通过程，就可以很好地解决大部分问题。

行动指南

要想提高业绩，销售人员就要在与客户沟通的过程中尽量避免谈论让对方说“不”的话题。

第12天　凡勃伦效应：抓住炫耀心理，有时昂贵更具吸引力

核心提示

有些商品的价格定得越高，越能受到客户的青睐。

理论指导

商品定价高就一定不好卖吗？这可不一定！

美国经济学家凡勃伦提出了这样一种理论：有些商品越是昂贵，就越能吸引客户。随着经济的发展，人们的消费倾向会随着收入的增加而逐步由追求数量和质量过渡到追求品位和格调。只要消费者有能力进行这种感性购买，凡勃伦效应就会出现。

样式、皮质差不多的一双皮鞋，在普通的鞋店卖60～80元，而在大商场就要卖到几百元甚至上千元。188 万元的墨镜、666 万元的纪念手表、168 万元的顶级钢琴，总是有人愿意买这些近乎“天价”的商品。其实，消费者购买这类商品的目的并不仅仅是为了获得直接的物质满足和享受，更大程度上是为了获得心理上的满足。

行动指南

在销售昂贵商品时，销售人员要注意抓住消费者的炫耀心理。

第13天　蘑菇定律：摆正心态，早日度过销售寂寞期

核心提示

只要定位准确、耐得住寂寞、抓住机会，销售人员就可以早日告别“蘑菇定律”时期。

理论指导

蘑菇定律指的是初入职场者因为没有资源和特长，通常被安排在不受重视的“阴暗”角落，得不到必要的指导和提携，有可能像蘑菇一样自生自灭。蘑菇的生长必须经历这样一个过程，人的成长可能也会经历这样一个过程。

刚刚从事销售的人，基本上都会遭遇“蘑菇定律”。从某种意义上讲，“蘑菇经历”是一件好事，它是人才蜕壳羽化前的一种磨炼，对人的意志和耐力的培养都非常有好处。

对于刚刚从事销售的新手，要想早日度过寂寞期，就要尽快“入行”。“入行”就是在职场中不说“外行话”“找到销售的感觉”。怎样才能尽快“入行”呢？建议销售人员做到以下几点。

1. 拥有良好的心态，用理论指导实践

关键是要用优秀的销售思想指导自己的行动。例如，只有想上楼的人才会去找梯子；没有什么不可能；办法总比困难多……

2. 掌握“专业术语”，做好产品推荐

各行各业都有一些基本的行业知识，因此，销售工业设备的人要了解设备的基本知识，销售化妆品的人要了解美容行业的基本知识，销售药品的人要了解药品所针对的疾病的基本知识等。

3. 应用“对标学习法”

刚开始做销售的人都知道学习的重要性，但有些人不知道如何去学习。一味地拜读“营销巨著”也许并不能有效地解决实际销售的问题，因此销售新手还要经常向身边的领导、同事请教。“对标学习法”告诉销售人员：要看身边优秀的同事或领导每天如何思考、如何做事、如何学习、有哪些优点……以他们为“标杆”，找到自己与他们之间的差距，坚持学习，不断提高自己。

行动指南

要想在销售的道路上迈出关键性的第一步，销售人员就必须坚持学习，消除那些不切实际的幻想，让自己的愿望更加接近现实。

第14天　麦吉尔定理：有多少条舌头，就会有多少种口味

核心提示

每一位客户都会用自己的方式看待服务。

理论指导

麦吉尔定理的提出者是曾任美国罗思莱尔德风险公司总经理的麦吉尔，他认为，每一位客户都会用自己的方式看待服务。

麦吉尔定理告诉销售人员：对于不同的客户，应该采用不同的销售方法。

在销售过程中，销售人员要仔细分析客户类型，然后再采取有效的方法跟客户达成交易。一般来说，客户可以分为以下几种类型。

1. 拖延型客户

这类客户的特点是能拖就拖，不到万不得已的时候不作决定。对于这类客户，销售人员要做的就是强调产品的重要性，激发客户的购买意识，让他们意识到机不可失；同时，一定要弄清楚客户拖延的真正原因或目的。

2. 当机立断型客户

这类客户往往会在对产品产生需求时立即作购买决定。对于这类客户，销售人员要做的就是在平时和他们保持联系，使他们在一产生购买需求时，便会想到销售人员。

3. 人情型客户

这类客户往往因为人情关系而购买产品，即使产品的价格并不低。对于这类客户，销售人员应采用的办法就是和他们保持良好的关系。

4. 主观型客户

这类客户的主观意识非常强，对产品往往有一些了解，也知道同类产品的质量或价格等相关因素。遇到这类客户，销售人员千万不要自作主张，认为自己非常专业，对产品的了解远非客户所比。只有先认同客户的某些看法，然后适时提出自己的见解，才有希望和客户达成共识。

5. 比较型客户

这类客户对于购买何种产品常常表现得犹豫不决，虽然他们有购买产品的需求，但是他们仍然试图通过不断地搜集信息来决定应该购买什么产品和向谁购买。对于这类客户，销售人员应该准备好充分的资料，尤其是关于竞争对手的资料。在介绍产品时，不要一味地贬低竞争对手的产品，而要给予其适度的赞扬，但是这种赞扬只能局限于产品的次要方面。

6. 时尚型客户

这类客户为了不落人后，往往喜欢购买时尚的产品。对于这类客户，销售人员对产品最好的介绍就是证明该产品的人气相当旺。销售人员可以利用报纸广告和电视广告来证明自己的说法。此外，销售人员还可以告知客户“已经有很多客户购买了这款产品”，这样往往会让客户产生“赶上潮流”的想法。

7. 利益型客户

这类客户在购买产品时往往会考虑产品背后的利益。他们所看重的是该产品能否满足自己的需求，能否帮助自己达成一个很特别的目标。对于这类客户，销售人员所要做的就是详细介绍产品的性能和质量，重点强调产品确实能够满足客户的需要。

8. 疑心病型客户

这类客户之所以会犹豫不决，主要是因为害怕承担责任。他们担心万一购买不当，会遭到上司或别人的责备。对于这类客户，销售人员要做的就是向他们介绍产品的基本功能。一般来说，销售人员要和这类客户建立友好、稳定、长远的关系。一旦与这类客户建立了稳定的关系，产品销售就不成问题了，因为这类客户往往会对熟悉的人产生很强的依赖心理。

行动指南

1. 了解麦吉尔定理，并将其运用到实际销售工作中。

2. 面对客户时，销售人员首先应该判断客户属于哪种类型，然后再采取相应的措施。

第15天　赫克金法则：做一个好人比什么都重要

核心提示

要想当一名优秀的销售人员，首先要做一个好人。

理论指导

美国的一项调查表明，优秀销售人员的业绩是普通销售人员业绩的300倍。资料显示，优秀的销售人员与长相无关，与年龄大小无关，与性格也无关。那么，究竟什么样的人才能成为优秀的销售人员呢？美国营销专家赫克金有句名言：“要想做一名优秀的销售人员，首先要做一个好人。”这就是赫克金法则。

下面来看一个关于“测谎仪”的笑话。

一位销售人员在街头叫卖：“谁买测谎仪，不论男女老少，好人坏人，只要讲了谎话，灯泡马上就亮。货真价实，有备无患……”这时，他对身边的一位先生说：“先生，您看了半天也不吭声，您在想什么？”这位先生回答：“我在想灯泡怎么还没亮？亮了我准买。”

诚信是市场经济的灵魂，也是市场经济有效运行的基础。现实生活中的许多真实的案例也都昭示了“唯诚信者存，弃诚信者亡”的道理。诚信是一个优秀的销售人员必备的品质，它能帮助销售人员赢得客户广泛的认可和尊重，使客户群不断扩大。

“勿以恶小而为之，勿以善小而不为”，用善意和真诚装点自己的皮肤，用勤奋和踏实铸就自己的血肉，用关爱和正直锻造自己的筋骨，这种自然的亲和与谦逊是销售人员取得成功的前提。

行动指南

一诺千金是销售人员顺利拿单的秘诀。

第16天　刺猬定律：与客户保持适当的距离

核心提示

在销售时，销售人员要给客户留下一定的考虑空间，这样有利于双方建立更长远的合作关系。

理论指导

刺猬定律说的是，两只刺猬距离太近，

彼此身上的刺就会刺伤对方；而距离太远，它们又会感到寒冷。只有保持适当的距离，才能既保持温度，又不伤害对方。刺猬定律也被称为心理距离效应。

在销售工作中，有一个普遍的现象：当销售人员认准一位客户之后，就会想方设法达到成交的目的。于是，销售人员与客户之间的共同话题就是关于产品与价格，好像一切话题都是为了最后的成交而设计的。刺猬定律告诉销售人员：有时候给客户留下一定的考虑空间，反而会有利于彼此之间的长远合作。

在销售过程中，销售人员要注意成交暗示的时机和效果，面谈内容应逐步深入，以便激发客户的购买欲望，但要留有一定的成交余地。然而，一些销售人员不了解客户的购买心理，面谈时口若悬河，将情况和盘托出，这样既不利于客户接受信息，也不利于最后的成交。

销售人员应讲究成交策略，不到万不得已，绝不轻易亮出底牌。例如，在成交关头，销售人员可以进一步提示重点，加强客户的购买信心，如“还有三年免费保修服务”“还有两件赠品”或“过了这几天就没这么便宜了”等。

行动指南

在销售过程中，销售人员要给客户留下充分考虑的空间；同时，还要把握好成交的有利时机，在关键时刻亮出最后的王牌，促使客户作出购买决定。

第 17 天　阿尔巴德定理：对客户了解越多，成功的概率就越大

核心提示

一个产品能否销售成功，就在于销售人员对客户的要求是否全面了解。

理论指导

阿尔巴德定理给销售人员的启示是：看到了客户的需要，就等于成功了一半；满足了客户的需求，就完全成功了。

客户的基本需求大致包括以下几个方面：受欢迎的需求、及时服务的需求、感觉舒适的需求、有序服务的需求、被理解的需求、被帮助的需求、被重视的需求、被称赞的需求、被识别或被记住的需求、被尊重的需求、被信任的需求、安全及隐私的需求等。

戴尔公司成功的秘诀就是以客户为导向，实施全方位覆盖客户购买要素的生产和销售模式，即客户有什么样的需求，生产与销售人员就应提供什么样的产品。戴尔是如何在销售方式上满足客户需求的呢？戴尔采用的是直接销售方式，这样客户既能享受到便宜的价格，又能得到直接、有效的服务。除此之外，戴尔公司还注重为客户提供优质的上门服务，如果客户遇到了问题，给公司打个电话，那么公司就会主动上门为客户解决问题，而不是让客户把电脑送过来。

行动指南

销售人员要充分了解客户的各种需求，并最大限度地满足客户的这些需求，这样才能获得客户的信任。

第18天　哈默定律：没有不好卖的产品，只有蹩脚的销售人员

核心提示

天下没有什么坏买卖，只有蹩脚的买卖人。

理论指导

美国商人阿曼德·哈默于1987年出版了《哈默自传》，这是他一生成功经验的浓缩。在这本书里，他提出了哈默定律：没有不好卖的产品，只有蹩脚的销售人员。

下面来看一个故事。

有位销售经理打算考验三位销售人员的销售能力，给他们10天时间向和尚销售梳子。

10天后，销售经理问甲："卖出了多少把？"甲答："一把。"销售经理又问："怎么卖的？"甲讲述了历经的辛苦：他游说和尚应当买一把梳子，惨遭和尚的责骂；好在自己在下山途中遇到一个小和尚正在使劲挠头皮，便灵机一动，递上梳子，小和尚用后满心欢喜，于是买了一把。

销售经理问乙："卖出了多少把？"乙答："10把。"销售经理又问："怎么卖的？"乙说他去了一座名山古寺，由于山高风大，进香者的头发都被吹乱了。他找到寺院的住持说："蓬头垢面是对佛的不敬，您应在每座寺庙的香案前放把梳子，供善男信女梳理头发。"住持采纳了他的建议，买了10把梳子。

销售经理问丙："卖出了多少把？"丙答："1 000把。"销售经理惊问："怎么卖的？"丙说他去了一个颇具盛名、香火极旺的寺庙，进香者络绎不绝。丙对住持说："凡来进香参观者，大都有一颗虔诚之心，您应有所回赠，以作纪念，保佑他们平安吉祥，鼓励他们多做善事。我有一批梳子，您的书法超群，只要刻上'积善梳'三个字，便可作为赠品。"住持大喜，立即买了1 000把梳子。

行动指南

不同的思维会产生不同的结果。在向客户推荐产品时，销售人员要充分考虑到客户的需求，从而实现双赢。

第19天　杜邦定理：只有包装到位，客户才会乐意掏腰包

核心提示

63%的客户是根据商品的包装作出购买决定的。

理论指导

20世纪30年代，美国杜邦公司发明了尼龙化纤，用这种材料制作的尼龙袜光滑、细腻、平展、耐磨。然而，当公司将这种产品拿到纽约世界博览会上向公众展销时，并没有出现期待中的热销场面。总结教训之后，公司召集专家对尼龙袜的包装进行了改进，用新颖的透明包装代替原来的陈旧包装。后来，当经过重新包装的尼龙袜上市时，女士们排起长队竞相购买。从此，尼龙袜开始风靡全球。杜邦定理由此得名，该定理给销售人员的启示是：63%的客户是根据商品的包装作出购买决

定的。

明白了杜邦定理的含义，销售人员可以从另一个角度来理解“买椟还珠”这个典故。

一个楚国人为了他那漂亮的珍珠能卖个好价钱，请来了手艺高超的工匠，为珍珠做了一个精致的盒子，先用香料把盒子熏香，然后在盒子的外面雕刻了许多好看的花纹，最后还镶上漂亮的金属花边，使盒子看上去闪闪发亮。结果，一个郑国人出高价将这个美丽的盒子买了下来。

事实上，有些商品的包装之所以精美，主要是为了满足消费者的审美需求。在某些情况下，即使商品再实用，如果包装不好看，也没有人愿意花钱买。特别是在人们挑选礼品时，这一点表现得尤为显著。

行动指南

在向客户推荐商品时，销售人员不仅要重视商品的包装，而且要重视自己的衣着打扮，从而给客户留下好印象。

第20天　101℃定律：多一点创新意识，就会多一点成功的机会

核心提示

让创新的1℃与一般水平的100℃有机结合。

理论指导

101℃定律告诉销售人员：要认识到创新的重要性。100℃的水温代表了一般的销售水平，处于这种状态的销售人员并不具备与其他对手竞争的实力；而只有达到更高的101℃，销售人员才能在众多的竞争对手中脱颖而出，实现销售目标。

法国化妆品制造商伊夫·洛列就是101℃理论的大胆实践者。

1958年，洛列从一位老医师那里得到了一种专治痤疮的药方。后来，他根据这个药方研制出一种植物香料，并开始挨家挨户地推销。有一次，洛列在当地某著名杂志上刊登了一则广告。这个大胆尝试让洛列获得了意想不到的成功，他的产品迅速畅销起来。在人们认为用植物和花卉制造美容护肤品毫无前途的情况下，他反其道而行之，并且独创了邮购销售的方式。在极短的时间内，洛列通过这种销售方式顺利地销售出70多万瓶美容护肤品。时至今日，邮购商品已不足为奇，但在当时这不能不说是一个创举。

行动指南

每一位销售人员都要认识到，要想使自己与大多数普通的销售人员区别开来，就必须寻找一条捷径，而不是在摩肩接踵的人流中挤来挤去。这条捷径就是“创新”。

第21天　对比法则：赋予产品不同的等级，给客户更多的选择

核心提示

针对客户的不同心理，将品质上差不多的产品分为不同的等级。

理论指导

在销售过程中，很多销售人员都使用过对比法则。

下面来看一个故事。

有一个卖苹果的小贩，他把苹果的价格定为每斤2元，然而苹果的销量并不太高。他仔细琢磨：超市的苹果和自己的苹果在质量上并没有多大的区别，为什么大部分客户宁愿去超市购买高价苹果呢？第二天，他按质量把苹果分为两堆，一堆苹果仍然卖每斤2元，而另一堆质量稍好的苹果则标价为每斤4元。结果，到晚上收摊时，他卖出的苹果超过了前几天的总和。

这个小故事所讲的道理很简单，卖苹果的小贩只不过运用了对比法则，准确抓住了不同客户的购买心理，给了客户更多的选择而已。

事实上，对比法则适用于大部分商品，而且简单易行，销售人员对此不可不知。

行动指南

销售人员要针对不同的客户赋予产品不同的等级，给客户更多的选择，这样他们自然就很容易作出购买决定了。

第22天　250定律：不要得罪任何一位客户

核心提示

每一位客户的身后大约有250位潜在客户，因此无论遇到什么情况，销售人员都不要得罪任何一位客户。

理论指导

乔·吉拉德曾自豪地说："250定律使我成为世界上最伟大的推销员。"

吉拉德发现"250定律"纯属偶然。在做汽车销售时，吉拉德经常参加亲朋好友的葬礼。时间一久，他发现每次参加葬礼的人数一般都为250人左右。职业的敏感性启发了吉拉德，使他发现了一个商业定律：每一位客户身后大约有250位亲朋好友，如果销售人员赢得了一位客户的好感，那么就意味着赢得了250位客户的好感；反之，如果销售人员得罪了一位客户，那么就意味着得罪了250位客户。

"只要你让一位客户感到不满意，就会失去250位或更多的客户。"吉拉德如是说。

销售人员要牢记：对待任何客户都必须保持真诚，因为客户不仅可以让你失去许多，也可以为你带来许多。

行动指南

学习吉拉德的职业精神，控制好自己的情绪。无论面对什么样的客户，销售人员都要付出自己的真心。

第23天　斯通定理：态度决定结果

核心提示

一切结果都取决于销售人员的态度，而不是客户。

理论指导

斯通定理是由美国"保险怪才"斯通提出的，意思是说：对于同样一件事，人们用不同的态度去对待，就会有不同的结果。

“态度决定一切”，这句名言给销售人员的启示是：没有什么事情是做不好的，关键是看做事的态度。要想成为一名优秀的销售人员，就必须牢记：你采取什么样的态度，就会得到什么样的结果。

世上无难事，只怕有心人。古语早就教导我们：做任何事情都必须下定决心，不怕苦、不怕累；只要认真地去做了，人生就会无憾，相对也会得到一个好的结果。努力不一定带来成功，但不努力就一定不会成功。

心有多高，人就能飞多高，成败往往在一念之间。一个人能否成功，主要看他对待事业的态度是否积极。成功者与失败者之间的主要区别是：成功者始终用最积极的行动、最乐观的精神和最丰富的经验来对待自己的人生；而失败者则刚好相反，他们的人生是受过去的种种失败与疑虑所引导和支配的。

行动指南

销售人员要懂得“将心比心，以情换情”的道理，要认识到态度胜过一切。要想获得客户的认同与信任，销售人员就必须与他们进行真诚的交流，耐心听取他们的意见和建议。只有在理解了客户的需求之后，销售人员才能担任好客户的顾问，才能把产品成功地销售给客户。

第24天　150法则：有效控制自己的交际范围

核心提示

150法则被引入销售界之后，主要针对的是销售行为中的人际关系处理。

理论指导

150法则是指组织的最佳规模为150人左右，如果多于这个人数，就应该采取有效的办法将规模较大的组织简化成150人左右的小组织进行管理。该法则向人们阐述了一个道理：人们要建立合适的组织规模，虽然这些实际上和企业、行业的性质相关，但是根本的原则就是组织规模要尽量合适。

虽然知道150法则的人可能并不多，但是这并不意味着它不重要。在销售过程中，销售人员要想让自己的想法最大限度地被客户接受，就必须把交际群体的人数控制在150人以下。只有这样，销售人员所做的一切才能产生积极的作用，否则便会产生负面影响。

150法则是一个重要的社会学概念，它被引入销售界之后，主要是针对销售行为中的人际关系处理而言的。对销售人员来说，最重要的就是人脉。建立一个良好的销售关系网比什么都重要。

行动指南

销售人员要灵活运用150法则，在销售工作中建立良好的销售关系网。

第25天 印刻效应：培养客户的忠诚度

核心提示

销售人员要想方设法提高客户的忠诚度，因为忠诚型客户是销售人员的最宝贵的财富。

理论指导

德国行为学家海因罗特在实验中发现了一个有趣的跟随现象，“印刻效应”由此得名。该效应给销售人员的启示是：客户总是钟情于他最满意的产品（或服务），并且会在很长的一段时间内保持对该产品的忠诚，在这段时间内他不会对其他产品产生更大的兴趣与信任。因此，销售人员要在工作中注重培养客户的忠诚度，尽量留住回头客。

为了留住回头客，销售人员应该采用以下几种策略。

1. 向客户提供服务保证

向客户提供服务保证是使客户对产品产生信心的关键。

2. 为客户提供个性化服务

提供个性化的优质服务会使客户感觉受到了重视。

3. 尽量弥补自己工作中的失误

在销售工作中，因为某些工作上的原因引起客户的不满是常有的事。销售人员要对自己的失误及时进行补救，这样不仅可以消除客户的不满，而且能给销售人员带来意想不到的收获。

4. 与客户保持顺畅的沟通

销售人员要知道，经常联系客户不仅可以加深彼此的感情，而且能够及时听到客户的意见，便于提高自己的服务水平。

行动指南

销售人员要牢记并灵活运用以上几种策略。

第26天 首因效应：给客户留下美好的第一印象

核心提示

在人与人第一次交往时，第一印象在双方的头脑中会占据主导地位。

理论指导

首因效应是指人与人初次接触时留下的第一印象所产生的影响。心理学家认为，第一印象主要是性别、年龄、服饰、姿势、面部表情等外部特征。一般情况下，一个人的外部特征在一定程度上反映出这个人的内在素养和其他个性特征。

对销售人员来说，在拜访客户或参加社交活动时，要给对方留下一个良好的印象，为以后的交流打下坚实的基础。因此，销售人员要注意提高自己各方面的素质。

在工作与生活中，人们都愿意与衣着干净整洁、性格平易近人的人接触和交往。销售人员要利用首因效应完成漂亮的自我销售：第一，面带微笑，给对方留下热情、善良、友好、真诚的印象；第二，让自己看起来整洁清爽，给对方留下严谨、自爱、有修养的印象；第三，注意自己的言谈举止，给对方留下可亲、可敬的印象；第四，充分发挥自己的聪明才智，吸引对方的注意。

行动指南

第一次与客户面谈时，销售人员应给客户留下美好的第一印象，为今后的销售工作做好铺垫。

第2章 销售认知

第27天 销售是光荣而伟大的事业

核心提示

从某种角度来看，人类的发展和社会的进步都离不开销售人员，销售是光荣而伟大的事业。

理论指导

销售是光荣而伟大的事业，每一个参与其中的人都应该为此感到骄傲。

试想一下，即使一个产品质量很好，对人们也很有帮助，但若没有销售人员的耐心推荐，也无法吸引人们的关注。

有些事你可能还不知道：当第一部缝纫机问世时，波士顿的百姓非但不领情，还将它砸得粉碎；聪明的爱迪生虽然能够发明电灯，却无力说服当时固执的人们正眼瞧一瞧；火车上路之时，也曾被人们诅咒为怪兽；摩斯虽然发明了电报，但是却说服不了当时的人们相信电波的存在；伽利略在比萨斜塔上做的自由落体实验虽然有力地证明了物体下落的速度与质量无关，但是却并没有改变当时学校沿用亚里士多德的错误观点进行教学……

所有的这一切都要靠销售人员辛勤地推广，否则，直到今天你可能还不知道缝纫机到底是什么样子，也不会用电灯来照明……

当然，最重要的是，销售工作为每一个平凡的人提供了获得成功的机会。很多著名的商业巨擘、超级富豪，如世界首富比尔·盖茨、华人首富李嘉诚、日本经营之神松下幸之助、麦当劳之父克罗克等，都是从做销售工作开始走向人生辉煌征程的，可以说是销售改变了他们的人生。

销售为每个人提供了成功的机会，即便你现在身无分文，只要拥有出色的销售能力，就可以白手起家，直至成功。

总之，销售是光荣而伟大的事业。

行动指南

销售人员要坚定自己的职业信念，认识到销售是光荣而伟大的事业。

第28天 做客户的朋友和顾问

核心提示

销售人员与客户相处的理想模式是互为朋友。

理论指导

销售人员最基本的角色是做客户的“服务员”，或者说是产品的提供者。在这一层次上，销售人员通过为客户提供产品和服务，与之建立起买与卖的合作关系，从而满足客户对某种商品的需求。不过，客户通常不会主动去找销售人员，而是销售人员来找客户。当客户有再次购买商品的需求时，他们也不一定会想到曾经提供过服务的销售人员，可能会用比较省事的方式去寻找销售人员。

如果销售人员能够不断提升客户的满意度，那么“服务员”的角色就有可能上升为“朋友”。在这一层次上，销售人员与客户之间会建立一种和谐信任的关系，客户可能会主动向销售人员倾诉自己的需求，进而寻求问题的解决办法；同时，还可能介绍自己的亲朋好友来消费，更多的销售机会自然也就蕴藏其中了。销售人员要想成为客户的“朋友”，就必须随时关心客户，想客户之所想、急客户之所急，用友善和真诚赢得客户的信任。

销售人员还应当掌握全面的专业知识，如产品知识、公司背景知识以及其他相关知识等，针对客户的个性需求提供相应的建议，引导客户提高生活质量。当客户与这样一位知识渊博且专为自己提供个性化服务的销售人员打交道时，他会认为自己找到了“生活顾问”，从而在心中增添一种安全感和自豪感。此时，销售人员的专业建议也更容易被客户采纳。

行动指南

从客户的“服务员”，到客户的“朋友”，再到客户的“生活顾问”，销售人员在此过程中需要不断提高专业技能，从而不断提升客户的满意度。销售人员要始终秉持着以客户的“朋友”和“生活顾问”的身份从事销售工作这一观念，并将这种观念贯穿于自己的整个销售生涯之中。

第29天　永远不要做“一锤子买卖”

核心提示

销售人员应当以诚信为先，如果是为了业绩而愚弄客户，那么最终只会搬起石头砸自己的脚。

理论指导

每一位从事销售工作的人都应该懂得：销售不是一锤子买卖。不要只为眼前的利益而做一些降低个人信用的事。一笔交易的达成在很大程度上是建立在信任的基础上的。如果销售人员只为提高眼前的销售业绩而蒙骗客户，那么必将给自己造成更大的损失。

下面来看一个案例。

某化学厂的销售人员最近进行业绩评比，结果大家发现崔兵的销售业绩非常好。于是有同事向他请教销售秘诀，他说：“我跟小华搭档，他去居民小区卖一种洗涤灵，洗碗的效果特别好，价格也十分便宜。”

“这跟你有什么关系呢?”同事觉得很奇怪。

“问题是使用这种洗涤灵后，皮肤会被染成黄色，不容易洗掉。”崔兵得意地说，“我就到小华去过的小区卖专门洗掉那种黄色的香皂，而且清洗效果很好，但价格就比较贵了。”

不久，崔兵的这种做法被传了出去，大家都知道有这样的两个销售人员，再也没有人买他们销售的任何东西了。他们不仅伤害了消费者的利益，而且损害了自己和公司的声誉。

提高销售业绩虽然是每一位销售人员的梦想，但是无论如何都不应该使用一些不正当的手段来实现。要小聪明或许会让业绩暂时好一些，但是谎言总有被揭穿的时候。

信用是销售之源。销售高手都是讲信用的人，他们言必信，行必果，以诚信为本，最终达到成功交易的目的。

行动指南

1. 销售人员不应为追求业绩而耍手段，应实事求是地向客户推荐产品。

2. 销售人员要牢记：在向客户承诺之前先考虑一下自己能否做到。

第30天　销售的任务就是满足客户的需求

核心提示

不遗余力地去了解并弄懂客户的需求和欲望，是所有杰出的销售人员必须做到的。

理论指导

销售人员最重要的工作就是满足客户的需求。

现代营销学之父科特勒曾说："不遗余力地去了解并弄懂客户的需求和欲望，是所有杰出的销售人员必须做到的。销售人员必须有发现客户需求的本领，使自己产品的定位与客户心中所能想到的某些利益相吻合。对销售人员来说，头等大事就是努力了解客户的需求和欲望，提供力所能及的帮助，让客户感到满意。"

事实上，仅仅依靠销售人员是无法达到上述要求的，销售人员必须与企业的其他部门密切配合，为客户提供卓越的产品和服务。几乎所有成功的销售型企业都秉持这样一种理念：以客户为中心，加强市场营销工作。

行动指南

对销售人员来说，所有销售活动都要遵循"满足客户的需求"这个前提。

第31天　一切以客户的利益为出发点

核心提示

只有当一切以客户的利益为出发点时，销售人员才能最大限度地实现自己的预期目标。

理论指导

客户的利益即客户所能得到的好处。除非销售人员推荐的产品可以给客户带来某些利益，否则没有客户愿意购买这样的产品。

通常来说，客户最关心的利益包括安全、性能、外观、舒适、经济和耐用六个方面，这是针对产品本身来讲的。一个产品能在多大程度上得到客户的认可，决定了客户有多大的决心付诸购买行动。除了对所售产品有详细的了解，销售人员还要关注客户的具体利益，以获得客户的信任。

销售人员要有一颗真诚关怀客户的心。成功学大师戴尔·卡耐基曾说："真诚地关心别人，你在两个月内所结交的朋友，远比只想得到别人关心的人在两年内所交的朋友多。"

要想真正关心客户，其实并不难，一句真诚的感谢，一个暖暖的微笑，一声简单亲切的问候，这些虽然微不足道，但是发自肺腑就能感动人。

销售人员要特别留意一些特殊的日子，如客户的生日等；还要留意一些事件，如客户遭遇不幸等，因为这些时候客户最渴望他人的关心。好事，客户希望销售人员能分享他的快乐；坏事，客户同样希望销售人员能分担他的忧愁。

行动指南

1. 销售人员要真正把客户当成自己的朋友，站在客户的角度去考虑问题。

2. 关心客户要发自内心，虚假的关心很容易被客户看穿。

第32天 急客户之所急，想客户之所想

核心提示

不要在客户遇到困难时无动于衷。

理论指导

如果销售人员对客户所面临的困难视若无睹，完全不理会他们的感受，只是一味地想办法让他们接受自己的产品，那么不但不能创造优异的销售业绩，而且会永远失去这位客户。

某报纸曾经报道过这样一则消息。

有一户人家搬家后不久，不满四岁的儿子突然失踪了。全家人分头去找，但找遍了大街小巷还是没有找到。全家人的恐惧感越来越深，于是就给警察局打了求助电话。孩子的父亲开着车到处去找，他摇下车窗不断地呼喊儿子的名字，许多路人看到这种危急的情况，都纷纷加入到寻找孩子的队伍中。为了看儿子是否已经安全回家，这位父亲不得不多次返回家中。在一次回家时，他遇到了一家保险公司的推销员，此时他已经急得语无伦次了，就说："我的儿子不见了，你能不能帮我一起找找?"然而令人难以置信的事情发生了，推销员竟然向这位焦虑万分的父亲推销起保险来。

这时，孩子的父亲气愤不已，拉开车门冲向那个喋喋不休的推销员。在场的人忙将孩子的父亲拉住，那个推销员在众人的指责声中灰溜溜地离开了。后来，孩子终于被找到了，但人们仍然对那个推销员的行为感到愤愤不平。

如果那个推销员能理解一下这位父亲焦急的心情，急他人之所急，加入到找孩子的队伍中，那么他就会赢得大家的尊重。要知道，冷漠无情的人是不可能成为优秀的销售人员的。

行动指南

如果客户的困难很明显地摆在销售人员的面前时，那么销售人员应该与客户一起去面对。

第33天 销售过程比结果更重要

核心提示

销售不只注重结果，更要注重过程。

理论指导

"销售不只注重结果，更要注重过程"是很多优秀的销售人员的心得。他们认为，只要销售的过程是正确的，结果就不可能太坏。

销售过程通常包括以下几个环节。

1. 强调产品的性能，说明该产品能为客户带来哪些利益

客户只有在了解了产品的所有信息并有了想要拥有的欲望后，才会作出购买的决定。销售人员要根据具体情况，利用产品的样品及其他必备的销售工具与客户进行沟通，确保准确、全面、有效地传递产品的信息。

2. 设法吸引客户的注意力并激发他们的兴趣

这是使客户产生购买欲望的前提，销售人员应当想方设法做到这一点；否则，即使销售人员的介绍再详细，也难以引起

客户的购买欲望，无法达到销售的目的。

3. 激发客户的需求，引起客户的购买欲望

购买欲望决定购买行为，购买欲望来自客户的需求。销售人员要了解客户的需求，从而有效激发他们的需求，引起他们的购买欲望，促使他们作出购买决定。

4. 解答客户提出的疑问，获取对方的信任

销售人员在销售时不仅要向客户介绍产品，而且要解答客户提出的疑问，只有这样才能确保与客户作进一步的沟通，进而获取客户的信任，最终达成交易。

行动指南

销售人员应懂得“欲速则不达”的道理，认识到销售过程的重要性，不要过于苛求最后的结果。

第34天　立志做优秀的销售人员

核心提示

销售是一门复杂的学问，优秀的销售人员不仅要具备出色的销售技巧，而且要懂得市场调研、产品设计、财务核算等相关知识。

理论指导

美国营销大师菲利普·科特勒心中最优秀的销售人员是什么样的呢？他用一个故事表达了他的观点。

美国有一家制鞋公司，正欲拓展国外市场。总经理派一名销售人员去A国了解那里的市场。这名销售人员到达A国后，发回这样一封电报：“这里的人都不穿鞋，根本就没有市场。”

于是，总经理又派出了第二名销售人员。他在A国待了一个星期后，也发回了一封电报：“这里的人都不穿鞋，因此市场巨大。”

现在让我们来判断一下哪一个销售人员是优秀的。第一个销售人员显然不是，他只是一个收集订单的人。如果没有订单，那么他便无所事事。第二个销售人员也不是优秀的，因为他的销售思路是——我可以销售任何东西，这里的人虽然都不穿鞋，但是我能设法让他们穿上。这就有强行推销的意思。

那么，谁才是真正优秀的销售人员呢？答案是：第三个。

总经理派出的第三名销售人员，在A国待了三个星期后，发回了这样一封电报：“这里的人虽然都不穿鞋，但是有的人患有脚疾，需要穿鞋。不过我们现在生产的鞋太小，不适合他们，我们必须生产一些大码的鞋。另外，我们需要投入大约15万美元，才能进入A国市场。我们每年能卖大约两万双鞋，投资收益率为15%，因此在这里卖鞋可以赚钱。”

第三个销售人员并没有说自己可以“卖鞋”，他只说了这里需要什么样的鞋子、公司需要投入多少钱以及投资收益率如何。

科特勒由此得出结论：优秀的销售人员不仅要具备出色的销售技巧，而且要懂得市场调研、产品设计、财务核算等相关知识。

行动指南

销售人员一定要有全局思维和广阔的视野，正确认识销售，把销售当成一门复杂的学问来看待。

第35天 成功的秘诀就是坚持到底

核心提示

坚持不懈是销售人员取得良好业绩的秘诀。

理论指导

在所有的职业中，销售是最容易受挫的工作，也是最容易让人产生厌倦的工作。许多销售人员虽然忙忙碌碌，但是并没有多大作为，他们大都败在自己手中——遇到挫折时放弃了自己的追求，缺乏坚持不懈的精神。

下面来看一个案例。

罗杰斯是美国一家人寿保险公司的保险推销员，他想说服一个小学校长让全校的学生投保。然而校长对此毫无兴趣，一次次地将罗杰斯拒之门外。当罗杰斯第69次来到校长办公室时，校长终于被他的诚心所感动，同意全校学生投保。

美国销售人员协会的一项调查研究指出，不能坚持到底是销售失败的主要原因。下面这组统计数字也许更能说明问题：有48%的销售人员找过一次客户之后就不再坚持了；有25%的销售人员找过两次客户之后就不再坚持了；有15%的销售人员找过三次客户之后就不再坚持了；有12%的销售人员找过三次客户之后仍继续坚持，而80%的生意恰恰就是这些销售人员做成的。

销售人员如果在销售失败，遭人拒绝、嘲笑时就畏惧、退缩甚至放弃，那么成功又怎么会找上门来呢？只有拥有坚持不懈、永不放弃的信念，销售人员才能迎来成功的那一天。

行动指南

1. 销售人员要在日常小事中培养自己坚持不懈的精神。
2. 遭到客户拒绝甚至嘲讽时，销售人员要告诉自己：坚持到底就是胜利。

第36天 不要因为客户的拒绝而灰心丧气

核心提示

遭到客户拒绝是常有的事，销售人员千万不要灰心丧气。

理论指导

原一平是日本著名的保险推销员。在最初进入保险业时，为了赢得一位大客户，他曾经有过在三年零八个月的时间里拜访同一位客户70次的纪录，并最终获得成功。

事情的经过是这样的。有一次，原一平到一位素未谋面的总经理家去推销保险。可是，无论原一平什么时候去总经理家拜访，总经理都不在。每次他都会被一位面目慈祥的老人以这样或那样的借口打发走。虽然拜访了70次，扑空了70次，可是原一平仍然坚持不懈。后来他意外地从一位客户那里得知，拒绝他的那位老人就是让他扑空70次的总经理。在第71次拜访时，原一平终于获得了这笔数额巨大的保险单，三年多的努力终于没有白费。

行动指南

1. 把客户的拒绝当做成功的起点。

2. 销售人员要意识到销售是一场耗费体力与耐力的“长跑比赛”，能够真正获得成功的往往不是速度最快的人，而是坚持不懈、拼搏到底的人。

3. 对待不同的客户应该采取不同的策略。如果遭到客户拒绝，那么销售人员不妨尝试另一种方法。

第37天　将“胆怯”二字碾碎

核心提示

胆怯者永远与成功无缘，要想顺利拿到订单，销售人员就必须将“胆怯”二字碾碎。

理论指导

胆怯是销售人员最大的心理障碍，要想顺利拿到订单，销售人员就必须将“胆怯”二字碾碎。

下面来看一个故事。

美国保险推销大王法兰克·贝格刚开始投身保险业的时候可谓一败涂地。他的一位朋友介绍他参加了一个培训课程。他们走进教室并坐在最后面，他的这位朋友低声说：“这节课的内容是大众演讲。”此时，轮到其中一位学员演讲了，这位学员露出紧张的神情。他的样子让法兰克想到了自己——我和他一样，既胆小害怕又紧张不安；要是让自己当众演讲，也许还不如他呢。

这时，教授这门课程的老师向法兰克走来。法兰克的朋友介绍说：“这是成功学大师戴尔·卡耐基。”

法兰克说：“我非常想加入进来。”

卡耐基说：“现在这门课程已经过半了，你最好还是再等等，因为新课程马上就要开始报名了。”

法兰克坚定地说：“不！我希望马上加入！”

“行！”卡耐基面带微笑地对法兰克说，“下面轮到你讲了。”

法兰克听后感到非常紧张，身上有些发抖，他甚至要晕倒了。但是，他还是努力完成了演讲，这对他来说绝对是一个空前的成就。此前，当着很多人的面，他甚至连一句“大家好”都不敢说出来。

此事过去几十年后，当时的情景依然清晰地保留在法兰克的脑海中，那是他命运的转折点，也是他事业的起点。从那以后，他彻底战胜了自己最大的敌人——胆怯。

行动指南

销售新手要有意识地训练自己的胆量，增强自己的自信心。

第38天　时刻提醒自己“我是最棒的”

核心提示

一个认定自己是最棒的人，不可能成为一个不思进取、畏首畏尾、无所作为的失败者。

理论指导

所有从事销售工作的人都面临着巨大的挑战，时时刻刻都有可能遇到挫折。销售人员不仅要具备很强的意志力，而且要具备很强的自我调节能力。例如，在面对困难的时候，销售人员要有意识地进行自我激励，不怕挫折，迎难而上。意志不坚定的人很难成就大业，有能力、有毅力、有自信的销售人员才会被客户认可。

心理学研究表明，如果一个人长期在各个方面都比别人差，那么他就会觉得自己不如别人，从而形成一种自卑心理。自卑的人常常会不由自主地过分夸大自身的缺陷，经常拿自己的劣势与别人的优势相比较，不能冷静地分析自己遇到的挫折，不能正确地看待自己的失误，也不能客观地理解他人对自己的评价，觉得自己一无是处，从而丧失自信，对那些稍微努力就可以完成的工作也会轻易放弃。

相反，如果一个人在很多方面都有过人之处，那么他就会形成一种“我是最棒的”信念。一个认定自己是最棒的人，在生活和工作中不可能成为一个不思进取、畏首畏尾、无所作为的失败者。不断进行自我激励，不仅会使销售人员的心态变得平和，而且会产生一种拼搏精神。

行动指南

1. 如果销售人员有自卑心理，那么应深刻分析这种心理形成的原因。

2. 让“我是最棒的”这种信念深植于内心，并从每一件事、每一个细节上坚定这种信念。

第39天　成交始于被拒绝

核心提示

只有真正理解了被拒绝的原因，销售人员才能正视它。

理论指导

在销售过程中，客户对产品心存异议是很正常的。遭到客户拒绝时，销售人员应如何对待呢？

1. 不因客户的拒绝而放弃

被客户拒绝是常有的事，销售人员要有敢吃“闭门羹”的气度，时刻做好被拒绝的心理准备。如果销售失败了，销售人员要从自身找出不足，避免以后再犯类似的错误。

2. 客观、冷静地对待拒绝

在销售过程中，销售人员要保持一颗平常心，客观、冷静地对待客户的拒绝。要知道，所有的销售都是从被拒绝开始的。

3. 不与客户进行无谓的争论

当客户提出反对意见时，销售人员要尽量避免与客户发生争论。对销售人员来说，赢得争论对成交毫无益处。所以，一旦被拒绝，销售人员一定要后退一步，笑着对客户说：“或许您的意见是正确的。请允许我先告辞，回去想一下，好吗？”

总而言之，成交的机会总是在一次又一次的拒绝后才出现的。因此，对销售人员来说，最重要的素质就是敢于面对客户的拒绝，随时保持高昂的士气。

行动指南

1. 遭到客户拒绝时，销售人员要从容应对，冷静地分析原因。

2. 遭到客户拒绝时，销售人员不要有逆反心理，一定要做好自己的本职工作，真诚服务，有始有终。

第40天　正确认识失败，跌倒后一定要再爬起来

核心提示

跌倒后能够再爬起来的人才是真正的勇者。

理论指导

成功通常是在一次次的失败后获得的。成功的道路并不会一帆风顺，失败是无法避免的。销售人员要牢记：失败后，永远不要对自己说失败了，一定要保持清醒的头脑，勇敢地面对；否则，你将永远与成功无缘。

失败并不表示你是失败者，它只是说明了你离成功还有些距离；失败并不表示你身无长物，它起码为你积累了经验；失败并不表示你愚昧，它只是说明了你还不够高明；失败并不表示你不够成熟，它只是说明了你还不够完美；失败并不表示你失去了一切，它只是说明了你应该东山再起；失败并不表示你应该屈服，它只是说明了你需要以更顽强的毅力去面对；失败并不表示你达不到目标，它只是说明了你需要更多的时间去实现目标。

行动指南

1. 面对失败时，销售人员不妨让朋友或同事冷静地帮你分析当前的困境，总结失败的原因并寻找对策。

2. 面对失败时，销售人员要分析自己现有的资源，选择下一个销售目标。

3. 面对失败时，销售人员要积极反省失败的原因。失败不可怕，可怕的是不知道为什么会失败。

4. 面对失败时，销售人员要更加真诚地对待下一位客户。

第41天　缓解压力，做一名快乐的销售人员

核心提示

有快乐的销售人员，才会有快乐的客户。

理论指导

压力只是一种主观感受，要想成为一流的销售人员，就要对压力产生的原因进行客观的分析，及时缓解压力，克服销售工作中的障碍，让自己和客户都拥有快乐。

造成压力的因素主要有以下几种。

1. 心理因素

失败和挫折最容易给人带来压力，而销售则常常伴随失败与挫折。

2. 情绪因素

情绪因素主要包括不安与恐惧。以下几句话最容易让销售人员感到不安：“如果没有完成销售任务怎么办?”“领导会给我什么样的处罚?”或“万一我被辞退了怎么办?”

3. 环境因素

环境因素主要是指销售人员日常生活和工作中发生的重大变化或突如其来的变故等。

4. 角色因素

当一个人的社会角色负担过重或必须同时扮演几个角色时，就会感受到很大的压力。此外，当一个人不清楚自己的角色定位时，恐慌和焦虑也可能会造成压力。

5. 工作压力因素

工作压力因素主要包括工作量过大、工作内容单一、与同事关系紧张、得不到

提升的机会等。

行动指南

销售人员可以借助以下几种方式来减轻工作压力。

1. 回想。在巨大的压力面前，回想一些愉快的往事可以让销售人员摆脱疲惫的心态，缓解压力，积极地投入到工作之中。

2. 借鉴。借鉴成功人士的经验，不仅可以激发销售人员的工作热情，而且能够深刻地认识到压力的本质。

3. 自我安慰。销售工作竞争激烈，销售人员要不断激励自己：我的成功意味着竞争对手的失败。

4. 在成功和失败中学习。销售人员可以把每一次与客户交流的机会都当成锻炼自己的机会，在成功和失败中学习，以坦然的心态面对工作。

5. 寻找快乐的生活圈子。避开压力源是缓解压力的好方法，销售人员要寻找一个能使自己快乐和放松的生活圈子。

第3章

衣着形象

第42天 先看衣着后看人

核心提示

得体的着装不仅能让销售人员看起来更有魅力，而且能体现独特的品位和气质。

理论指导

西方的服装设计大师认为，服装虽然不能让人变得完美无缺，但是第一印象的80%来自于着装。一项研究表明，大部分客户都十分乐意与那些穿着得体的销售人员交流；另一项研究也表明，穿着商务套装的销售人员所创造的业绩要比穿着便装的销售人员高出60%。大量事实都证明，销售人员着装得体更能赢得客户的信赖。因此，销售人员有必要了解以下几点着装规则。

1. 干净整洁是着装的基本要求

着装不仅要符合时尚美感，而且要恰当地体现一个人的个性。胡乱穿着显得粗野，不修边幅让人无法接受。经常更换衣服，说明销售人员是一个爱干净的人，也说明销售人员是一个拥有良好生活习惯的人。销售人员只有拥有良好的生活习惯，才可能有充沛的精力投入工作。

2. 服装要剪裁得体、搭配协调

颜色的深浅会给人不同的感受，比如，深色服装会让人显得庄重、严肃，而浅色服装会让人看起来轻松、活泼。此外，颜色还有冷暖色调之分，例如，冷色调的宝蓝色可以让人看起来更沉稳，而暖色调的橙色则让人看起来热情奔放。销售人员可以根据自己的实际情况选择不同的颜色搭配。

3. 了解自己的体型，扬长避短才能展现最佳形象

建议销售人员挑选款式简单的服装，因为这样的衣服比较容易搭配，也会让人显得落落大方。另外，销售人员的着装应以保守为主，要知道，适度的保守能给别人留下诚实、可信的印象。

4. 避免过分讲究穿着

过分讲究穿着可能会让客户觉得一个普通的销售人员都穿得这么高级，那么他所推荐的产品也一定很昂贵。因此，给客户留下过分讲究穿着的印象对销售人员来说并没有什么好处。销售人员的着装虽说不能太高级，但也不能太随便，穿着随便不但有损销售人员的形象，而且会降低客户对产品的兴趣。

总而言之，干净整洁、搭配协调的着装会让销售人员在举手投足间流露出自然的美感与迷人的魅力。

行动指南

1. 销售人员要了解自己的特点，选择适合自己肤色和身材的服装。

2. 在品质与价位上，销售人员要以自己能够接受的中档服装为主。

第43天 注重仪表，别让产品自动贬值

核心提示

销售人员的仪表是否整洁，直接关系到产品能否销售出去。

理论指导

常言说得好，“人配衣服马配鞍”。得体的着装能为销售人员加分。大量的研究

表明，客户对销售人员的仪表所产生的心理反应往往会潜移默化地影响他对产品的选择。因此，一位专业的销售人员应该注重自己的仪表。

下面来看一个故事。

有一位客户曾说："有一天，一位销售人员走到我面前，他邋遢的样子就像从某地逃难来的乞丐。他向我推销一种他所谓好得不能再好的产品，可我总是开小差——我盯着他脏兮兮的鞋子，皱巴巴的裤子，油亮亮的衬衫衣领，还有他脖子上那根皱得像鞋带一样的领带。在整个推销过程中我都在想一个问题：他自己都是这个样子，他的产品会好到哪里去？即使他的产品再好，就冲他这副尊容，我也不会买的。"

销售人员一旦走到客户面前，所代表的已不仅仅是个人了，还有公司与产品的整体形象。销售人员糟糕的外表会令客户对其所代表的公司和产品的印象大打折扣。

因此，销售人员的着装应该与其所从事的工作相配，与其所销售的产品保持协调。此外，销售人员在搭配服装时还应考虑到销售环境和客户类型。

行动指南

1. 每天出门前，销售人员一定要先照照镜子，看仪表是否整洁、着装是否得体。

2. 销售人员要根据客户的类型，因人而异细心打扮，让自己更有吸引力。

第44天　没人愿意和形象邋遢者打交道

核心提示

再好的产品，若被形象邋遢的销售人员拿着，产品的质量也会受到客户的质疑。

理论指导

下面来看一个故事。

有一位销售人员上门拜访一家公司的总经理。销售人员说："早上好，先生，我代表B公司来拜访您。"总经理说："你好！你代表B公司？听着，年轻人，据我所知，B公司非常有名，而你的形象让我无法相信你能代表它。"

可想而知，这位销售人员不但会让订单石沉大海，而且会毁了整个公司的形象。这位销售人员很苦恼，便向一位销售高手求教。销售高手对他说："你的头发太长了，一点儿也不像销售人员，你该去理发了，那样你看上去才会比较有精神；领带也没有系好，松松垮垮的；衣服颜色搭配得很不协调。销售人员只有打扮得体，才会更容易赢得客户的信任。记住：没有人愿意和一个形象邋遢的人打交道。"

故事中，销售人员之所以拜访失败，主要原因是因为他的形象太糟糕。销售人员若不注重自己的形象，就会被客户小看。销售人员不仅代表自己，而且代表整个公司。如果销售人员不懂打扮，那么首先他将失去进行自我介绍的机会，更不用说销售产品了。再好的产品，若被形象邋遢的销售人员拿着，产品的质量也会受到客户的质疑。

行动指南

1. 销售人员要在衣着打扮上多花点时间。

2. 销售人员要养成在每天出门前照镜子的好习惯。

第45天　着装必须遵循的TOP原则

核心提示

要想掌握正确的穿衣之道，销售人员就必须遵循TOP原则：T——time（时间），O——occasion（场合），P——place（地点）。

理论指导

要想成为一名出色的销售人员，就必须遵循以下几个基本穿衣原则。

1. 遵循时间原则

所谓时间原则，说的是着装要随着时间的变化而变化。这里的时间主要是指以下几个方面。

（1）白天和晚上的着装。如果是在白天与刚认识不久的客户见面，那么销售人员应穿着比较正式的服装，这样可以表现出自己的专业水准；如果是在晚上、周末或休闲时间与客户见面，那么销售人员应该穿得休闲一些，因为这几个时段都是休闲时间，客户会比较放松，如果这时销售人员的穿着非常正式，那么会让客户觉得很刻板。

（2）着装要随着季节的变化而变化。一年分为春、夏、秋、冬四个季节，每个季节都有适合该季节特点的服装。销售人员在冬天穿得过薄、在夏天穿得过厚都是不合时宜的。因此，在选择服装时销售人员一定要选择与季节相协调的服装。

（3）着装应顺应潮流的变化。着装除了要随时间段和季节而改变之外，还应顺应时代的潮流。

2. 遵循场合原则

着装要随场合的变化而变化。场合一般分为正式场合、非正式场合以及半正式场合。

正式场合包括宴会、婚礼、葬礼、年会等。出席正式场合时，男士必须穿着深色西服和白色衬衫，领带的花纹或图案的颜色对比不宜太过强烈。女士在挑选服装时可以有更多的选择。当然，这要视具体场合或情况而定。通常来说，女士并不需要穿着很正式的西服套装，不过如果从事的业务涉及高端产品（比如金融产品），那么最好还是穿着正式的西服套装，这样可以提高自己的可信度。

非正式场合包括旅游、访友等。此时，男士可以选择颜色清爽的西装；衬衫可以随意搭配，也可以穿T恤。女士的着装则可以随意一些，以展现自己的个性和特点。

半正式场合包括上班、午餐、会议、一般性访问等。在这种场合，男士可以选择穿浅色或深色西服，衬衫的颜色要与西服的颜色相协调，领带的花纹或图案要素雅一些。女士则不宜穿着太过男性化的服装，因为那样看起来太过精干，缺乏亲和力。

3. 遵循地点原则

着装搭配应入乡随俗，符合当地人的审美习惯。

行动指南

销售人员要谨记穿衣原则，并以此严格要求自己。

第46天 男士着装重在“洁”

核心提示

着装得体会让销售人员看上去十分诚恳、稳重、值得信任。

理论指导

销售人员一定要了解以下几种职业装的穿着要求。

1. 西装

男士应该选择颜色较深的西装。白色西装不能随便穿着，人们一般只会在出席很特殊的场合时才穿着白色西装。另外，西装的剪裁要合体，这一点至关重要，太大、太小、太紧、太松的西装都会让销售人员的形象受损。

2. 衬衫

销售人员应该选择领口部位比较挺括的衬衫。如果领口很皱，则会给客户留下不修边幅的印象。另外，浅色衬衫是首选，因为浅色显得干净，搭配深色西装会让销售人员看起来很干练。

3. 领带

领带是最能显示一个男人品位的配饰。建议销售人员选择中性颜色的领带，样式不要太花哨；避免选择那些过于女性化的颜色，比如粉色，一条粉色的领带很可能让客户觉得销售人员缺乏男性气概。

4. 鞋子

销售人员不要找借口说“每天要跑来跑去，鞋子穿上一会儿就脏了”。在拜访客户之前，销售人员应检查一下脚上的鞋子是否干净，有无破损。

5. 袜子

袜子这个细节有太多的人不在意。如果男士穿的是深色西装，那么千万不要再穿一双颜色对比鲜明的白色袜子，因为这样的搭配会让客户觉得销售人员十分不专业。

行动指南

销售人员要树立正确的着装观念，与客户见面时要遵循以上的穿衣原则。

第47天 女士仪容重在“雅”

核心提示

女士除了要具备男性着装的“洁”之外，还要在仪容上体现出“雅”来。

理论指导

古语说得好，“形诸于外而神于内”。“雅”是一种由内而外散发出来的高雅气质。在修饰仪容时，女性销售人员不妨参照以下几点。

1. 妆容应配合气质

妆容应该与自己的气质相协调，这样可以更好地表现出女性内在的“雅”。建议女性销售人员平时多留意一些介绍化妆的杂志和电视节目，多学习一些化妆技巧。

2. 清新典雅

女性销售人员要打扮得清新典雅一些，表现出成熟、干练、亲切的职业形象，让客户感觉销售人员是值得信赖的。

3. 靓丽脱俗

女性销售人员要打造靓丽脱俗的职场形象，让自己显得神采飞扬，并以此来感染客户。但是必须掌握一个“度”，过度就会显得很庸俗。女性销售人员修饰仪容要注意适度，要与自己的身份、外貌、气质以及所处的环境相协调，给人以“淡妆浓抹总相宜”的感觉。

4. 气质高雅

女性高雅的气质源于内在的修养。建议女性销售人员平时多读一些书，给客户留下善解人意、知书达礼的好印象。只有内外结合才会显出高雅的气质。

行动指南

1. 掌握一些基本的化妆技巧。
2. 与客户见面应化淡妆。
3. 妆容要与衣服的颜色、款式保持协调。

第48天　通过优雅的手势表达心意

核心提示

规范的手势也可以展示完美的个人形象。

理论指导

手势是销售人员表达心意的一种方式。在与客户见面时，销售人员应注意以下几点手势规范。

1. 指示方向

以左手为例：五指并拢伸直，屈肘由身前向左斜前方抬起，抬到约与肩同高时，再向要指示的方向伸出前臂。身体要保持立正姿势并微向左倾。

2. 指示商品

以左手为例：屈左臂由身前抬起后，以肘关节为轴，前臂由上向下摆动，使手臂呈一条斜线，掌心朝向斜下方，面带微笑示意客户。

3. 介绍商品

在介绍商品时，左手自然下垂，右手做动作，需要时左手也可以做一些辅助动作。切忌将手放在裤袋里；抓头发、挖耳朵等一系列不文雅的手势也是被禁止的。

4. 作出“请”姿

以右手为例：五指并拢伸直，掌心向上，手掌平面与地面呈45度角，右手腕关节要低于肘关节。做动作时，手从腹前抬起至上腹处，然后以肘关节为轴向右摆动，摆到身体右侧稍前停住，同时，身体和头部微由左向右倾斜，视线也随之转移；双脚并拢或呈右丁字步，左臂自然下垂，目视客户，面带微笑。

行动指南

销售人员要牢记“细节决定成败”的道理，一个简单的手势可以说是销售人员外在形象的体现。

第49天　以“站”姿吸引客户

核心提示

优雅的站姿可以体现一个人的修养。

理论指导

销售人员因其职业要求，在工作中应该保持正确的站姿。正确的站姿使男士显得挺拔稳重，使女士显得优雅端庄。

1. 基本站姿

面部朝向正前方，双眼平视，下颌微微内收，颈部挺直。双肩放松，腰部挺直。

双臂自然下垂，手部虎口向前，手指微曲。两腿立正并拢，双膝、脚跟紧靠，两脚呈“V”字状分开。

男士应该双手相握叠放于腹前，或者相握于身后。双脚可以叉开，大致上与肩同宽。这样能够展现男性刚强、潇洒的特点。

女士应该双手相握叠放于腹前。双脚可以在以一条腿为重心的前提下稍稍叉开，从而表现出女性温柔、优雅的气质。

2. 特殊站姿

在以下几种情况下，销售人员可以适时改变自己的站姿，以便更好地为客户服务。

向客户介绍商品时，销售人员应站在距离产品约 30cm 处，与客户的距离约 80cm 较为合适；恭候客户时，销售人员的双手应自然下垂，轻松交叉于身前，两脚微分并平踩在地面上，身体挺直，站在能够照顾到自己所负责的商品区域，并对每一位走近商品的客户点头示意。

3. 站姿禁忌

不良站姿不但姿态不雅，而且缺乏对客户的尊重，使销售人员的个人形象受损。销售人员在站立时应避免出现以下几个动作：身体歪斜、弯腰驼背、趴伏倚靠、浑身乱动等。

行动指南

销售人员要注意调整自己的站姿，避免出现不雅的姿势。

第50天 用“走”姿传递自信

核心提示

正确的行走姿态能够尽显销售人员的自信与风度。

理论指导

销售人员在行走时要注意以下两点。

1. 基本要求

行走时双肩要保持平稳，两眼平视前方，下颌微收，面带微笑；手臂伸直并放松，手指自然弯屈，手臂摆动时应以肩关节为轴，前后自然摆动，摆幅以 30～35 度为宜，肘关节稍稍弯屈，前臂不要向上甩动。

上身微向前倾，收腹挺胸，大腿带动小腿向前走。脚尖略抬，脚跟先接触地面，依靠后腿将身体重心推送到前脚脚掌，使身体前移。跨步均匀，步幅适当，一般来说前脚的脚跟与后脚的脚尖相距一脚长。步伐稳健、自然，有节奏感。

男士以稳健洒脱为标准。抬头挺胸，收腹直腰，上身平稳，双肩平齐，目光平视前方，步履稳健大方，显示男性的阳刚之美。

女士以落落大方为标准。头部保持端正，目光柔和、平视前方，上身自然挺直、收腹，步履匀称，表情含蓄恬静，显示女性的温柔之美。

2. 行走禁忌

在行走时，销售人员一定要注意行进的方向、步幅、速度、重心，保持身体平衡、协调，同时避免出现横冲直撞、内八字或外八字、踢着走、踮脚尖走等不良行走姿态。

行动指南

销售人员要掌握正确的行走姿态，让自己看起来更优雅、更有气质和风度。

第51天　让“坐”姿传递热情

核心提示

优雅的坐姿传递着友好、热情的信息，同时也显示出高雅庄重的风范。

理论指导

1. 基本坐姿

销售人员应从椅子的侧面入座，动作要轻柔舒缓、优雅稳重。入座时，销售人员应背对椅子，右腿稍向后撤，使腿肚贴着椅子边；上身保持正直，稳稳坐下。入座后，双腿并拢，双手自然放于双膝、扶手或桌面上，人体重心向下，腰挺直；会谈时，身体适当倾斜，双眼注视谈话者，同时兼顾身旁的人。

男士入座要轻，至少要坐满椅子的2/3，后背轻靠椅背，双膝自然并拢。身体可稍向前倾，以示尊重和谦虚。

对穿裙子的女士来说，入座前应用手背扶裙，坐下后将裙角收拢，双腿并拢，双脚同时向左或右放，双手叠放于腿上。如果长时间端坐，则可将两腿交叉叠放，但要注意上面的腿要往回收，脚尖朝下。

2. 坐姿禁忌

不良坐姿会给人留下狂妄自大、缺乏涵养、不够耐心等印象。不良坐姿包括蜷缩一团、半坐半躺、跷“二郎腿”、单腿踩凳等。

行动指南

在与客户交流或参加商业活动时，销售人员一定要保持端庄优雅、大方得体。

第52天　着装档次有讲究

核心提示

销售人员的着装应该与自己所销售产品的档次相协调。

理论指导

在着装档次上，销售人员应多花点心思。在决定穿什么之前，销售人员必须弄清楚自己销售的是什么档次的产品。

如果销售的是高档汽车，那么销售人员就要穿一套质地优良的西装；如果销售的是运动服，却穿了一套高级西装，那么就会让客户觉得销售人员推荐的运动服一定和他身上穿的西装一样昂贵。

是不是销售人员穿着档次比较低的衣服就可以表明所销售产品的价格比较便宜呢？当然不是。着装是销售人员精神面貌的体现，换言之，销售人员的着装是为了衬托所销售产品的品质。客户在决定购买某件产品时，往往会注重产品的质量；价格因素虽然很重要，但是此时已经退居其次了。

要知道，物极必反，如果销售人员过分打扮，身穿名牌服装、佩戴名贵手表，那么就会让客户觉得不自在，很可能产生排斥心理。

销售人员应该如何穿着打扮呢？（1）服装要与时间、地点等因素相符；（2）服装要与身材、肤色相协调；（3）不要故意装“嫩”，穿得太年轻的话容易招致客户的怀疑与轻视；（4）不要穿着太时髦的服装。

行动指南

根据不同的产品与客户，设计几套着装方案。

第53天 打造积极乐观的完美形象

核心提示

着装打扮的目的是给客户留下一个良好的印象。

理论指导

销售人员要在心中描绘出一幅自我形象图——充满信心、精力充沛。要知道，暗示的作用对人的影响很大，相信自己是什么样子，你就会变成什么样子。

有一个人打算卖掉自己的旧车，他把车送到维修店，让人把车表面的划痕磨光后再重新喷漆；把车内重新装饰一番，更换新的轮胎，调试好所有的设备，使这辆车旧貌换新颜。他相信，给旧车做一次“美容”，能卖出好价钱。

销售人员也是如此，完美的形象和优雅的气质不仅会令自己在客户心中的可信度大增，而且能为成功拿单增加砝码。

销售人员一定要改变自己随心所欲的穿衣习惯。要知道，着装打扮的目的是给客户留下一个良好的印象，让客户感觉销售人员是可以信赖的。服装的选择必须得体，既要与销售人员所从事的工作相协调，又要与销售人员的气质、年龄、体型等相协调。

此外，销售人员还要保持乐观的心态，不要把生活中的烦恼带到工作中。要知道，有快乐的销售人员，才会有快乐的客户。

行动指南

闭上眼睛，描绘一幅自己满意的形象图，然后暗示自己朝这个方向努力。

第4章 气质修养

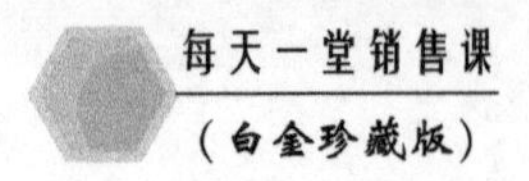

第54天　提高自身修养，与不良行为说“再见”

核心提示

销售人员在展示产品的同时，也是在向客户展示自己的品位与人格魅力。

理论指导

销售是一项很艰苦、很复杂的工作，需要销售人员具有极强的事业心与忍耐力。销售人员平时工作很劳累，因此业余时间必须注重修身养性，一方面多做一些健身活动，另一方面要加强新知识、新观念的学习，不断提高工作能力。销售人员要特别注意远离酗酒、赌博等恶习。

有的销售人员只重视销售技巧的修炼，却忘记了加强素质修养，从而阻碍了自身的发展。

下面来看一个故事。

武康是一家公司的销售人员，他的销售业绩总是名列前茅。但是他后来却迷上了赌博，四处借钱，销售业绩也因此一落千丈，最后发展到把所有货款都拿去赌博。他整天沉迷于赌博，妻子与朋友的苦劝也无济于事，他仍然执迷不悟，最终让大家对他丧失了信心，公司也将他开除了。一名销售精英就这样葬送在赌场里了。

因为销售工作的特殊性，销售人员经常会面临巨大的诱惑，因此，销售人员必须严于律己，重视素质修养，要能经受住各种诱惑和考验。

行动指南

首先，销售人员要有一个健康的体魄，这是做销售工作的基本条件；其次，销售人员要注重修身养性，坚持读书、看报，关注一切积极、健康的事物。

第55天　用良好的习惯叩开成功的大门

核心提示

拥有良好的习惯，销售人员就拥有了叩开成功大门的钥匙。

理论指导

要想成为一名优秀的销售人员，就必须养成良好的工作习惯。

1. 目标指导工作

美国最成功的保险推销员富兰克林·白吉尔从来不会等到第二天上班再安排当天的工作，他总是在头一天晚上就将第二天的计划做好了，即要访问多少位客户、销售多少单保险……如果没有完成计划，那么差额就要加到下一天，以此类推。

2. 做事主次分明

曾任美国伯利恒钢铁公司总裁的查理斯·齐瓦勃向效率专家艾维·利请教“如何更好地执行计划”的方法。艾维先请查理斯在一张空白纸上写下自己第二天要做的六件最重要的事并按重要性来排序，然后依次完成这些事。后来，查理斯将这种方法推广到全公司，后来他的公司一跃成为世界上最大的钢铁厂之一。总之，先做最重要的事绝对要比随心所欲地想起什么做什么更有效率。

3. 保持办公桌的整洁有序

如果办公桌上堆满了尚未处理的信件、文件或报告，那么人们就会产生混乱、紧张或忧虑的情绪。

4. 当断则断不拖延

美国钢铁公司董事长霍华在任的时候，每次开会只讨论一个问题，而且必须找到解决问题的办法。虽然关于这个问题的解决办法也许还需要进行多次研究，但是在讨论下一个问题之前，上一个问题一定要得到彻底解决。事实证明，这种方法非常有效，公司多年来的旧账都核对清楚了，大家再也不用为新问题出现而旧问题还没解决而忧虑了。

行动指南

销售人员应制订具体的工作计划，把第二天要完成的事写在笔记本上；办事要分清主次和轻重缓急，先做最重要的事；保持办公环境的整洁有序；能够当时解决的事就不要拖到第二天再解决，如果暂时解决不了，那么就先不要考虑它。

第56天 致力于培养良好的性格

核心提示

性格良好的销售人员走到哪里都会受欢迎。

理论指导

很多困扰与难题的产生都源于人的性格。俗话说“性格决定命运”，销售人员应该致力于培养自己良好的性格，做一个受客户欢迎的人。

事实上，改掉性格上的毛病并不难。下面来看一个故事。

有一天，富兰克林发现朋友们离自己越来越远了，他意识到都是自己争强好胜惹的祸。于是，富兰克林列了一张清单，把自己性格上的毛病全部罗列出来，并下定决心彻底改掉这些坏毛病。后来，曾经疏远富兰克林的朋友们又都回来了，富兰克林受到了朋友们的尊敬和爱戴。

由此可见，性格就是一个人的标志，对销售人员来说更是如此。销售人员要表现得十分随和，与客户建立轻松、愉快的合作关系。

行动指南

销售人员要认识到良好性格的重要性，无论如何，不要因为自己的性格而让客户受到伤害。

第57天 保持好心情，拿单更轻松

核心提示

销售人员总是将负面情绪挂在脸上，不仅会让客户觉得自己不受重视，而且会使双方的关系变得疏远，甚至丧失原本唾手可得的订单。

理论指导

销售人员也有喜怒哀乐，个人情绪常常受到外部环境的影响。但是情绪不能解决任何问题，销售人员不应该将负面情绪挂在脸上。因为负面情绪会在不同程度上影响客户，甚至失去客户。

下面来看一个故事。

有一天，销售人员韩大伟心情特别差，可是他必须去拜访一位重要的老客户。当老客户见到韩大伟时，热情地跟他打招呼：“你最近过得怎么样？”

老客户似乎是想与韩大伟好好聊聊，可是韩大伟此时一点儿心情也没有。于是，他面无表情地说：“不怎么样，你们公司下个季度打算进多少货？”

老客户觉得很扫兴，就说：“关于这个问题，我们还需要开会研究，暂时定不下来。”

韩大伟不耐烦地说：“那你们就赶快开会决定！”

老客户听完很不高兴，心想：你是来和我谈生意的，怎么这副样子？老客户生气地说：“我们暂时无法确定，我看你今天还是先回去吧。”

韩大伟一听，火一下就冒了上来，心想：既然没有确定下来，那你约我过来干吗？于是，韩大伟愤然离去。

韩大伟的坏情绪让这位老客户感觉非常不好，他慢慢地疏远了韩大伟，最后连好多年的业务往来也终止了。

长期从事销售工作的人难免会因为工作压力过大而出现比较大的情绪波动。因此，销售人员要控制好自己的情绪，不要因为一时失控而失去客户的信赖。

行动指南

1. 销售人员应正视现状、摆正心态、控制好情绪，积极投入工作。

2. 心情不好时，销售人员最好不要安排拜访工作；如果确实需要与客户见面，那么不妨先将精力全部转移到工作上来，暂时抛开烦心事。

第58天　用一颗平常心对待销售工作

核心提示

销售是一项艰苦的工作，销售人员不能有丝毫急功近利的想法，必须从点滴做起，保持一颗平常心。

理论指导

每个销售人员都非常渴望成功，但是成功并非一蹴而就。因此，销售人员要保持积极乐观的心态，遇到困难绝不轻易退缩。要知道，大部分成功的销售人员都曾在遭人怀疑、排斥和污蔑之后才被人相信、欢迎和尊敬。

一些销售新手刚进入销售行业就忙着推销产品，每天列名单或打电话邀约，甚至进行强行推销，遇到不如意的事或受到挫折就灰心丧气。作为一名销售人员，积极地推销产品是应该的，列名单、打电话、制订计划也是必要的，但是绝对不能急功近利，这样只会一无所获。如果销售人员对自己所销售的产品还不了解，那么就不要急于展开销售工作，否则一定会出问题。如果销售人员对产品的认识还不够深，那么便很难将它的好处全部说明，客户随便提出一些疑问就会将销售人员难住。

所有从事销售工作的人都应拥有一颗平常心，与客户保持融洽的关系。如果销售人员在工作中缺乏耐心，那么将会失去达成交易的机会，甚至永远失去客户。

行动指南

销售人员要牢记“心急吃不了热豆腐”的道理，应用一颗平常心来对待销售工作。

第59天 冬天过去就是春天，逆境过后就是顺境

核心提示

销售工作需要积极乐观的心态。

理论指导

刚刚进入销售行业时，销售人员难免会遇到一些挫折，悲观的人也许会退缩；乐观的人则会认为遇到一些困难与挫折是很平常的事情，他们会用积极乐观的心态去面对。

积极乐观的心态并非与生俱来，当销售人员发现自己没有积极乐观的心态时也别失望，可以通过一些心理训练有意识地培养这种心态。最有效的方法就是时常与积极乐观的人在一起，这样你的心态也能变得积极乐观起来。

不管怎样，销售人员都要以积极乐观的心态来对待销售工作，千万不要因为暂时遇到一些困难或挫折而灰心丧气。要知道，冬天过后就是春天，逆境过后就是顺境。时常保持积极乐观的心态，成功就离销售人员不远了。

行动指南

1. 销售人员应多与性格乐观的朋友交流，做一个积极向上的人。

2. 与客户见面时，销售人员要把积极、乐观、热情传递给他。

第60天 像拧干海绵一样将心态归零

核心提示

只有将海绵里的水拧干，海绵才能吸取更多的水；只有将心态归零，销售人员才能积累更多的知识和经验。

理论指导

许多新加入销售行业的人也许原来从事的是和销售毫不相干的工作，这时就需要销售新手将心态归零。不管销售人员在之前的工作领域是多么的出类拔萃，具有多么丰富的经验，或者已经取得了多么卓越的成就，步入销售行业以后，均必须将一切荣誉都放在一边，将心态归零，从头开始，这是对销售人员最基本的要求。

销售的学问博大精深，需要每个销售人员认真、反复地学习和研究。只有将心态归零，销售人员才能深刻领悟销售的真谛。就像海绵吸水一样，如果你拿一块已经吸满水的海绵去吸水，那么显然不能吸取更多的水；如果你拿一块拧干的海绵去吸水，那么肯定可以吸取更多的水。同理，如果你想进入一个新的行业，那么就必须将过去的一切荣誉抛开，以一种归零的心态去对待。

行动指南

销售人员要学习海绵吸水的精神，只要踏入销售行业，就要将心态归零，从头开始做起。

第61天 只有坚持学习，才能获得一流业绩

核心提示

销售是一个不断学习与积累的过程。

理论指导

在现实生活中，人们总是不断接受新的事物、学习新的知识。只有坚持学习，人们才能跟上时代的步伐。作为一名销售人员，不但要学习与所销售的产品有关的知识，而且要不断学习为人处世的道理，不断提高自己的专业技能与职业素养。

销售人员要学习的知识有很多，比如产品知识、公司制度、交谈的艺术等。这些知识涉及营销学、心理学、公共关系学、礼仪学等。销售人员既可以向成功人士学习，也可以向身边的亲朋好友学习，还可以从书本中学习。销售人员要时刻保持学习的心态，将学到的知识应用到实际销售工作中去。

总之，保持良好的学习心态是销售人员取得良好销售业绩的保证。

行动指南

销售人员要认识到学习对于销售工作的重要意义，将工作看成是学习的过程，虚心向身边的领导和同事学习。

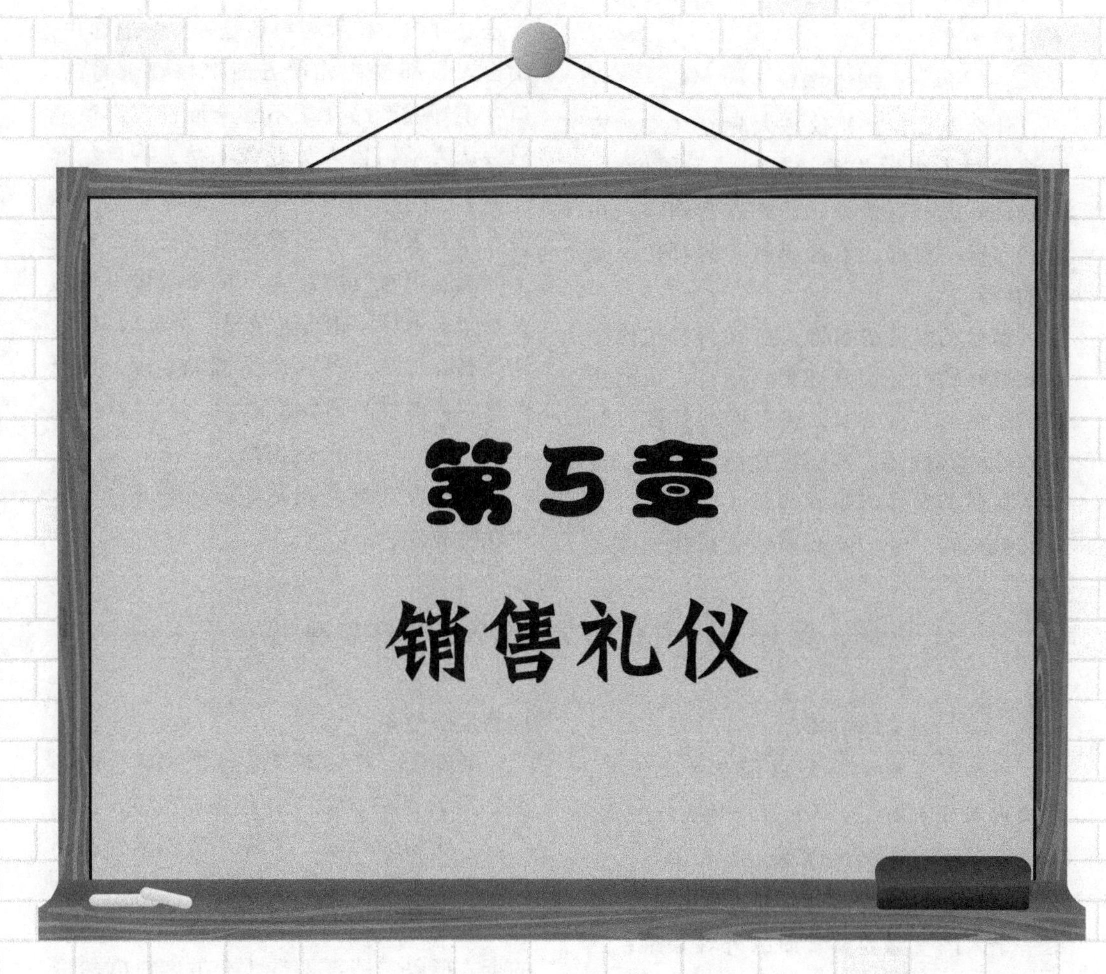

第5章

销售礼仪

第62天　礼仪是销售人员的必修课

核心提示

规范的销售礼仪能够为销售人员赢得客户的尊重。

理论指导

什么是礼仪？礼仪是人际交往中约定俗成的对人表示尊重、友好的习惯做法。礼仪是高贵的言谈举止，它能帮销售人员赢得客户的尊重，给客户留下深刻而又美好的印象。

销售礼仪是指销售人员在销售工作中应该遵循的行为规范准则。销售人员的主要工作是与人打交道，理应把“礼仪”当成自己的必修课，不断提高服务水平。得体的礼仪虽然并不能直接带来订单，但是从长远来看，懂礼仪的销售人员比那些礼仪不周的销售人员更容易赢得客户的心。

礼仪是在所有销售场合都适用的。不管是去拜访一位大客户还是一位普通客户，销售人员都要在礼仪方面严格要求自己。口才不好或产品介绍不够全面，客户可能只会认为是销售人员业务不精；一旦给客户留下不懂礼貌的坏印象，他就会认为销售人员态度不好，不尊重自己。一个礼仪上的疏忽很有可能让客户在和销售人员短暂的交谈中认定销售人员是一个徒有其表、缺乏修养的人，从而产生抵触心理，拒绝销售人员的产品和服务。

行动指南

销售人员要认识到礼仪的重要性，遵守礼仪规范。

第63天　礼仪是文化素养的外在表现

核心提示

销售人员要不断加强自身文化修养，塑造出最符合自己个性和身份的良好形象。

理论指导

从个人修养的角度来看，礼仪可以说是一个人内在修养和素质的外在表现；从人际交往的角度来看，礼仪可以说是维护人际关系的一种方式。

我们知道，第一印象只是树立良好形象的开始。由于与客户的交往是一个长期的过程，销售人员只有在工作中时刻遵守礼仪规范，才能真正赢得客户的心。了解相关言谈举止方面的礼仪知识，可以帮助销售人员获得一些原则性的指导，在学习并运用这些礼仪知识的时候，要活学活用，切忌生搬硬套。

要知道，礼仪不只是在正式场合才必须注重的，在日常工作中也应讲究礼仪。在待人接物的时候，销售人员要做到和善而文雅，以博大宽广的胸怀与淡定从容的心态来处事。只有树立了有修养、有内涵的个人形象，销售人员才会被客户欣然接受。销售人员是代表公司和公司的产品与客户打交道的，有责任维护公司和产品在客户心目中的形象，销售人员的一言一行都必须对公司及产品的社会形象负责。

行动指南

礼仪不是做表面文章，而是一个人内在修养的外在体现。销售人员要加强销售礼仪培养，让优雅的礼仪成为销售人员与客户友好沟通的纽带。

第64天　不可不知的言谈礼仪

核心提示

无论销售人员的口才如何卓越与充满个性，彬彬有礼的言谈永远都是最受客户认可的。

理论指导

一般来说，彬彬有礼的言谈要遵循以下几个原则。

1. 礼貌用语不离口

不管什么时候与客户交谈，销售人员都必须懂文明、讲礼貌。要想做到这一点，就请销售人员牢记“谢谢”和“请”，这是人际交往中的“黄金语句”。

2. 尽量使用令客户感觉舒适的语言

如果客户讲方言，销售人员又正好会讲这种方言，那么可以用方言与客户交谈，这样既能融洽气氛，又能增进彼此的感情；如果不熟悉客户的方言，那么销售人员就要用普通话与客户交谈，因为不地道的方言可能会在沟通时造成误会；如果同时与几位客户交谈，大家又不会讲相同的方言，那么销售人员最好用普通话与他们交流，切忌旁若无人地与其中某一位客户讲方言，令其他人不知所云。

3. 使用通俗易懂的语言

通俗易懂的语言最容易被人们接受。因此，销售人员要多使用通俗易懂的语言，少用或不用书面化的语句。故意使用晦涩难懂的专业术语或咬文嚼字，会令客户感到费解，这样不仅不能与客户顺利地沟通，而且不利于维护客户关系。

4. 说话时要把握分寸

与客户交谈时，有的销售人员口无遮拦、无所顾忌，失去了分寸。要知道，这样不仅不礼貌，而且特别有损自己的专业形象。

在与客户交谈时有些“雷区”是销售人员要小心避开的。请销售人员留意以下事项：在客户谈兴正浓的时候，不要随便打断；对于不知道的事，不要冒充内行；不要在客户面前谈论别人的隐私和缺陷；不要谈论容易引起争执的话题；不要引用低级趣味的例子。

行动指南

在与客户交流时，销售人员一定要遵循以上原则，即使与关系亲密的客户交流也是一样，切忌忘乎所以、夸夸其谈，令客户反感。

第65天　注重礼仪，别让小细节成为大障碍

核心提示

礼仪体现在细节中，稍不注意就会失礼。

理论指导

销售人员在介绍产品的同时，也是在向客户展示自我。很多时候成交是建立在客户对销售人员认同的基础上的，客户之所以购买和消费，主要是因为先接受了销售人员。除了拥有美好的形象，销售人员的一举一动同样会给客户带来不小的影响，有时可能会因为一个细微的举动而导致销售失败。

下面来看一个案例。

有一位销售人员去拜访某公司的经理。这位销售人员从事销售工作的时间不长，对一些礼仪不太注意。他给那位经理递名片时，用食指和中指夹着递给对方，本来应递到对方手中的，他却将名片放在桌上，使得那位经理大为不快，结果本应成交的生意以失败告终。

这位销售人员不明白用食指和中指夹着名片递给客户如同用手指指人，是极不礼貌的行为，当然会引起客户的反感。这样的行为不仅反映出这位销售人员在名片递接礼仪上的欠缺，而且说明他没有对名片引起足够的重视。

销售人员应该掌握递名片的正确方式。小看名片的分量，不注重名片的递接方式，往往会给销售工作制造障碍。

行动指南

销售人员要注重人际交往中的每一个细节，将礼仪贯穿于人际交往的整个过程，即使沟通不顺利也不要失礼。

第66天　名片上的头衔要名副其实

核心提示

名片是销售人员的道具，是做好销售工作的重要工具。

理论指导

名片就是销售人员的个人广告，递上名片就等于在做自我介绍，特别是一些印有照片的名片，最能加深客户对销售人员的印象。名片应尽量印得“实”一些，不要太“虚”。有些销售人员总喜欢在名片上印一大堆的头衔，其中有很多都是虚的，并不一定能得到客户的尊重，不如突出重点，把最真实的信息传递给客户。

销售人员的名片对客户是否重要，主要取决于名片上的身份和地位是否重要，有多高的职位、有多大的权力、有什么技能和特长，人人都很看重这些，名片上自然也要印得清清楚楚。

从商务交往的角度来说，名片的作用不仅说明了“我是谁”，而且说明了“我想干什么”和“我在什么方面可以帮助你”。因此，对职权和专业范围加点儿说明或突出一下，有时候是必要的。需要注意的是，说明重点是要让别人知道销售人员的长处，而不是笼统地列上一大堆业务项目或职务头衔。如今，销售行业竞争相当激烈，销售人员如果能在某一点上有特别表现，那么就可以占有优势。

行动指南

销售人员在设计名片时要注意，一个对客户有用的信息要远远胜过一大堆对客户无意义的头衔。

第67天　递接名片讲究“奉”与“恭”

核心提示

递接名片看似事小，却小中见大，如果疏忽其中的礼节，那么很有可能影响销售工作。

理论指导

名片代表了一个人的身份。销售人员应懂得如何礼貌地递接名片。

递送名片讲究"奉"，即奉送之意。递送名片时，销售人员要表现得谦虚、恭敬。销售人员可以在向客户问候或做自我介绍时递出名片；如果与上司一起商谈业务，那么销售人员可以等上司介绍自己时再递送名片。

下面介绍两种递送名片的方法。

1. 手指并拢，将名片放在手掌上，用双手大拇指夹住名片的下端，恭敬地送到客户胸前。名片上的名字反向面对自己，正向面对客户，使客户接到名片时直接阅读即可。

2. 双手食指和大拇指分别夹住名片左右两端奉上，同样名字反向面对自己。

接受名片讲究"恭"，即恭恭敬敬。销售人员必须用双手接受名片，接受后要马上读一遍，不可随便瞟一眼或有怠慢的表示。遇到难读的名字时，销售人员还要虚心地请教客户名字的读法，这样丝毫不会降低身份，更不会伤害客户，反而会让客户认为销售人员很重视自己。如果一次同时接受几张名片，那么销售人员要记住哪张名片是属于哪位先生或女士的。

行动指南

不要认为名片礼仪是区区小节，即使你是一个销售精英，也要拘此"小节"。

第68天　打电话需要注意的通行礼仪

核心提示

遵守打电话的礼仪，给客户留下良好的印象。

理论指导

给客户打电话时，销售人员需要注意以下几点。

1. 选择合适的时间

打电话时，要考虑客户的时间。往客户家里打电话，一般以晚餐以后或休息日为宜，注意不要太早或太晚，比如早上六七点或晚上11点以后，因为此时客户有可能正赶着上班或准备休息；往客户办公室打电话，以上午10点左右或下午上班以后为宜，因为此时客户相对比较空闲。

2. 及时回复电话留言

如果客户打电话过来时恰好销售人员不在，那么要注意留言并及时给客户回电话。一般出于礼貌，应该在24小时之内回复电话留言。如果回电话时客户正好不在，那么销售人员应该留言，表示已经回过电话了。如果确实没办法亲自回电，那么也应该托人代办。

3. 给客户打电话时要面带微笑

打电话时，虽然客户无法看到销售人员的面容，但是销售人员的情绪和态度仍然会通过话筒传递给客户。面带微笑是一个很好的办法，这样销售人员的声音会流露出亲切、愉悦之感，使客户感到舒服和愉快。因此，在整个通话过程中，销售人员应始终保持甜美的微笑。

4. 给客户打电话时要专心

在给客户打电话的过程中销售人员不要和别人聊天，因为这是一种极不礼貌的行为。如果必须要和旁边的人说话，那么销售人员要先向客户道歉，请对方稍候，或者过一会儿再打过去。

5. 合理安排预约时间

约在客户最忙的时候，客户肯定无心与销售人员交谈；约在客户想休息或是会客的时候，往往也会引起客户的反感。总而言之，预约的时间不对，就达不到预期的效果。通常而言，预约的要求应该尽早提出，并且最好向客户说明要占用多长时间，以便客户提前安排好自己的事情。销售人员在登门拜访前要先给客户打电话确认一下，这样既可以防止客户临时有变，也能体现自己的专业与涵养。

6. 挂断电话的礼仪

结束电话交谈，一般是由打电话一方主动提出的，然后相互客气地道别。需要注意的是，销售人员要等客户放下听筒后再挂电话。如果销售人员不等客户把话说完就挂断电话，那么会给客户留下非常坏的印象。

行动指南

在给客户打电话时销售人员要注意遵循上述相关礼仪。

第69天　掌握正确的握手“尺度”

核心提示

握手是一个很重要的环节，掌握正确的握手礼仪会给销售人员的工作锦上添花。

理论指导

在销售场合握手时销售人员应该注意哪些礼节呢？

1. 握手的顺序

通常客户来访时，销售人员要先伸手表示欢迎；客户告辞时，销售人员要等客户先伸手，如果销售人员先伸手，则有下逐客令的嫌疑。

握手的规矩是：上级和下级之间，上级先伸手；长辈和晚辈之间，长辈先伸手；男士和女士之间，女士先伸手。这些规矩可以简单归纳为“身份尊贵的一方先伸手”。

2. 握手的方式

为了表示对客户的尊重，与客户握手时销售人员的掌心应该朝上，掌心朝下会给人目中无人的感觉。与客户握手时，销售人员一定要以真诚的眼神回应以示尊重。切记，不要漫不经心、东张西望，或者一边与人握手一边又与其他人打招呼。这些都是非常不礼貌的行为。

3. 握手时不能戴手套

在某些场合，女士是被允许戴着手套与别人握手的，但是销售人员应该知道若摘下手套，则更能显示出对别人的尊重之意。

4. 握手时尽量用右手

握手时间不要保持太久，三四秒足够。销售人员不要一握住别人的手就没完没了地问个不停，没有丝毫要松开的迹象，特别是与异性握手，更不能这样。

5. 握手要讲究“尺度”

有些销售人员为了表示热情和诚意，握手时非常用力；有些销售人员为了表示清高，只是伸出指尖与人握手，这两种做法都是很不妥当的。建议销售人员在与客户握手时用手掌和手指握住对方的手，然后再轻轻用力上下晃动。

行动指南

销售人员要学习正确的握手礼仪，并在与客户的交往中灵活运用。

第70天　四种典型的错误握手方式

核心提示

错误的握手方式会使销售人员在客户心目中的形象大打折扣。

理论指导

销售人员要尽量避免以下几种握手方式。

1. 击剑式握手

这种握手方式是指在与客户握手时，突然把一只僵硬、笔直的胳膊伸过去，并且手心朝下。

2. 死鱼式握手

这种握手方式是指伸出的手软弱无力，任由对方握着，就像一条“死鱼”。

3. 手扣手式握手

手扣手式握手即双手握手，这种方式在一些国家被称为“政治家式的握手”。这种握手方式不适合初次见面的陌生人或异性。

4. 虎钳式握手

这种握手方式是指在握手时，拇指和食指像老虎钳一样紧紧扣握对方手关节处。这种握手方式让人感觉十分别扭。

行动指南

销售人员应检查自己与客户的握手方式是否正确。

第71天　了解拜访礼仪，在客户面前不可太随便

核心提示

除了打扮得体之外，销售人员还要加强销售礼仪训练，给客户留下良好的印象。

理论指导

下面来看一个案例。

小王从事销售工作没有多长时间，他为自己准备了几身漂亮的套装，下定决心要给客户留下一个好印象。穿戴整齐后，小王精神抖擞地出发了。这一次是到客户家里拜访，客户见到风度翩翩的小王非常高兴，热情地把他请进屋。毕竟是第一次见客户，小王很紧张。他忘了要与客户的家人打招呼，连自我介绍都省略了，直接开始洽谈业务。客户见小王满头是汗，就递上一杯水，小王此时真是口渴了，便接过来一口气喝光。喝完后嘴边还有几滴水，小王就像平时一样拿手一抹。接下来到了向客户介绍产品的阶段，只见小王双手在背包里乱掏，最后干脆将包翻过来往桌子上一倒。只听“哗啦”一声，一大叠资料、笔记本、笔、眼镜、手机还有名片等占满了整个桌面。“找到了，就是这份资料，您先看一下。”小王把产品介绍资料递给客户，上面记载了产品的相关信息。“哦，对了，这是我的名片。”小王一手拿着名片递给客户，头也不抬地说着，一手忙着收拾桌面上的东西。客户见状，就问他：“你是不是还有什么其他的事，怎么这么匆匆忙忙的？”小王这才意识到自己的行为实在有点滑稽，红着脸说：“不忙，不忙……”这次拜访的结果可想而知。

拜访礼仪不规范，在客户面前太随便，是销售的大忌。光有美好的形象还不够，还要在行为上加强训练。手忙脚乱难免有失礼节，客户对销售人员的评价就是不成熟。销售人员在客户面前表现得太过随便，比如随便走动、好奇地参观房间等，那样

会让客户感到不悦。

行动指南

有些销售人员在和客户初次交往时还处处注重礼仪，但是在多次交往之后就自认为和客户很熟悉了，觉得礼仪太多会与客户之间显得太生分，于是就开始不注重礼仪了。例如，谈话随便，进出客户家或公司旁若无人，打电话不分时间……殊不知，不讲礼仪往往隐藏着很大的危机，即便是小小的失礼，也随时可能失去客户。

第72天　销售人员最容易犯的九个禁忌

核心提示

改掉销售坏习惯，对客户礼貌相待，客户自然会乐意与销售人员做生意。

理论指导

要想成为一名优秀的销售员，必须重视以下几个禁忌。

1. 不按时赴约

如果实在无法如期赴约，销售人员一定要先打电话向客户解释无法准时赴约的原因，以求得到客户的谅解。如果以“手头的事太多”作为失约的理由，那么客户就会认为销售人员根本就不重视这次约见。

2. 对客户的称呼过于夸张

凡事都不宜过犹不及，太高的“帽子”反而会令客户感觉不舒服，心生反感。因此，对客户的称呼一定要与其身份相符。

3. 目光游离

销售人员在与客户谈生意的时候，把目光盯在走过身边的某人身上会让客户觉得被忽略了。

4. 打听客户隐私

打听隐私的坏习惯是一定要改正的。例如，客户的外表、生活细节、宗教信仰或政治立场等都不宜打听。

5. 敲打东西

在商谈过程中，销售人员用手指或笔在桌上敲个不停会令客户觉得很不舒服。

6. 拜访客户前喝酒

不管酒对销售人员的吸引力有多大，在准备去见客户之前，销售人员要做到滴酒不沾。一旦喝了酒，哪怕只是喝了一点儿，销售人员体内的酒精也可能影响思路。

7. 不随身带笔

笔是有用的销售工具，优秀的销售员都有随身带笔的好习惯。有些客户非常反感总是借笔写字的销售人员，特别是借了不还的。

8. 摆弄身上的小配饰

与客户交谈时，不停地看手表、推镜框、转动戒指等，会让客户反感，甚至失去成交的机会。

9. 过多地说“我”

“我”字说得太多，不仅会给客户留下自以为是的印象，而且会在客户和销售人员之间建立一道防线，形成障碍，影响双方的深入交谈。很多时候，销售人员多说“我们”可以拉近与客户的心理距离，增进双方的情感。

行动指南

礼仪能帮助销售人员打造完美的个人形象，给客户留下很好的第一印象，在销售初期就能赢得客户的好感、尊重和信任。只有灵活运用礼仪，销售人员才可以避免或及时地处理客户的异议和投诉。你想站在精细化销售的最前端吗？从此刻开始，正确运用优雅的销售礼仪吧！

第73天　微笑也是一种礼仪

核心提示

微微一笑并不难，可以产生无与伦比的功效。

理论指导

微笑并不是单一存在的，它要和以下几点内容相结合才能发挥更好的功效。

1. 微笑要与面部表情相结合

微笑的时候，要眼睛笑、眼神笑、嘴巴笑，将友好、礼貌、愉快之情显露在脸上。

2. 微笑要与礼貌用语相结合

在微笑的同时，还要说几句热情、真挚的话语。例如，客户走进商店时，销售人员要微笑着说："您好，欢迎光临!""早上好!"等。客户结账时，销售人员要微笑着说："请您随我来。"

3. 微笑要与肢体语言相结合

微笑的同时伴有得体的肢体语言，这样会给客户留下好印象。微笑就如晴空一般，给人以舒适和温暖之感。

行动指南

销售人员要牢记本节提到的微笑礼仪。

第74天　掌握保持微笑的三种方法

核心提示

对客户保持微笑是销售人员的成功秘诀。

理论指导

对客户保持微笑是销售人员的成功秘诀。要知道，发自内心的微笑是最迷人的，但长时间的工作会让身体变得疲劳，从早到晚一直保持微笑并不是一件容易的事。因此，销售人员要掌握以下三种保持微笑的方法。

1. 学会"过滤"烦恼

步入工作岗位之前，销售人员要将烦恼与不快抛开，以最好的心情和精神面貌迎接客户的光临。销售人员必须学会疏导和淡化烦恼，每时每刻都保持轻松的心情，让快乐伴随自己，并将快乐传递给每一位客户。

2. 拥有宽广的胸襟

在销售过程中，销售人员难免会遇到出口伤人、不讲理的客户，此时一定要牢记"忍一时风平浪静，退一步海阔天空"的信条，始终保持良好的心态，让微笑服务变成自己一贯的工作作风。

3. 和客户有感情上的沟通

向客户微笑时，销售人员要表达的意思是"见到您我很开心，我十分愿意为您服务"，也就是说，销售人员要在感情上把客户当做亲人、朋友，与他们分享快乐和忧伤，成为他们的知心好友。

行动指南

销售人员要学习以上三种方法，时刻保持微笑，努力成为受客户欢迎的人。

第75天　用心倾听更重要

核心提示

倾听在沟通中有着很重要的作用，销售人员一定要掌握倾听这门学问。

理论指导

所谓倾听，即仔细聆听，它是面谈过程中促使客户作出购买决定的一个很重要的方式。与客户进行面谈时，很多销售人员总是滔滔不绝，不给客户表达自己意见的机会，因此极易引起客户的反感。其实，倾听有时比谈话更重要。相关资料表明，所有面谈的成功，大约有75%要依赖销售人员倾听能力的发挥，而仅有25%靠发问式的谈话来完成。

在面谈过程中将更多的时间留给客户，从表面上看好像客户是主动的意见发出者，而销售人员是被动的意见接受者；客户掌握面谈的主动权，而销售人员处于不利的地位。实际上，心理学家经过大量的研究证明，“说”和“听”相比，“听”更有利。原因非常简单，在交谈中，听者思考的速度大约是说者的5倍。很明显，在思考问题时，处于倾听地位的销售人员要比说话的客户更有优势。在倾听过程中，销售人员可以有充裕的时间对客户的真实需要、疑虑和问题进行准确的判定，从而及时捕捉各种购买信号。

掌握好倾听的艺术，善于倾听，不但可以表现销售人员的修养，而且能为销售人员争取客户的信任。有的销售人员非常善于创造条件，让客户多讲，而自己多听，因为多听可以了解客户的需要，可以让双方的交谈变得更有意义。

行动指南

销售人员要认识到，在销售产品的过程中，谈话就是在传递信息，听别人讲话就是在主动地接受信息。除了用耳朵去听、用心去理解之外，销售人员还要积极地做出各种回应。

第76天　倾听时需要注意的礼仪与技巧

核心提示

倾听不应该是一种被动的行为，销售人员需要掌握一些基本的倾听技巧。

理论指导

会倾听的销售人员会更快获得成功。倾听的技巧都有哪些呢？

1. 表现出认真倾听的样子

客户说话时，销售人员要认真地注视客户，手上不要有多余的小动作，身体也不要总僵硬地保持一个姿势。

2. 表现出听懂了客户的意思

在倾听客户讲话时，销售人员要用明显的动作或眼神向客户表示完全明白他说的意思。也许大家都曾有过这种经历：当你兴致勃勃地讲一件自己非常得意的事情时，虽然对方表现出非常感兴趣的样子，但是从其他方面来看，他显然没听懂，你会因此感到非常失望，也就没了讲话的劲头。销售人员千万不能做这样的听众，不然客户会觉得不受重视，也就谈不上什么交易了。

3. 表现出十分感兴趣的样子

就算销售人员在认真听，也听懂了，但若对客户的话没有兴趣，客户也会感到不愉快。因此，销售人员要耐心倾听客户的讲话，不要轻易打断，应微笑着对客户说“我明白”或者“您继续”。

可以说，在任何成功的销售中，倾听所起的作用绝对不亚于陈述和提问。

行动指南

销售人员要认识到善听与善辩都很重要，两者缺一不可；会说不会听的人成功的概率并不大。

第77天 嘲讽客户是销售人员的大忌

核心提示

嘲讽客户的无知是销售人员的一大禁忌。

理论指导

下面来看一个案例。

一位汽车销售员走进客户的办公室，等他做完自我介绍之后，客户说：“你是来推销A公司的汽车，我对这个品牌不了解，我只打算买B公司的汽车。”

销售人员急忙说：“您连我们公司的汽车都没听说过吗？李经理，看来您有必要加强一下信息了解了。其实我们公司的汽车要比B公司的汽车更高档。”

客户生气地说：“你这是在嘲笑我孤陋寡闻吗？”

销售人员忙说：“不是，不是，我是说……”

客户摆手道：“好了，你不用说了，我对你说的任何事情都不感兴趣。”说完，就将销售人员赶出门外。

嘲讽客户的无知是一种非常无礼的行为，是销售人员的一大禁忌。即使产品已经众所周知了，有些客户没听说过、没使用过，销售人员也不能因此嘲笑客户。

其实，案例中的销售人员完全可以这样说：“李经理，B公司的汽车当然比较好，但我们公司的汽车也并非一无是处。我们的产品有自身独特的优点，比如刹车性能是同行中最优良的，而且我们的服务也是有口皆碑。如果您已经订购了其他公司的汽车，那么我就不再劝您购买我们公司的汽车了。不过，我希望您能记住我们，以后多关注我们的汽车。”相信这样的话语一定会让客户动心，即便不会立刻购买，也会对销售人员介绍的汽车产生好感。

行动指南

嘲讽客户有可能让销售人员失去潜在客户。当客户反应冷淡时，销售人员不要嘲讽客户迟钝；当客户表示怀疑时，销售人员也不要嘲讽客户不识货；当客户有误解时，销售人员更不要嘲讽客户无知。

第78天 销售细节决定销售成败

核心提示

说到底，销售的过程就是设法满足客户需求的过程，重视销售细节，销售人员离成功就会更近一步。

理论指导

下面是一些优秀的销售人员总结出来的在销售工作中最容易忽略的六个销售细节，也可以说是怎样尊重客户的六个销售细节。

1. 着装要视客户而定

有时候，销售人员的着装取决于被拜访对象的身份。如果双方着装反差太大，那么会使彼此感到不自在，无形中拉开了双方的距离。例如，建材销售人员经常要拜访设计师和工地管理人员，对于前者，销售人员当然要穿西装、打领带，展现专业形象；对于后者，销售人员若同样着正装则有些不妥，因为工地环境所限，工作人员不可能穿着西装。营销专家认为，最好的着装方案是“客户+1”，即只比客户穿得好“一点儿”，这样既能体现对客户的尊重，又不会拉开双方的距离。

2. 永远不要比客户早放下电话

销售人员永远不要比客户早放下电话，这样能体现出对客户的尊重。

3. 不要在和客户交谈时接电话

与客户交谈时，如果有电话打来，销售人员要礼貌地征得客户的同意后再接。通常客户都会大度地说：“没问题。”但他可能会在心里有“电话里的人比我更重要吗”的想法。因此，在初次拜访或重要拜访时，销售人员尽量不要接电话。如果打电话来的确实是位重要人物，那么销售人员接了以后也要迅速挂断，并告诉对方等拜访结束后自己会再打过去。

4. 少说“我”多说“我们”

销售人员在说“我们”时会给客户一种心理暗示——销售人员是站在客户的角度考虑问题的。虽然“我们”只比“我”多了一个字，但与客户却多了几分亲近。

5. 随身携带记事本

拜访客户时，随手记下拜访时间和地点、客户姓名和头衔、客户需求以及自己的工作体会等，对销售人员来说是一种很好的工作习惯。销售人员一边做笔记一边听客户说话，除了能鼓励客户说出更多的真实需求之外，还会让客户感觉受到了尊重。这样一来，接下来的销售工作就会变得很顺利。

6. 随时改变说话方式

很多年轻的销售人员可能对此不太注意。他们思维敏捷，但口若悬河，说话往往不分对象。如果碰到上了年纪或思维缓慢的客户，那么销售人员的这种说话方式就很容易引起他们的反感，进而导致谈话中断。因此，销售人员要根据客户类型的不同而改变说话的方式。

行动指南

在日常工作中销售人员应多注意本节提到的这些细节小事。

第6章

素质能力

第79天　销售人员必备的五种特质

核心提示

表现专业的销售人员更容易赢得客户的赞许与欣赏。

理论指导

销售人员应该具备以下五种特质。

1. 对成功的渴望

因为工作的关系，销售人员常常要走南闯北、孤军奋战，既要面对一个个陌生的面孔，又要应对各种各样的拒绝。是什么力量使销售人员坚持下来的呢？答案是：对成功的渴望。

2. 树立紧迫的时间观念

销售人员要秉承“一寸光阴一寸金”的观念，努力工作，争取各种销售机会。

3. 培养自控能力

销售人员必须具备良好的自控能力，在工作中要经得起诱惑，敢于拒绝。

4. 培养判断能力

在拜访新客户之前，销售人员要预先判断一下该客户有无购买能力，不要把时间浪费在没有结果的事情上。

5. 尊重所有的客户

推销产品时，怎样才能消除客户的疑虑和反感呢？答案是：尊重客户。一个尊重客户的销售人员也会得到客户的尊重。

行动指南

在销售工作中，销售人员要注意培养以上五种特质。

第80天　情商比智商更重要

核心提示

决定销售人员是否优秀的因素不是智商而是情商。

理论指导

情商，即情绪智商（EQ：Emotional Quotient）。这一概念是美国心理学家彼得·塞拉维和约翰·梅耶于20世纪90年代首次提出的。

他们认为，情商是指人们对自己情绪的把握和控制能力，对别人情绪的揣摩和驾驭能力，以及对人生的乐观程度和面对挫折的承受能力。情商的系数被认为是用于预测一个人能否取得事业成功和生活幸福的有效标准，它能反映出个体的社会适应性。

真正让“EQ”一词走出学术圈，成为人人口中的日常生活用语的是美国心理学家戈尔曼。1995年，他的《EQ》一书出版后，在全球范围内掀起了一股EQ热。

经过研究，戈尔曼发现一个人的EQ对他在职场的表现有着非常重要的影响。举例来说，一个针对美国500强企业的员工所做的调查表明，一个人的IQ和EQ对他在工作上成功的贡献比例为IQ∶EQ = 1∶2。对于工作成就来说，EQ的影响是IQ的两倍，而且职位越高，EQ对工作产生的影响就越大。

行动指南

不要再为自己的智商不高而苦恼，情商高才是取得成功的关键因素。

第81天 情商直接决定销售业绩

核心提示

优秀的销售员都是高情商者。

理论指导

情商的高低决定了销售业绩的高低，直接影响着销售的成败。从某种意义上讲，情商决定命运，它将在很大限度上决定一个人能否拥有完美的人生。

请相信这样一个事实，成功者通常都性格完美。一家研究机构研究发现，一些曾在哈佛大学就读的成绩优异的学生，毕业后的成就竟然都不是特别杰出，这也从某种程度上说明成功是由很多因素构成的，而不仅仅由学习成绩决定。

心理学家在分析这个问题时发现，人的成就并不取决于其在学校的学习成绩，也不取决于其在婴幼儿时期形成的智商，而与其成长过程中的性格有很大的相关性。从书本上学到的知识并不能保证人一定会成功。

思想家培根曾说："读书的目的不在于读书本身，而在于书本之外的东西，那就是只有通过细心观察才能获得的为人处世的智慧。"我国古人所说的"纸上得来终觉浅"也是这个道理。

看来，一个人无论拥有多么聪明的大脑，学到了多少深奥的知识，如果情商太低，那么成功对他来说也只是镜中花、水中月。

情商大都是后天培养，而不是与生俱来的。对销售人员来说，要全心全意地投入工作，加强业务培训，只有这样，才能根据自身的实际情况制定相应的目标，并最终实现自己的人生目标。

行动指南

销售人员要努力提高自己的情商。

第82天 运用情感优势，收获喜人业绩

核心提示

在销售工作中，销售人员可以运用情感优势让自己的成交额节节攀升。

理论指导

曾效力于雪佛兰公司的乔·吉拉德被誉为世界上最伟大的销售员，他在15年里卖出了13 000辆汽车，并创下一年卖出1 425辆（平均每天4辆）的纪录，这个成绩还被收入《吉尼斯世界纪录大全》。

吉拉德不考虑销售了多少辆汽车，而是强调每卖一辆汽车，都要做到与客户推心置腹，并全心全意为客户着想。正是这种高超的情感推销术，使得吉拉德在销售事业上取得了巨大的成功。

下面来看一个故事。

一天，一位中年妇女走进吉拉德所在的车行。闲谈中，她告诉吉拉德她想买一辆白色的福特汽车，但是对面福特车行的销售人员让她一个小时后再去，所以她就先来这里看看。她还说这辆汽车是她送给自己的生日礼物。

"生日快乐！夫人！"吉拉德一边说，一边请她进来随便看看，接着出去交代了一下，然后回来对她说："夫人，既然您现在有时间，我给您介绍一下我们的汽车——也是白色的。"

他们正谈着，女秘书走了进来，递给吉

拉德一束玫瑰花。吉拉德把花送给那位女士，说："尊敬的夫人，祝您生日快乐！"女士听完很受感动。

结果那位女士在吉拉德的店里买了一辆汽车，并填了一张全额支票。其实从头到尾吉拉德都没有劝她放弃买福特汽车而买雪佛兰汽车，只是因为她在这里感觉受到了重视，于是放弃了原来的想法，转而选择购买吉拉德的汽车。

行动指南

1. 沮丧、失落、悲观等消极情绪，会给销售工作带来许多负面影响；而高兴、快乐、热情，通常会使销售过程变得顺利。

2. 销售人员要尽量避免使用生硬刻板的直接劝买方式，要不断提高自己在情感销售方面的能力。

第83天　一定要对客户体贴入微

核心提示

客户喜欢被关心的感觉，即使他们知道销售人员的目的。

理论指导

下面来看一个故事。

一位文质彬彬的先生带着他的宝贝儿子到商场买棒球衣。

热情的营业小姐见他们来到柜台前，不等他们开口，就笑着迎上去说："您是想买一套棒球衣吧？"

先生很奇怪，他点了点头，问："你怎么知道啊？"

营业小姐笑着解释说："您一走进来，就一直盯着我们体育服装专柜的棒球衣，而且您儿子手中还拿着棒球呢。"

听营业小姐这么一说，先生和他的儿子都挺高兴，就挑选了一套棒球衣，准备付款。

这时，营业小姐又补充说："这是和棒球衣配套的衬衫、长袜，您的儿子穿上一定特别好看。"

经营业小姐一提示，先生觉得配成一套也不错，于是就买下了。

这位营业小姐又亲切地问先生的儿子："小弟弟，你有球鞋吗？"

其实这位先生本无买鞋的打算，所以就犹豫起来，营业小姐十分真诚地夸赞他的儿子是英俊少年，穿上全新的球衣、球鞋会显得更精神。

就这样，先生在自然轻松的聊天中多买了原本不打算买的衬衫、长袜和新球鞋，虽然多付了钱但是心里很愉快。营业小姐轻松地卖出了一连串商品，结果可谓是皆大欢喜。

由此可见，这位营业小姐的确是出色的销售高手。试想一下，如果她不问不开口，不肯多讲一句话，说不定这对父子匆匆选完棒球衣就走了，或者因为没有中意的棒球衣而转身离开。更为高明的是，营业小姐自始至终都没有在言语中出现"先生，买这个吧……""先生，我建议您……""先生，您应该再买……"这样的字眼，真是让人佩服。

行动指南

在成交前，销售人员必须先琢磨客户的心理，然后再顺应客户的心理自然而然地用真诚的话语暗示客户，最后从闲聊中过渡到生意上。

第84天　在突发事件面前要学会随机应变

核心提示

懂得随机应变的销售人员才能控制局面、克服困难、把握商机。

理论指导

世事总是无法预料，人们总是会碰到一些意料之外的事情。如果能够妥善地处理这些意外，就会转危为安。

曾经有一位销售人员当着许多客户的面介绍一种钢化玻璃杯，介绍完产品后，他就向客户做示范，打算向大家证明把这种钢化玻璃杯扔到地上也不会碎。可是他恰巧拿了一只质量不合格的杯子，猛地往地上一摔，玻璃杯碎了。

面对这种突发情况，如果这位销售人员表现得不知所措、手忙脚乱，那么所有的客户都会拂袖而去，交易也会因此失败。

实际上这位销售人员并未惊慌，他风趣地对客户说："你们看，我们是绝对不会将这种质量不过关的产品卖给你们的，我们只会卖给你们这样的……"接着他拿起另外一只杯子扔到地上，杯子完好无损，就这样成功摆脱了尴尬的局面。

在销售过程中，销售人员会遇到各种各样的情况，这就要求销售人员必须沉着冷静、机智灵活，将不利的突发因素化解，甚至将其变为有利因素。

行动指南

1. 遭遇突发情况，销售人员首先要做的就是冷静下来，绝对不能自乱阵脚，因为此时客户都在关注销售人员将作何反应。

2. 将自己的情绪稳定下来之后，销售人员要立刻安抚客户的情绪，将负面影响控制到最低程度，重获客户的信任。

3. 遇到突发情况时，销售人员应放慢语速和动作，让自己慢慢冷静下来，以应付接下来发生的事情。

第85天　用幽默拉近彼此的距离

核心提示

在销售过程中，幽默就像润滑剂一样，可以拉近销售人员和客户之间的距离，让双方在一种轻松愉快的氛围中交谈，有助于销售产品。

理论指导

大多数人都喜欢跟有幽默感的人交朋友，因为幽默能让人感觉轻松愉悦。同样，幽默的销售人员大都比严肃的销售人员更容易被客户接受，并且他们的销售业绩也会好很多。然而，有些销售人员却忽略了这一点。他们觉得自己所从事的工作是一件非常严肃的事情，与客户交谈时，应当严肃认真。可是这样一来就容易使客户感到沉闷，从而失去了继续了解和倾听的兴趣。

幽默可以消除销售人员和客户之间的紧张感，让整个销售过程变得轻松愉快，充满人情味。在客户正襟危坐、言谈拘谨的时候，销售人员一句幽默的话往往能让客户开怀大笑，使气氛活跃起来，此时客户通常会很乐意购买销售人员介绍的产品。

行动指南

在销售过程中，销售人员可以适时说

一些幽默的话语，但是千万不能过度，不要让客户感觉轻浮、不可靠。

第86天　懂得变通，不要陷入固有思维模式中

核心提示

懂得变通，不要陷入固有思维模式中。

理论指导

下面来看一个故事。

有一家著名的跨国公司为本公司的销售人员安排了一次培训。当讲师走进会议室时，他左手拎着一个大包，右手举着一个圆鼓鼓的气球。在座的销售人员迅速拿出笔和本子，准备记下讲师接下来要说的话。

这时，讲师说："你们不用记，只要用眼睛看就足够了，我讲的内容非常简单。"说完讲师从包里拿出一个瓶口非常小的瓶子放到桌子上，然后手举气球对大家说："谁能告诉我，怎样才能把气球装进瓶子里？但是你们不能把气球弄爆。"

听到这里，一位勇敢的销售人员说："我想也许可以改变气球的形状……"

"改变形状是吗？嗯，非常好，你可以给我们演示一下吗？"

"当然可以。"这位销售人员拿起气球小心翼翼地不断捏弄。他想把气球一点一点塞进瓶子里。但这远远不像他想象的那样容易，很快他就发现自己的一切努力都是徒劳的，于是不得不放下手里的气球说："很遗憾，我承认我的想法不能实现。"

"现在还有人要试试吗？"讲师大声地问，但整个会议室鸦雀无声。

"既然没有人提出更好的办法，那么就由我来试一下吧。"讲师说。随后他拿起气球，迅速解开气球嘴上的绳子，"嗤"的一声，气球变瘪了。讲师把这个变瘪的气球塞进瓶子里，只留下一个吹气的口在瓶子外面，然后对着这个口用力地吹气，很快气球就鼓了起来。讲师用绳子将气球嘴扎紧，说："瞧瞧，我只是稍加变通，就解决了问题。"

说完，讲师拿起笔在写字板上写下了一个大大的"变"字，接着说："当你们在销售工作中遇到难题时，可以试着改变原有的思路。这就是我今天要告诉你们的道理。"

在日常工作中，销售人员经常会遇到一些看上去似乎无法解决的难题，事实上，这些难题就如同讲师手里的"气球"，只要销售人员懂得变通，难题就会迎刃而解。

行动指南

销售人员可以使用逆向思维法，即站在问题的对立面去思考，就会有出人意料的发现，原来困难并非难以解决。

第87天　经常学习才不会出洋相

核心提示

面对不同的客户就像面对不同的考试，只有做得比别人更好才能获得更多的机会，取得比别人更好的业绩。

理论指导

在这个激烈竞争的环境中，销售人员

只有不断提高销售能力，才能获得长远的发展，如果安于现状，那么必定会被别人超越。

下面来看一个故事。

梁兵是某经络治疗仪的销售人员。事实上，他对经络并没有多少了解，但自认为知识很丰富，是销售专家。有一次，一家老年活动中心想邀请经络治疗仪的销售人员给一些老年人讲经络和保健的知识，同时还可以推销一下产品。由于梁兵的业绩是全公司最好的，销售部经理就派他去了。结果，到了老年活动中心后，他将经络的结构随口乱说，一位学过中医的老人告诉他讲错了，他不仅不承认错误，而且跟老人争吵了起来。最后，他的经络治疗仪一台也没有卖出去，给公司造成了极坏的影响，不久就被公司开除了。

无论取得多么好的业绩，销售人员千万不要得意忘形，更不能不懂装懂；否则，有失身份不说，甚至会因此而失去工作。优秀的销售人员不管做什么业务，都会主动学习相关知识，了解产品的特性，时刻保持一种学习的状态。

行动指南

1. 销售人员要不断学习和积累与自己所销售产品有关的知识，使自己更具专业性，让客户相信。

2. 销售人员可以随时向周围的人学习，比如客户、同行，甚至是竞争对手，他们都有值得学习的地方。

3. 销售人员要经常总结工作中的经验、教训，将工作做得更完美。

4. 销售人员要多读好书，尤其是与销售有关的书，从书中得到启示，不断寻找更新颖、更独特、更有效的销售方法。

第88天　打破思维定式，创造优秀业绩

核心提示

销售人员如果能做到“人无我有，人有我新”，那么就离成功不远了。

理论指导

下面来看一个故事。

一位销售大师在一次培训会上提出了这样一个问题：“有一位聋哑人去商店买钉子。他假装一只手拿着钉子，另一只手拿着锤子，并对售货员摆出一副锤打钉子的模样。于是，售货员便拿了锤子和一些钉子给他。聋哑人走后，又来了一位想买剪刀的盲人，你们想一下，这位盲人会用什么方法买剪刀呢?”

“这个很简单，只要伸出两根手指摆出剪刀的样子就行了。”在座的一位销售人员毫不犹豫地答道。

销售大师笑了笑说：“这样的回答是在我预料之中的，其实最简单、最直接的方法就是他开口说一句，虽然他看不见，但是他可以说话。一定要记住，千万不要让自己的思维进入死角。”

面对日益激烈的市场竞争局面，销售人员要做到“人无我有，人有我新”。如果销售人员没有创新意识，那么很可能被具有创新意识的竞争对手超越，从而永远被客户抛弃。

条条大路通罗马，每个问题都有多种解决方法。在销售过程中，一些销售人员因为受到之前的经验或思维模式的局限，不管面对什么类型的客户、销售什么样的

产品，都采用千篇一律的销售方式，这样自然无法创造出更好的业绩。因此，销售人员只有打破思维定式，积极创新，才能取得更好的业绩。

行动指南

销售人员必须摆脱一些落伍的销售观念，构思更多新的创意，然后大胆假设，小心求证。

第89天　只要肯动脑，就能找到解决方法

核心提示

卓越的销售人员总是能将销售技巧运用得恰当、得体。

理论指导

下面来看一个故事。

有一家皮鞋专卖店专门出售高档皮鞋，该地区的很多居民都从这家专卖店购买过皮鞋。这家专卖店的老板很希望当地的首富查理——一家玩具生产商的老板，也能够成为自己的客户。

于是，专卖店的老板给查理寄去了一双皮鞋并附上一封信，信中写道："大家都非常喜欢穿我们的皮鞋，真心希望您也能成为我们的客户，期盼您能为这双做工精良的皮鞋支付20美元。"

第二天早晨，专卖店的老板收到了一个包裹，里面有一个玩偶，玩偶的手中拿着一封信，信中写道："大家都非常喜欢我们的玩具，真心希望您也能成为我们的客户并买下这个玩偶。玩偶的价格是25美元，扣除皮鞋的钱之后，请您再给我寄来5美元。"

查理的做法不占便宜也不吃亏，幽默和智慧尽显，实在是高明。

行动指南

销售是一项具有创造性的工作，销售人员需要充分发挥自己的聪明才智。

第90天　销售人员迈向成功的四把金钥匙

核心提示

内在驱动力、严谨的工作作风、高明的销售技巧以及与客户保持良好业务关系，是销售人员迈向成功的四把金钥匙。

理论指导

优秀的销售人员要具备以下四个方面的素质。

1. 内在驱动力

不同的人有不同的内在驱动力——幸福、金钱、自尊心，所有优秀的销售人员都有一个共同点，那就是有成为杰出人士的无穷动力。

2. 严谨的工作作风

优秀的销售人员总是能制订出详细而周密的计划，然后坚决贯彻执行。

3. 高明的销售技巧

对销售人员来说，工作的目的是让客户订货，否则，一切销售行为都是空谈。百折不挠的精神加上出奇制胜的销售技巧，这是优秀销售人员成功的秘诀。出色的销售人员总是表现得很自信，他们坚信自己的决策是对的，他们总是能够在法律与道

德允许的范围内想方设法达成交易。

4. 与客户保持良好的业务关系

销售人员要想在竞争激烈的营销环境中生存下去，就必须成为解决客户问题的专家。明白客户的需求和难处，尽自己最大的努力帮助客户。

行动指南

1. 深刻理解成功销售人员的四要素，向出色的销售人员看齐。

2. 从现在开始，从一点一滴做起，打造自己的核心竞争力。

第91天　最受客户欢迎的三类销售人员

核心提示

销售人员优秀与否，决定权在客户手中。

理论指导

销售人员要具备什么素质才能得到客户的认可呢？

1. 妙语连珠，谈笑风生

这类销售人员只要一见到客户，就会立即笑脸相迎，即使初次见面，也像是见到老朋友一样，嘘寒问暖、关怀备至，无形中让客户作出购买决定。

2. 工作经验丰富、措辞严谨

这类销售人员只要一见到客户，就会立即展现出不露痕迹的职业微笑，凭借丰富的工作经验为客户提供专业而周到的服务。

3. 以客为尊、注重双赢

这类销售人员只要一见到客户，就会热情对待，主动询问客户的需求，适时地提出各种建议，使客户感到满意、放心。

行动指南

销售人员要牢记本节提到的三种素质，努力成为受客户欢迎的人。

第7章
销售口才

第92天　要想让客户对产品感兴趣，就必须让他对你的话题感兴趣

核心提示

选择谈话主题时，销售人员一定要尽可能寻找那些让客户感兴趣并感到开心的话题。

理论指导

在销售过程中，有的销售人员会与客户相谈甚欢，最终达成交易；而有的销售人员和客户说不上几句话就不欢而散。

下面来看一个案例。

销售人员包小枫打电话给一位客户，当他向客户介绍完产品之后便问客户有何想法，当客户表示“现在还没打算买”时，包小枫一时不知该说什么好了。正在这时，包小枫听到客户不经意地说：“你们公司之前也有一个人找过我，他叫丁一安，你知道这个人吗?”

包小枫立刻压低声音回答：“当然知道，我和他不在一个组。真是不好意思，我不知道他之前找过您，不过，他这个人实在不怎么样，我们这里的很多客户都反映他……”客户沉默不语，包小枫又小声说道：“如果您要买我们的产品，那么最好找我，千万不要找您刚才说的那个丁一安，他这个人有点儿不地道，您与他签完单后肯定会后悔的……”

听到这里，客户带着明显的不悦的声音说：“我不想听你说这些，既然你们公司会聘用你这样的人做销售人员，说明你们公司也不怎么样，我是根本不会考虑和你们合作的。”说完就挂断了电话。

在这个案例中，由于包小枫选择的话题不合适，不但没能实现与客户成交的目的，而且还让公司形象在客户心中大打折扣。由此可见，选择合适的话题是销售人员的一项非常重要的工作。

选择谈话主题时，销售人员一定要尽可能寻找那些让客户感兴趣并感到开心的话题。如果销售人员选择的话题不合适或找不到话题和客户交流，那么就无法顺利沟通，更无法实现销售目标了。

在现实工作中，许多销售人员都有过这样的感慨：“每天都要打很多的电话，每天都要与很多的客户沟通，哪有那么多的话可说，我觉得有时候自己一拿起电话，大脑就变得一片空白，在介绍完自己和公司的产品之后，就无话可说了……”对此，销售人员要学会寻找合适的话题，在双方缺少共同话题的情况下，积极、主动地创造话题，以便和客户继续沟通下去。

行动指南

销售人员要认识到话题选择的重要性，“把话题拉得越近越好”是销售成功的一大秘诀。

第93天　多积累知识，多培养能力

核心提示

销售人员除了要具有敏锐的洞察力之外，还要具有组合语言材料的能力和收集其他相关信息资料的能力。

理论指导

要想和客户有话可说，并且所说的话题

能够引起客户的兴趣，销售人员就必须在日常生活和工作中注意培养以下几种能力。

1. 敏锐的洞察力

培养敏锐的洞察力，有助于销售人员在销售过程中通过和客户对话来了解客户的真实想法，从而找到客户感兴趣的话题。

2. 组合语言材料的能力

在销售人员的谈话素材库中，也许有不少和客户感兴趣的话题有关的语言材料，但若未经处理就把这些语言材料说出口的话，会让客户听了不知所云。因此，销售人员必须努力培养自己组合各种语言材料的能力，把自己所掌握的语言材料有组织、有条理地传递给客户。这样一来，销售人员在谈论某一个话题时，也能够紧紧抓住关键问题，将双方的谈话内容转移到合作关系上来。

3. 收集其他相关信息资料的能力

从其他渠道和途径掌握丰富的信息资料，有助于销售人员在和客户沟通时提炼更多的让客户感兴趣的话题；而深刻理解这些信息资料，则是为了表现销售人员很有内涵，让客户刮目相看，从而赢得客户的好感。

行动指南

销售人员要注意积累各个方面的信息资料，只有这样才能在和客户沟通时有话可说。

第94天 根据客户的特点寻找共同话题

核心提示

销售人员要善于根据客户的特点去寻找话题。

理论指导

销售人员要善于根据客户的特点去寻找话题，千万不要坐等客户主动和自己沟通。具体来说，销售人员可以从以下几个方面进行积极的尝试。

1. 客户的个人兴趣与爱好

比如钓鱼、打球、摄影、下棋等，都是很好的话题，在谈论这类话题的时候，销售人员最好能找到自己与客户的共同爱好，或者将客户的兴趣与爱好变成自己的兴趣与爱好。

2. 与客户工作相关的信息

比如与客户工作相关的信息、行业内的市场情况、各类职场信息等，都是很好的话题。因为这类话题是客户比较熟悉的，所以比较容易引起客户的兴趣。

3. 最新资讯

比如当天的国内新闻、国际新闻等，都是很好的话题。

4. 旅游

很多客户都非常喜欢旅游，即使没有时间去旅游，也喜欢听别人讲述旅行过程中遇到的一些奇闻逸事。因此，销售人员可以从旅游中寻找话题。

5. 双方都认识的人

比如介绍双方认识的朋友、行业内比较有名的人物等，都可以成为销售人员和客户讨论的话题。

6. 家庭成员

比如配偶、孩子、老人等，都是很好的话题，而且这类话题可以引起一些顾家的客户或大部分女客户的兴趣，不过在谈论这些话题时，销售人员要注意把握好火候，不能触及客户的家庭隐私，避免引起客户的反感与戒心。

7. 健康问题

关于客户个人的身体状况、健康问题以及各种健身计划等，都是很好的话题。如今，健康问题已经越来越受到人们的重视，谈论这类话题有助于打开客户的话匣子。

8. 居住环境

比如有关住房、居住地点以及附近的交通状况等，都是很好的话题，而且这类话题常常很容易就能引起客户的共鸣，从而促进双方确立合作关系。

9. 天气话题

销售人员可以和客户谈论一些关于气候、季节变化的话题，这也是人们在日常生活中比较关心的。通常，这类话题可以用来挽救销售过程中出现的“冷场”情况。

10. 服饰美容

对于女性客户，销售人员不妨多说一些与穿衣搭配、美容保养有关的话题。在谈论这类话题的时候，销售人员要注意适时对客户的品位及审美情趣加以赞赏，从而赢得客户的好感。

当然，即使是聊客户最感兴趣的话题，销售人员也要随时关注客户的反应，如果客户感到厌烦，那么就应马上停止讨论这类话题。

行动指南

销售人员要牢记本节提到的几个话题。

第95天　对客户具有吸引力的两类话题

核心提示

要想让客户认真听自己讲话并作出回应，销售人员就必须选择对客户有吸引力的话题。

理论指导

销售人员虽然可以从自身积累的知识和经验中找到和客户谈论的话题，但是有些话题不一定是客户感兴趣的。换言之，销售人员提出的某些话题对一些客户来说可能还缺乏足够的吸引力。

对大部分客户来说，哪些话题会吸引他们的注意力呢？

1. 资讯话题

几乎所有的客户都非常愿意从各种渠道了解自己感兴趣的资讯。因此，销售人员不妨在平时多搜集一些有关客户行业内的相关资讯或某阶段影响深远的资讯等，与客户进行深层次交流。相信这类话题是很多客户都非常感兴趣的。

2. 娱乐话题

对很多年轻的客户来说，娱乐话题是他们十分感兴趣的；对比较严肃的客户或年长的客户来说，销售人员最好不要选择这类话题。

行动指南

根据本节提示，销售人员要注意积累各种话题。

第96天　口才训练的六个要点

核心提示

出口成章并不难，只要销售人员遵循六个基本要点并努力付诸实践就可以了。

理论指导

销售专家总结了六个口才训练的基本要点。

1. 勇气和决心

难为情是导致口才不好的主要原因，一见陌生人就脸红的人，他的口才一定不会很好。因此，要想训练好口才，销售人员一定要鼓起勇气大胆说话，牢记“我和别人一样”，从而减轻心理负担。只有消除了这种畏惧心理，销售人员才能说得一口漂亮话。

2. 诚恳和亲切

也许有的销售人员不能像别人一样健谈，但是如果态度诚恳、语气亲切，所说的每一句话都充满感情，那么同样可以取得客户的信任。

3. 简明扼要

说话啰唆特别容易引起别人的反感，给别人留下坏印象。因此，销售人员所说的每一句话都应该简洁明确。要知道，客户的时间是十分宝贵的，销售人员应尽量在最短的时间里用最简单的话语让客户明白自己的意思。

4. 符合逻辑

销售语言必须符合逻辑，意思要明确。

5. 多读多看

读书、看报是学习和收集谈话资料的好机会。销售人员只有具备扎实的知识基础，才能妙语连珠。

6. 加强实践

对刚刚从事销售工作的人来说，必须加强实践。一次成功的销售经历会极大地增强销售人员的自信心。要知道，没有天生的销售高手，要想做到最好，销售人员就必须不断实践。

行动指南

销售人员要牢记口才训练的六个要点，加强口才训练。

第97天　掌握向客户提问的技巧

核心提示

善于提问是销售人员提高销售业绩的秘诀。

理论指导

提问是一门艺术，只有善于提问才能做好销售工作。

下面来看一个故事。

在某个小镇上，有两家卖粥的小店，A店与B店每天的客流量差不多。但是到晚上结算时，A店总比B店多出一百多元。

当客人走进B店的时候，服务员就微笑着迎上去，盛上一碗粥，问：“加鸡蛋吗？”有的客人说加，也有的客人说不加，大约各占50%。

当客人走进A店的时候，服务员也是微笑着迎上去，盛上一碗粥，问：“加一个鸡蛋还是加两个鸡蛋？”爱吃鸡蛋的客人就说加两个，不爱吃鸡蛋的客人就说加一个。也有不加鸡蛋的客人，但不多。

就这样，一天下来，A店卖出的鸡蛋要比B店多很多。

由此可见，不同的提问方式会得到不同的结果，B店的服务员由于采取了错误的提问方式，使营业额总比A店少一百多元。

销售人员直接向客户提出问题，会引起客户的注意与兴趣，引导客户去思考，是一种很有效的销售方法。销售人员可以先提出一个问题，然后根据客户的反应再提出其他问题。销售人员也可以开头便提出一连串问题，让客户无法回避。

行动指南

在销售过程中，销售人员要摸清客户的底细，制定出相应的提问策略，记住：不一样的提问方式会产生不同的效果。

第98天　优秀销售人员的提问心得

核心提示

借鉴优秀销售人员的提问心得，有助于销售新手更快地取得进步。

理论指导

优秀销售人员的提问心得如下所述。

1. 学会打电话提问题

例如，“我们公司有贵公司需要的产品，您是想在电话里听我介绍，还是我去拜访您当面介绍呢？”这样提问的技巧就在于，在销售人员所问的每一个问题里，都有两个答案，并且这两个答案都是销售人员想要的答案，只要客户回答，销售人员就能得到自己想要的信息。

2. 学会让客户回答问题

例如，“您是今天付款还是明天付款？”这种提问的技巧在于，无论客户如何回答，销售人员都可以达到自己的目的。

3. 学会征求客户的意见

例如，“难道我们的产品有什么问题吗？”这种提问的技巧在于，通过提问销售人员可以了解客户的想法，发现客户的真正意图。如果销售人员能养成用这种口气说话的习惯，那么与客户的沟通无疑会更加顺利。

4. 学会用提问来套客户的话

例如，“您是想用现金付款吗？”由于销售人员的问题带有假设性质，只要客户回答，销售人员就能看穿他的底牌。

5. 学会使用淘汰提问法

例如，“你们公司打算换一台打印机吗？”这个时候，不能作决策的人通常不会直接回答销售人员的问题，而是把目光集中在可以作决策的人身上。这样提问的好处是，可以帮助销售人员快速找到决策人。只要找到决策人，销售人员就可以“瞄准”目标，进行有针对性的提问了。

行动指南

销售人员可以通过提问巧妙地探询客户的反应，掌握谈话进程，激发客户的购买兴趣。

第99天　不要与客户据理力争

核心提示

善辩不能表现在据理力争上，销售人员要将客户当做自己的朋友。

理论指导

面对客户提出的疑问，一些销售人员总是不能以正确的心态对待，往往在潜意识里将客户的疑问视为一种挑衅，将客户当做辩论对手，据理力争，企图说服客户赞同自己，从而消除客户心里的疑惑。其实这是销售大忌。

下面来看一个案例。

张立是一家汽车代理公司的销售人员，他对各种汽车的性能和特点都了如指掌。每当遇到客户提出疑问时，他总是理直气壮地与客户“舌战”一番，直到把客户驳得无言以对。最后，他还自豪地说：“今天我给这些无知的家伙上了一课！”

然而，经理对他的行为感到很不满意，说：“在辩论中你虽然是胜利者，但是胜利的次数愈多，你就愈失职。因为你什么也没有卖出去。”

一般情况下，销售人员还能热情周到地接待客户，但是只要客户对产品提出异议，有些销售人员就会立刻变脸，对客户心生不满，甚至语言生硬地予以反驳。结果，不仅生意没做成，而且伤害了客户的自尊心。

对一个有远见的销售人员来说，他永远不会将客户视为对手，不会逞一时口舌之快，而是考虑长远的利益，尊重并理解客户提出的异议，采取积极有效的方式化解客户心中的疑问。

行动指南

销售人员要理智地对待客户提出的疑问，将客户视为朋友，主动为客户排忧解难。

第100天　沉默有时是最好的回答

核心提示

销售人员适时保持沉默有两个好处，一是可以留给客户一定的思考空间，让其作出明智的选择；二是可以让自己冷静下来，思考下一步的对策。

理论指导

沉默有时是最好的回答。销售人员在介绍完产品并提出让客户订货的要求后，应该闭上嘴，保持沉默，等待客户的回答。有时候，双方沉默的时间越长，最后成交的可能性就越大，因为这表示客户想不出一个不买的理由。切记，不要试图打破这种沉默。

下面来看一个案例。

“韩总您好，我是朝阳文化公司的江燕，周二早上给您打过电话，您说让我今天打电话把广告的事定下来，您打算做彩插版还是黑白版呢？”

“你们公司的收费太贵了，其实，我打算跟别的公司合作了。”

“我们公司的收费太贵了？不会吧，这个价格是我们根据成本经过严格计算得出来的，以贵公司的实力，这点儿费用应该不算什么，您说是吗？”

“这……”韩总欲言又止，然后就沉默不语了。

“韩总，您就别再犹豫了，您是做彩插版还是黑白版呢？”

“……”韩总仍然保持沉默。

“韩总，您也知道，现在有很多客户都想做黑白版，您要是犹豫的话，就来不及了。”

“江小姐，你不用说了，这个广告我们不做了，谢谢你的好意，再见。”

实际上，韩总的沉默是在暗示销售人员，“请稍候，我考虑一下哪个更划算”。也就是说，这时江燕应该等待韩总作决定，然后再进行新一轮的游说。

有些销售人员不能忍受沉默的压力，将短短的几十秒时间看做很长的时间。他们因为不能耐心等待而犯下了愚蠢的错误，导致准客户改变了自己本打算购买的决定。

行动指南

1. 提出签单请求后，销售人员要给客户留出足够的时间去思考，千万不要贸然打断他们。

2. 在客户开口说话之前，销售人员一定要保持沉默。若在现场，销售人员应保持微笑，等待客户开口。此时，先开口的人就是先作出让步的人。

第101天　永远不说让客户反感的话

核心提示

永远不说让客户反感的话。

理论指导

有不少销售人员都会犯以下几种错误：话太多，说话不讲技巧，在不该说话时说话、说了不该说的话。会不会说话，关键要看销售人员说出来的话是不是客户喜欢的、想听的话。因此，销售人员要掌握一定的心理学知识，只有理解客户，才能说出客户喜欢听的话。一句妙语可以带来滚滚财源，一句拙言可能使人身陷囹圄。对销售人员来说，最怕的就是“祸从口出”。

下面来看一个故事。

一天晚上，张先生和他的太太、孩子们去一家饭店吃饭。刚走到饭店门口，服务员便迎上来说：“您好，请问是一家三口吗？这边请。”刚一坐下，张太太就生气地对丈夫说：“这里的服务员怎么这么没礼貌，居然问‘是一家三口’吗，有这样问话的吗？”张先生笑着说：“她可能是想问‘是不是三位’。”张太太说：“反正我觉得那句话特别别扭，以后别再来这儿吃饭了。”

优秀的销售人员深知说话的重要性，善于在销售过程中安排好说话的顺序。他们不仅可以把话说得合情合理，而且能巧妙地运用说话艺术，循循善诱，激发客户的购买欲望，促使并引导客户采取购买行动。

行动指南

1. 销售人员要在开口说话前考虑一下所说的话是否得体，避免口不择言，伤害客户的自尊心。

2. 销售人员谈论的话题千万不能涉及客户的隐私或忌讳之事。

第102天　销售成功离不开好口才

核心提示

口才的好坏决定了销售业绩的高低。

理论指导

相同的话、相同的意思，表达的人不一样，结果会大不相同。让口才好的人来说，就如甘泉滋润心底，让听者如沐春风；让口才不好的人来说，就如刺刀寒风，让听者生气厌烦。口才好的人，也许一句话就能平息一场即将爆发的战争；口才不好的人，也许一句话就能引发一场战争。

当今社会，一个人要想在人际交往中获得成功，就离不开好口才，特别是对做销售工作的人来说，尤其如此。销售人员口才的好坏不仅直接关系到产品能否销售出去，而且决定了销售业绩的高低。

相对其他职业而言，销售人员是最需要掌握口才技巧的人。好口才能够吸引客户的注意力，帮助销售人员找到更多的客户；好口才能够让销售人员自如地与客户进行沟通，激发客户的交谈兴趣；好口才能够让销售人员将产品介绍得更详细，引发客户的购买欲望；好口才能够消除客户的疑虑，让销售人员把信息更充分地传递给客户；好口才能够缓解尴尬的销售气氛，让销售人员摆脱困境；好口才能够让销售人员掌握谈话的主动权，变被动为主动；好口才能够让销售人员更快地取得客户的信任，做成更多、更大的交易……

拥有好口才是每一位销售人员都梦寐以求的，也是每一位销售人员都必须努力培养的一项技能。从某种程度上说，口才就是成功的资本，只要销售人员拥有好口才，就能拥有更多的客户和更优秀的业绩。

行动指南

在日常生活和工作中，销售人员要加强培养口才技能，做到出口成章。

第103天　塑造销售的语言魅力

核心提示

实践证明，相同的一句话，表达得当就会起到积极作用；反之，就会产生消极作用。

理论指导

销售人员要怎样说话客户才会爱听呢？

1. 声音悦耳动听

悦耳动听、圆润优美的声音可以给客户留下好印象。没有人愿意听那种软弱无力、含混不清的声音。

2. 声调要低而柔和

在与客户交谈时，销售人员要将感情加入到声音中，让声调富有抑扬顿挫之感。就算不是为了说服别人，声调也应该保持柔和，并且越低越好。销售人员用低而柔和的声调说话，客户就会有听下去的愿望。

3. 保持适当的语速

销售人员说话时语速既不要太快，也不要太慢，要根据情况适时调整。遇到感性的场面，语速当然可以加快；遇到理性的场面，语速就要相应放慢。

4. 配合愉快的笑声

人们常说“相逢一笑泯恩仇”，可见微笑的力量是巨大的。在销售过程中，销售人员微微一笑，仿佛告诉客户：“我愿意成为你的朋友。”尽管微笑无声，但可以表示出欢悦、尊敬以及赞同的意思。可见，微笑是最美的语言。

行动指南

销售人员要依照以上几条说话技巧，结合自己的习惯，打造出一套适合自己的语言风格。

第104天　赞美是一种无与伦比的力量

核心提示

渴望被赞美是人的天性，几句赞美不仅能使人感到温暖与振奋，而且能解决一些难题。

理论指导

曾有心理专家对孩子做了一个关于表扬与成绩之间关系的试验。心理专家把若干孩子分成三组，然后连续五天进行数学测试。对第一组不断予以表扬，对第二组不断进行批评，对第三组则不予理睬。

结果，受到表扬的第一组成绩迅速提高；被批评的第二组也有所进步，但进步很小；而不被关心的第三组的成绩则止步不前。

这个试验表明，较聪明的孩子能从表扬或批评中获益，但是较迟钝的孩子需要多表扬，批评反而不能取得良好的效果。

行动指南

销售人员不要吝惜溢美之词，对客户要大加赞美，但是赞美必须发自内心。

第105天　赞美客户应遵循的三个原则

核心提示

赞美是一种能力，销售人员要用欣赏的眼光去看待客户、朋友以及周围的同事。

理论指导

每个人都渴望被赞美。销售人员要遵循以下三个赞美原则。

1. 赞美必须真诚、恰当

微笑必须发自内心才能吸引人，而赞美也必须发自内心才能感动人。虽然人人都喜欢被赞美，但是夸张的赞美就变成了奉承。奉承令人讨厌。因此，赞美必须真诚、恰当。

2. 留意容易被冷落的人与事

应该留意客户不被关注的特点。大部分人都喜欢别人称赞自己鲜为人知的优点，赞美那些不突出的优点最容易获得对方的好感。销售人员可以赞美客户的身材、妆容、气色、服饰、风度、特长、爱好、兴趣、学问、成就等。

3. 多转述赞美之言

通过第三者转述而来的赞美最让人高兴。转述别人的赞美是双倍的赞美，比当面直接赞美更具影响力。

行动指南

销售人员要遵循本节提到的三个赞美原则。

第8章 沟通技巧

第106天　言语得体，说话才会迷人

核心提示

要想在言谈上吸引客户，销售人员就必须谈吐优雅。

理论指导

销售人员可以从以下几个方面来训练自己。

1. 正确使用礼貌用语

在与客户沟通的过程中，销售人员要时刻注意正确使用礼貌用语。例如，打扰客户时，销售人员可以说“打扰您了”或“给您添麻烦了”；客户致谢时，销售人员可以说“乐意为您效劳”或“很高兴为您服务”；向客户表示歉意时，销售人员可以说“实在很抱歉”；客户致歉时，销售人员可以说“没关系”或“算不了什么”；没听清客户的问话时，销售人员可以说“抱歉，请您再说一遍好吗”。

2. 措辞要恰当得体

在销售过程中，销售人员要注意是在什么样的场合，面对的又是什么类型的客户，要充分尊重客户的个人习惯和人格尊严，不能说有损客户自尊心的话。销售人员还要特别注意措辞方式，说话要恰当得体。

3. 言谈要尽量生动幽默

有的销售人员在拜访或接待客户时，语言呆板、表情僵硬，回答问题时更是机械乏味，让客户大为扫兴，有时甚至会让那些本来想买产品的客户打消了购买的念头。而有的销售人员则言语幽默风趣，让客户捧腹，很好地活跃了气氛，激发了客户的购买欲。可以说，生动有趣、幽默诙谐的语言在活跃气氛、促进彼此情感的互协与融洽中起到了非常重要的作用。要想有所作为，销售人员就必须让自己变得风趣、幽默起来。

4. 对待客户要细致耐心

销售人员对待客户要细致耐心，通过察言观色，洞悉客户的不同心理特点与性格特征，从而根据客户的喜好进行有针对性的销售。这样不但有利于彼此之间的沟通和理解，而且能够避免很多矛盾的发生，或者让已经发生的矛盾得到缓解。

5. 谈论话题要因人而异

面对不同类型的客户，销售人员要学会选择不同的话题。例如，女性客户通常喜欢谈珠宝、服饰之类的话题，男性客户相对喜欢谈商业、政治之类的话题，学者一般喜欢谈书籍、文化之类的话题。

行动指南

在与客户沟通的过程中，销售人员说话要生动幽默，从而引起客户的谈话兴趣。

第107天　笑容是销售人员最好的名片

核心提示

销售人员应将微笑时刻挂在脸上。

理论指导

自然亲切的微笑能让销售人员瞬间拉近与客户的心理距离。很多销售人员为了让自己能够拥有一个迷人的笑容，都进行了艰苦的训练。

下面来看一个故事。

苏拉是一位保险推销员，年收入超过一百万美元。在向公司新员工传授工作经验时，他将自己的成就归功于拥有令客户无法抗拒的笑容。

苏拉原来并不会笑，他的迷人笑容是长期苦练得到的。

苏拉曾经是一位棒球运动员，后来由于身体原因而被迫退役，之后去保险公司应聘。他自认为以他的知名度理应被录用，结果却被拒绝。人事经理对他说：“保险推销员必须拥有迷人的笑容，而你没有。”

苏拉是一个好胜心很强的人，听了人事经理的话，他没有气馁，立志苦练笑脸。每天，他都要在家里放声大笑几百次，邻居们都以为他疯了。

苏拉苦练了数月，终于悟出了“发自内心如婴儿般天真无邪的笑容最迷人”的道理，并练成那张价值百万美元、客户根本无法拒绝的笑脸。

笑容是销售人员最好的名片，对沟通起着不可估量的作用。

行动指南

销售人员要时刻保持微笑，让自己成为最受客户欢迎的人。

第108天　会说不如会听

核心提示

有效的倾听至少可以让销售人员直接从客户口中获得重要信息。

理论指导

美国管理大师汤姆·彼得森与南希·奥斯汀在他们合著的《追求完美》一书中，就谈到了有效倾听的重要性。他们认为，有效的倾听至少可以让销售人员直接从客户口中获得重要信息，而不必通过其他中间环节，尽可能减小事实在输送过程中被扭曲的风险。他们还认为，有效的倾听还可以使被倾听者产生被关怀、被尊重的感觉，从而更加积极地投入到整个沟通过程中。无数的营销实践也表明，在整个沟通过程中，客户并不只是被动地接受劝说，他们也有表达自己意见的需求，需要销售人员认真倾听。

下面来看一个案例。

一天，某销售人员接到了一位客户打来的电话。一周前这位客户曾打电话订购了一部数码相机，但产品送到以后，客户发现说明书里介绍的操作方法太复杂。于是客户将这个问题告知销售人员，他又对销售人员提出了“能否更加直观地说明一下照相机的具体操作方法”的要求。

心不在焉的销售人员听了客户提出的这一要求后，立即回答：“说明书就在包装盒的最底层……”

听到销售人员这样回答，客户十分生气，说：“你刚才有没有认真听我说话?”

销售人员没有意识到自己的问题，满不在乎地回答：“我一直在听您说话啊。”

客户提高了嗓音说：“刚才我说了那么多话，你是否都听进去了？你知道我想得到哪些帮助吗?”

销售人员有些摸不着头脑，他还在为自己辩解：“您遇到的问题说明书上都有详细解答，我刚才已经跟您说过了。”

客户听销售人员这样说，更加生气了，在他看来，销售人员不仅没有认真听自己说话，而且故意暗示自己很笨——连简单的说明书都看不明白……

从这个案例中，我们不难看出，真正懂得说话艺术的人肯定不是那些滔滔不绝地发表长篇大论的人。要想成为一名善于和客户沟通的销售人员，就必须培养倾听技能。

行动指南

销售人员要认识到倾听在沟通中的重要作用。

第109天　倾听在沟通中的三个作用

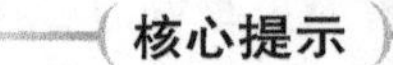

核心提示

通过有效的倾听，销售人员可以向客户表明自己非常重视他们的需求，并设法努力满足他们的需求。

理论指导

有效倾听在实际沟通过程中的作用有以下几个。

1. 可以获取大量有用的信息

通过有效的倾听，销售人员可以获得大量有用的信息。信息在传递的过程中，总会有一些损耗与失真，经历的环节越多、传递的渠道越复杂，信息的损耗与失真程度就越大。因此，经历的环节越少、传递的渠道越简单，人们获得的信息就越完整、准确。

2. 能够充分体现对客户的尊重与关心

通过有效的倾听，销售人员可以充分体现出对客户的尊重与关心。当销售人员认真倾听客户讲话时，客户可以畅所欲言，充分表达内心的想法。通过有效的倾听，销售人员可以向客户表明自己非常重视他们的需求，并会设法努力满足他们的需求。

3. 有利于准确捕捉成交时机

通过有效的倾听，销售人员可以准确捕捉成交时机。倾听的目的是为了最终达成交易。在倾听的过程中，销售人员可以通过客户传递出的信息来判断客户重点关心的问题，然后针对这些问题寻找解决之道，让客户感到满足，从而实现成交目的。如果销售人员对客户提出的问题置之不理或理解得不够透彻，那么这样的倾听就算不上是有效的倾听，自然也就无法捕捉到成交机会。

行动指南

销售人员要牢记倾听在沟通中的重要作用。

第110天　培养自己的倾听技能

核心提示

为了获得良好的沟通效果，销售人员必须培养倾听技能。

理论指导

销售人员可以从以下几个方面入手，培养倾听技能。

1. 集中精力，专心倾听

有效倾听的基础就是集中精神专心倾听。其实这也是实现良好沟通的关键所在。在和客户沟通前，销售人员应做好充分准备，比如心理准备、身体准备、态度准备以及情绪准备等。疲惫的身体、无精打采的样子、消极的情绪等，都可能影响倾听的效果。

2. 不要随意打断客户的话

在客户谈兴正浓的时候，如果销售人员随意打断客户的话，那么会打击客户说话的热情和积极性，特别是在客户情绪不佳的时候，无疑是火上浇油。因此，当客户的谈话热情高涨时，销售人员可以简单地说一句“哦”“是的”“是吗”“好的”等配合对方，切记，不能随意插话或谈客户不喜欢的话题。

3. 反驳客户观点时，务必小心谨慎

在沟通过程中，客户表达的某种观点可能会有失偏颇，但是销售人员最好不要反驳客户的观点，如果确实需要纠正，那么务必要小心谨慎，不可鲁莽行事。如果销售人员实在不好对客户的观点作出积极的回应，那么不妨采用提问等方式来改变客户谈话的重点，引导客户靠近销售话题。例如，一位保险推销员就这样对一位客户说：“既然您对保险不感兴趣，我们就换个话题，谈谈您孩子的教育问题吧。”

4. 遵守倾听的礼仪

在倾听过程中，销售人员要遵守倾听的礼仪，这样既显得自己有涵养、有素质，又能表达出对客户的尊重。

销售人员需要遵守的礼仪如下：表情要自然，身体要微微前倾；双眼注视客户，不可东张西望；尽量耐心地等客户把话说完再发表自己的看法；倾听时要全神贯注，不能分心；及时表示自己对客户的话很感兴趣；重点问题要用笔记下来；插话时，要征求客户同意；注意使用礼貌用语。

5. 及时总结、归纳客户的观点

这样做的好处有两个，一是可以向客户传递自己一直在认真倾听的信息；二是有助于保证自己没有误解或歪曲客户的意见，从而顺利找到解决问题的办法。

行动指南

销售人员要培养倾听技能，将其运用到日常工作中去。

第111天　适当赞美是沟通的润滑剂

核心提示

每个人都喜欢被赞美，客户当然也不例外。

理论指导

销售专家一致认为，真诚地赞美能够迅速拉近销售人员与客户的心理距离。虽然赞美客户作用巨大，但是由于对客户知之甚少，不少销售人员都觉得赞无可赞。

销售人员应该怎样去赞美客户呢？以下方法值得参考。

1. 巧妙地赞美客户的声音

赞美客户的声音有两种方法，即直接赞美法和间接赞美法。所谓直接赞美法，就是直接使用形容声音好的词汇，比如夸客户声音“有磁性”“洪亮”“甜美”等。所谓间接赞美法，就是根据客户声音的特征，联想美好的词汇来赞美客户。从客户的声音中，销售人员可以大致判断其所受教育程度、地位、年龄等。常用的句式有“听您的声音，我觉得您是一位××的人”，这样能很好地表达出对客户的赞美与欣赏。至于这个句式中所要填充的词汇，销售人员可以根据客户的具体情况使用幽默、爽快、热情、友好、随和、专业等词汇。

2. 巧妙地赞美客户的工作单位

知道客户从事的工作后，销售人员就

可以通过赞美客户的工作单位达到间接赞美客户的效果。销售人员可以表示自己很羡慕客户能在这么有名气的企业工作，让客户有一种心理优越感，从而消除客户的戒心，拉近彼此之间的距离。

3. 巧妙地赞美客户的专业能力

销售人员可以通过赞美客户的专业能力来拉近彼此的距离。例如，销售人员可以说，“我很早就听说您是这方面的专家，所以我想向您请教一下……”或“还是您厉害，您对问题的分析真是透彻……”

4. 用请教问题的形式间接赞美客户

销售人员可以用请教问题的形式来间接表达自己对客户的赞美之情。对于难缠的客户，如果销售人员谦虚地向他请教问题，那么他一般是不会直接拒绝的。例如，销售人员可以说，“王先生，很早以前就听说过您的传奇创业经历，我真的很想向您请教一下，当时您是如何下定决心去创业的呢？”

行动指南

销售人员一定要发自内心地赞美客户，只有真诚地赞美，才能赢得客户的心。

第112天　用眼神拉住客户

核心提示

研究显示，在人际交往中，人们30%～60%的时间使用眼神与别人进行沟通。

理论指导

人们常说眼睛是心灵的窗户。人们可以用眼神和目光来表达情感、传递信息。眼神灵活变化、内涵丰富，有时比语言表达更为精妙。因此，销售人员在为客户提供服务时，目光应是和善友好、清澈坦荡的，从而表现出自己的热情与真诚。

直觉敏锐的客户，在第一次与销售人员接触时，只需看一下销售人员的眼神，便能判断出“这个人可信”或“这个人是在和我耍花样”，有一些精明的客户甚至可以通过销售人员的眼神来判断其工作能力。

销售人员能不能博得客户的好感，能不能获得客户的认可，眼神起着非常重要的作用。对业务水平不高的销售人员来说，只要目光真诚，同样能够取得客户的信任；相反，如果销售人员目光涣散、无精打采，那么即使口才再好，也无法获得客户的青睐。

有些销售人员在和朋友聊天时眼睛炯炯有神，充满了热情与诚恳，但与客户交谈时却打不起一点儿精神，甚至露出不耐烦的表情来，特别是在客户对其产品质量提出质疑时，或者进行价格交涉时，常常会一反常态和客户大声争吵。

总之，销售人员只有用温暖、友善的目光与客户进行交流，才能深深打动他们，让他们心甘情愿地购买产品。

行动指南

1. 销售人员要用柔和、关切的目光环顾四周，对于视线所及的人，距离近的就走上前去亲切地打个招呼，距离远的就礼貌地点头示意或行注目礼。

2. 当同时和多位客户说话的时候，一定不要忘了对他们行注目礼，这是非常重要的。

第113天 打出微笑这张王牌

核心提示

微笑可以化解客户的恐惧感与陌生感。

理论指导

微笑是一种能够传递和善、友好信息的无声语言，是最具有吸引力和魅力的表情。微笑能够让人拥有愉快的心情；微笑能够改善人际关系；微笑能够取得客户的信任。

在和客户交谈的过程中，无论客户是否接纳自己，只要销售人员露出微笑，双方的距离就会马上缩短。要想打出微笑这张王牌，销售人员就必须对微笑进行研究，然后多加练习。一味地傻笑、苦笑或无可奈何地笑，不仅无法获得客户的好感，而且对完成交易没有任何帮助。因此，销售人员要勤加练习，让笑容变得温和、美丽。

行动指南

与客户交流时，销售人员要保持微笑。

第114天 肢体语言具有神奇的魅力

核心提示

人与人之间的交流、信息的传递，大约有80%是通过肢体语言来完成的。

理论指导

如果你认为文字是人类最基本的表达和沟通方式，那么你就错了。事实上，肢体语言才是人类最常用，也是最基本的表达方式。因此，准确地理解肢体语言对销售人员来说是一件十分重要的事。熟悉和了解肢体语言可以使销售人员更清楚、明白地表达自己的意图。

在销售过程中，销售人员一方面要把自己的意图通过各种肢体语言向客户表达出来；另一方面要了解客户通过肢体语言所要表达的意思，并作出适当的回应。如果销售人员能够正确理解来自客户的信息，那么就会避免很多不必要的误解。

通常来说，肢体语言主要包括姿势、手势、表情、行为举止等。很多时候，由于肢体语言具有无意识性，很难作假，它比文字更能真实地反映人类的某些真实感受和想法。

由此可见，肢体语言是销售人员非常重要的表达方式，它既能起到对文字的补充说明作用，也可以单独使用，传递文字无法表达的微妙信息，从而使销售活动进行得更加顺利。

行动指南

在与客户打交道的过程中，销售人员要借助肢体语言表达自己的想法，同时，还要注意观察客户的动作和表情，正确理解对方的意图。

第115天 读懂客户的肢体语言

核心提示

很多时候，读懂客户的肢体语言胜过语言上的沟通。

理论指导

优秀的销售人员具有敏锐的洞察力，他们不会只站在自己的角度考虑问题，他们善于理解客户的肢体语言，适时采取不同的销售方式为客户提供服务，就算不能成交，也会给客户留下一个非常好的印象，为日后的成交奠定良好的基础。但是，有些销售人员并未注意到这些，甚至经常误解客户的意思，导致合作失败。

下面来看一个故事。

有一位女士出国旅游，她牵着一只非常可爱的小狗走进了一家饭店。由于语言不通，她就对着服务员指了指自己的嘴，然后又指了指小狗的肚子。

服务员心领神会，将小狗拉走，然后放了几盘点心在她桌上，又打手势让她等一会儿，女士似懂非懂地点点头。十几分钟后，菜上来了，女士吃得非常饱。临走之前，她却和服务员发生了争执，懂英语的经理急忙赶来问："夫人，您不是要求我们为您代做狗肉吗？"

原来服务员将女士的小狗做成菜了。由于双方语言不通，沟通出现了障碍，使服务员误会了女士的手势。

行动指南

在销售工作中，销售人员要能正确解读客户的肢体语言。

第116天　设法了解客户拒绝的真正原因

核心提示

一个连客户拒绝的真正意图都搞不明白的销售人员，是不可能将产品顺利卖出去的。

理论指导

下面来看一个案例。

一天，保险公司的销售人员刘芳去拜访一家公司的老板。刘芳自我介绍道："先生您好，打扰一下，我是保险公司的刘芳，我想您肯定需要保险……"

没等刘芳把话说完，老板便极不耐烦地说："什么？你来向我推销保险？我既没得病又没受灾，我不需要买保险。"

老板的一番话无情又刻薄，深深伤了刘芳的心。但刘芳强忍着泪水说："请您允许我把话说完，好吗？我觉得……"

"对不起，还要让我再重复一遍吗？我对保险没有一点儿兴趣。"

"好的，既然如此，我下次再来拜访您。"

在这个案例中，刘芳犯了一个错误，面对客户的拒绝，她显得束手无策，最后只好离开。有经验的销售人员不会因为被客户拒绝而停止介绍，他们将拒绝视为一种信号，从拒绝中分析客户的本意，进而改变客户的观点，将冷漠的拒绝转变为对产品或服务的关心，最后促成交易。

销售人员不仅要正视拒绝，而且要学会如何处理拒绝。销售专家在调查后得出这样一个结论：有大约70%的客户提出过无明确理由的拒绝，说明有七成的客户仅仅是想随便找一个借口将销售人员打发走。他们并非拒绝销售行为本身，而是拒绝销售人员。人们一般认为，销售的成败取决于产品的优劣程度。然而大量的证据表明，客户愿意从自己信任的销售人员那里购买产品。因此，销售人员必须在怎样赢得客户的尊重与信任方面下功夫。

行动指南

面对拒绝时，销售人员必须弄明白客户这样做的目的，然后见机行事，努力赢得客户的信任。

第117天　与客户交流时，精神一定要集中

核心提示

销售人员只有集中精神，才能发现问题并解决问题，从而控制整个局面，化被动为主动。

理论指导

只有让客户觉得满意，觉得被尊重，才有可能达成交易。因此，在销售过程中，销售人员要让客户感觉被尊重。

下面来看一个案例。

江浩是一家商场的销售人员，他在平时的工作中感觉良好，可业绩就是上不去，销售部经理莫炯决定对他的销售过程做一次观察。莫炯发现江浩很有自信，他在整个销售过程中没有说错一句话，销售进展也很顺利，可是生意最终没能成交。

“莫经理，我哪里做错了?”江浩问，“那位客户想买一台冰箱，我推荐的产品很适合他，而且他也负担得起，我的介绍也很详细，我的问题到底出在哪儿?”

“江浩，你没有意识到你犯了一个致命的错误。”莫经理回答。

“什么错误?”江浩急切地问。

“在整个销售过程中，我数了一下，你总共看了六次手表。每次看表时，你的客户都有些不高兴，总会沉默一会儿。也许他心里在想：‘这位销售人员把心思都放在别的事情上了，他并不想跟我说话。’客户认为你想尽快摆脱他。而你左顾右盼的样子，也会让客户感觉你在销售时三心二意，精神不集中。”

销售人员只有集中精神，客户才会觉得被重视、被尊重，从而愿意与销售人员进行沟通，认真听取销售人员的建议。可以说，集中精神是最有效的控制局面的方法，也是销售人员获得成功的一个重要心理因素。

行动指南

1. 开展销售活动时，销售人员一定要抛开所有杂念，专心对待客户。

2. 销售人员要认真聆听客户提出的要求，让客户感觉被尊重。

第118天　闭上嘴巴，听客户说话

核心提示

销售人员与客户交谈时喋喋不休，就等于剥夺了客户的表现欲和话语权。

理论指导

销售人员说话要简明扼要，不要过于啰唆，让客户反感。

下面来看一个案例。

销售人员吉姆深知喋喋不休在交谈中的坏处。

吉姆的一位朋友曾私下告诉他：“你什么都好，就是话太多，两分钟就能说明白的事非要说上十几分钟，我都不敢跟你说话了。”这还只是朋友私下闲聊。

在销售工作中，有的客户就毫不客气

地说："有什么话你就直说，不要总是纠缠一些细节。"

吉姆听了这些话后，进行了深刻的反省。喋喋不休的恶习不仅打扰了朋友，浪费了朋友的时间，而且使自己失去了许多宝贵的销售机会。吉姆决定改掉这个毛病，学习长话短说，他叮嘱妻子在他喋喋不休时马上提醒他。经过数月苦练，吉姆终于能言简意赅地表达自己的意思了，他的销售业绩也比以前提高了很多。

说服客户建立在有效沟通的基础之上。在交谈过程中，如果销售人员喋喋不休，不给客户任何开口说话的机会，那么就难以达到预期的目的。要知道，说话的效果并不在于长短，而在于所说的内容能否引起别人的兴趣。

千万不要做一个喋喋不休的销售人员，只有多让客户说话才能获得更多成交的机会。

行动指南

销售人员要注意锻炼自己的总结能力，说话时务必言简意赅。

第119天　倾听客户感受，把握真实想法

核心提示

如果销售人员只是自说自话，那么会将客户推出门外。

理论指导

在销售过程中，销售人员必须学会聆听，让客户充分表达自己的想法。有些销售人员急于求成，几乎不给客户任何提问或说话的机会，一味地试图说服客户购买。这些销售人员并不知道，由于他们没有考虑客户的内心感受，导致最终无法达成交易。

下面来看一个案例。

在某书店，一位妈妈想给孩子买一套百科全书。

客户："我想知道这套百科全书有什么优点?"

销售人员："这套书的装帧非常漂亮——真皮套封烫金字，摆在您家的书架上一定很好看。"

客户："这套书的内容如何?"

销售人员："这套书的内容按字母顺序编排，以便查找资料。书中的配图非常漂亮，比如这幅……"

客户："可以看得出来，但是我想知道……"

销售人员："我明白您的意思，这套书内容包罗万象，拥有这套书就好比有了一套地图集，而且还是附有详尽地形图的地图集，对您一定很有帮助。"

客户："我是为孩子买的……"

销售人员："这套书特别适合孩子阅读。而且买书附赠一个带锁的玻璃门书箱，这样您就不用担心孩子会把书弄脏了。我帮您开单吧!"

客户："不是，我……"

销售人员："本周书店有一次抽奖活动，您现在买书的话，说不定能中奖呢!"

客户："不好意思，我想我可能不需要了。"

有些销售人员为了说服客户、改变客户的想法，一有机会就说个不停，不给客户任何表达自己想法的机会。实际上真正令客户心悦诚服的方法就是让客户充分表达，而销售人员要认真听取客户的意见和建议。

行动指南

1. 销售人员要倾听客户的想法，按照他们的思路来销售产品。

2. 在销售过程中，销售人员应淡化自己，突出客户。

第120天　让客户体会到优越感

核心提示

在销售过程中，销售人员要让客户体会到优越感。

理论指导

了解了客户的心理以后，销售人员就可以和客户顺利沟通了，并在沟通的过程中寻找达成交易的机会。一般来说，客户认为销售人员是有求于自己的，所以在心理上往往会有一点儿优越感。可惜有的销售人员并不明白这一点，在与客户沟通的过程中，不懂得谦虚，不注意语言的选择，不让客户体会到优越感，最终导致销售失败。

下面来看一个案例。

销售人员："孙先生，您好!"

客户："请问您是哪位?"

销售人员："我是创新自动化公司的销售人员，我打算向您推荐一份开源节流的计划。"

客户："具体什么事?"

销售人员："我们愿意给贵公司目前的财务状况做评估，并且告诉您怎样运用我们的'优选控制管理方法'来盘活库存资金。"

客户："哦，原来是这样。"

销售人员："不过，我们在提供这项服务之前要收取500元的预付金。要知道，我们给您带来的利益不是用区区500元就能衡量的。我想我们是不是约个时间当面谈一谈……"

客户："不好意思，你说的这件事我不感兴趣，再见。"

在案例中，客户并不了解销售人员及服务的具体情况，销售人员也没有向客户详细说明这项服务。对客户而言，这项服务还很陌生。此时，销售人员贸然说"盘活资金"，会让客户觉得销售人员是在讽刺自己经营管理的水平太差，在不恰当的时候说这样的话，极易给客户一种"居高临下"的感觉，让客户听完有一种受辱感。如果非说不可，那么也应说得委婉一点。例如，"有很多客户都愿花一些时间与精力用我们公司提供的'优选控制管理方法'盘活库存的资金，您也知道，金钱若不发挥作用就毫无价值。"此外，"我们在提供这项服务之前要收取500元的预付金。要知道，我们给您带来的利益不是用区区500元就能衡量的。"这句话显得唐突，客户通常会将这种做法看成是变相宰人。

在不恰当的时机说了不该说的话是这位销售人员销售失败的主要原因。

行动指南

与客户沟通时，销售人员说话不要敷衍，也不要居高临下，要让客户体会到优越感。

第121天　过分热情只会让客户提高警惕

核心提示

对客户过分热情会让客户感觉销售人员另有所图。

理论指导

虽然说保持热情是销售人员的一个必备素质，但是做任何事都要有一个度。如果销售人员表现得过于热情，那么会让客户心生警惕。

下面来看一个案例。

何先生在一次研讨会上认识了刘磊，俩人谈得特别投机。在交谈中，何先生说他最近想买套带花园的房子，他比较喜欢清静一点儿的环境，只是一直没有找到合适的房子。刘磊马上说他有一个朋友在做房地产生意，也许能帮助何先生。何先生听后十分高兴。

研讨会结束后，刘磊就带何先生参观了一栋美观漂亮的别墅。何先生非常满意。刘磊的朋友看出何先生特别中意这栋别墅，就得意地向何先生介绍起来——房屋结构如何好、价格如何适中。他一直这样说，反倒让何先生觉得这栋别墅可能有什么问题，于是说："我再考虑考虑，然后带我太太过来看看再决定吧。"

任何事情做过了都会适得其反，刘磊的那位朋友就是犯了这个错误，由于表现得过于热情，结果让眼看到手的生意"飞"走了。要知道，销售人员说得越多，表现得越热情，成交概率就越低。在本该闭嘴的时候却侃侃而谈，是导致交易失败的主要原因。

行动指南

在客户表示出对产品的兴趣后，销售人员应停止介绍并适时提出成交请求。

第122天　沟通的艺术在于含蓄委婉

核心提示

语言的选择和运用至关重要，含蓄委婉的沟通技巧是销售人员必须掌握的。

理论指导

在销售过程中，销售人员说话太直接，会让客户感到尴尬，不利于成交。

下面来看一个案例。

关小飞是一家二手汽车交易中心的销售人员。有一位想卖旧车的客户问关小飞，他那辆已经行驶了十多年的旧车能卖多少钱。关小飞心想：这辆破车不值钱，轮胎已经磨损得不成样子了，车里的味道也很难闻……"于是，关小飞如实对客户说："您的车太旧了，开这种车上路很容易出事故，要三天两头忙着修理……"他的话还没说完，那位客户就头也不回地走了。

像这种实话，销售人员是不能直接说出来的。因为客户可能很喜爱这辆汽车，即使要卖掉，也只有他本人才有资格批评这辆车。销售人员先开口指出这辆车的诸多毛病，无疑是在批评汽车的主人，还可能在无形中伤害客户的自尊心。

对于负面信息，销售人员一定要说得含蓄委婉，不要让客户反感。

行动指南

对于称赞客户的话，销售人员可以直

接说出来；对于一些负面的话，就要换一种表达方式，把话含蓄委婉地说出来。

第123天　言不由衷的赞美让人厌烦

核心提示

赞美，与其言不由衷还不如什么都不说。

理论指导

大部分销售人员都知道，要想将产品销售出去，就必须让客户感到心情舒畅。而适时赞美客户，客户的心情就会很好。虽然很多销售人员都知道赞美的功效，但是在实际工作中却把握不好赞美的尺度，甚至为取悦客户而说出一些言不由衷的话，引起客户的反感。

下面来看一个案例。

一位身材肥胖的女士走进了一家服装精品店。店员热情地迎了上去，微笑着说："您好，请问您需要什么类型的服装？"女士回答："我想买一条连衣裙。"于是，店员拿出几条连衣裙让女士挑选，结果女士看上了一条白色的连衣裙。然后，她走进试衣间，换上了那条白色的连衣裙。由于白色显胖，女士穿上连衣裙后并不好看。可是店员知道女士喜欢这条白色的连衣裙，就说："这条连衣裙真适合您，您看这腰身，多合体啊。"正在镜子前欣赏的女士听到店员说什么漂亮和腰身，满脸不悦，换下连衣裙转身就离开了。

赞美客户时，销售人员必须把握好时机。不然，客户会觉得赞美言不由衷，只不过是一句奉承的话而已，从而对销售人员产生不信任感。

在销售过程中，销售人员用一些比较诚恳的话来赞美客户，会给客户留下一个美好的印象，让客户觉得与销售人员合作是一件让人愉快的事。一旦给客户留下好印象，将会给销售工作带来非常多的好处。

行动指南

销售人员要注意围绕客户认可的方面去赞美。

第124天　亲切地叫出客户的名字

核心提示

人们都希望听到自己的名字能从别人的口中亲切地叫出来。

理论指导

下面来看一个故事。

有一位私立大学的校长深谙"叫出对方名字"的神奇功效，他能记住学校里每一位学生的名字。如果是刚入学的新生，那么校长就会用他们的照片来记名字。当校车把学生们送到学校时，校长能够流利地叫出每一位新生的名字并与他们寒暄一番。

对刚刚踏入大学校门，心里难免有些忐忑的新生来说，真是莫大的安慰；对支付了昂贵学费、爱子心切的家长来说，校长的行为令他们大为放心。因此，家长们都乐意把孩子送到这所私立大学，学校的声誉也越来越好了。

亲切地叫出客户的名字，会使客户感

到温暖；叫不出客户的名字，客户就会产生疏远与陌生的感觉。因此，能否亲切地叫出客户的名字，直接关系到销售业绩的高低。

行动指南

要想牢牢记住客户的名字，没有任何捷径，唯一的办法就是多花点儿时间和精力，销售人员要建立自己的客户档案，熟记每一位客户的情况。

第125天　记住客户姓名的三种方法

核心提示

销售专家认为，获得客户好感的方法很简单，即牢记他们的姓名。

理论指导

对一般人来说，记住几十个甚至上百个人名并不难；可是要记住几千个甚至上万个人名，就非比寻常了。怎样才能记住更多的人名呢？销售人员不妨参考以下几种方法。

1. 用心听、用心记

销售人员要把记住客户的姓名当成一件重要的事。认识了新客户后，对于他们的姓名，销售人员要用心听、用心记。如果听不清客户的姓名，那么就立刻再问一次。切记：与各国总统的姓名相比，普通人更加关心自己的名字。

2. 借助笔记帮助记忆

销售人员不要太信任自己的记忆力。取得客户的名片后，销售人员必须把客户的特征、爱好、特长、生日等信息写在名片背后。

3. 反复使用帮助记忆

重复客户的姓名可以帮助销售人员记忆。初次见面时，销售人员可以故意多叫几次客户的姓名。如果客户的姓名很少见，那么销售人员可以向客户请教姓名的写法与取名的经过。以姓名为话题的交谈能使销售人员加深对客户姓名的印象。

行动指南

销售人员要牢记本节提到的记忆方法，与客户见面时，要亲切地叫出对方的姓名。

第126天　钢铁大王的成功经验

核心提示

钢铁大王安德鲁·卡内基一向尊重别人的姓名，这使他在商业界无往而不利，最终建立了自己的钢铁王国。

理论指导

下面来看一个故事。

钢铁大王安德鲁·卡内基在孩提时代就懂得了“人们十分看重自己的姓名”的道理。有一次，他发现了一窝小兔子，可是没有东西喂它们。聪明的卡内基想到了一个绝妙的办法：他对在附近玩耍的孩子们说：如果你们能找到足够的食物来喂饱那些小兔子，那么我就以你们的名字来替那些小兔子命名。孩子们听后都兴奋极了，连饭都顾不上吃，竞相拿来了小兔子最爱吃的食物。

许多年过去了，卡内基在商业界利用这样的方法赚取了无数财富。

为了把铁轨卖给一家铁路公司，卡内基索性以该公司董事长艾格·汤姆逊的名字命名，建立了一座大型钢铁厂。后来，当这家铁路公司需要铁轨的时候，公司的董事长立刻就想到了卡内基。

行动指南

销售人员要将尊重别人姓名的理念贯穿于自己的销售工作中。

第127天　充分利用“善意的谎言”

核心提示

诚实是销售的最佳策略，但所有的事情都需要辩证对待。

理论指导

在销售过程中，销售人员要牢记“善意的谎言”这一原则。这里的谎言是指不具有任何功利性、充满关爱和真诚的善意谎言。

推销大师乔·吉拉德善于把握“诚实”和“奉承”的关系，虽然客户知道他所说的并不都是真话，但还是喜欢听几句赞美。消除了客户的敌意，让交谈气氛变得更加融洽，销售也就更容易成功。

例如，客户问自己的旧车可以卖多少钱，有的销售人员粗鲁地回答：“这种破车……”而吉拉德绝对不会这样回答，他会告诉客户：“这辆车还可以开上12万公里，至少能卖1 500美元。”这样说既实事求是，又能获得客户的好感，何乐而不为呢？

行动指南

“善意的谎言”也是以尊重客户为前提的，在不损害客户利益的情况下，销售人员可以多说几句让客户高兴的“谎言”。

第128天　说服客户要以理服人

核心提示

说服是一种很重要的销售手段。

理论指导

说服就是通过说理让被说服者信服和理解。说服是一种很重要的销售手段。通过说服，销售人员可以实现销售目标。

要想说服客户，销售人员就应当做到以下几点。

1. 讲清楚道理

说服客户时，销售人员要有条理地将道理解释清楚，并且要保证客户能听明白。讲道理的过程就是思辨的过程。哪些话应该先说，哪些话应该后说，哪些话应该重点讲、反复讲，销售人员都要做好充分的准备。

2. 引用例证

销售人员只有举出大量事例来证明所要阐述的观点，才最有说服力，而且这些事例越现实越好，最好是发生在自己身边的真人真事。

3. 说服的话应简明扼要

说服客户时，销售人员只要将道理说

透就行了，不要画蛇添足，更不要摆出一副权威的架势。销售人员还可以提问题或鼓励客户提问题，然后自己来解答，从而加强说服的效果，最终达到说服的目的。

4. 说服时应充满真情

销售人员应带着自豪与自信的感情来介绍产品，同时要向客户表达真诚与尊重，这样可以感动客户。

行动指南

与客户沟通时，销售人员要以理服人、谦虚谨慎，使客户心悦诚服。

第129天　说服客户要以利诱人

核心提示

利益是销售人员与客户都在追求的目标，也是说服客户的最好办法。

理论指导

下面介绍几种在说服过程中强调利益的办法。

1. 次序

一般来说，销售人员应先谈客户的利益，再谈自己的利益。只谈客户的利益而不谈自己的利益，常常不会取得很好的效果。

2. 全面

为客户介绍利益时，销售人员应该从产品的价格、质量、特色以及优质的售后服务等方面来说明，不要只谈一两点。若有同类产品，销售人员可以用比较法来进行说明。

3. 客观

销售人员在介绍利益的时候务必实事求是，不要只谈利益或太过强调利益的重要性，否则只会适得其反。

下面来看一个案例。

某公司生产的洗衣粉的价格比市场上其他洗衣粉的价格要高，一位销售人员这样介绍："我们生产的洗衣粉的价格虽然高于A品牌，但是比B品牌低多了，它的功效要高于A品牌，和B品牌相比也毫不逊色，有的方面还比B品牌强，比如洗完衣服的污水可以当肥料，非常环保……"

这样介绍既不违背事实，又突出了产品的特点，还让客户看到了利益。

行动指南

介绍产品时，销售人员一定要找到客户的利益诉求点，并针对客户的需求进行阐述。

第130天　说服客户要以情动人

核心提示

要想说服客户，销售人员除了拥有良好的口才之外，还要拥有看穿客户心思的能力，从而有针对性地开展说服工作。

理论指导

要想说服客户购买产品，销售人员就应通过客户的肢体语言来揣摩其态度。有的客户喜形于色，他的一举一动、一颦一笑都在透露信息，态度怎样显而易见；有的客户比较内向，不会轻易流露自己的感情，对于销售人员的推荐，他通常会持怀疑、否定或犹豫的态度。对于后者，开门见山地说服常常不会取得很好的效果，销售人员应先与这类客户建立融洽的关系，表示自己的友好和诚意，拉近自己与客户的心理距离。

在说服过程中，销售人员要注意观察客户的不同反应，比如“没听懂”“理解了”“不愿听”或“很感兴趣”。反应不同，肢体语言也会有变化，比如客户表现出心不在焉、眼神游离或左顾右盼的样子，说明客户已经理解了或觉得销售人员的介绍不重要，此时，销售人员应该转移话题或干脆停止介绍。

客户被说服以后，也会有一些表现，如面带笑容等，此时，销售人员应该乘胜追击以巩固胜利成果。

行动指南

对于持否定态度的客户，销售人员在说服时要做到入情入理、循循善诱，仔细揣摩客户的心理，从而消除客户的怀疑。

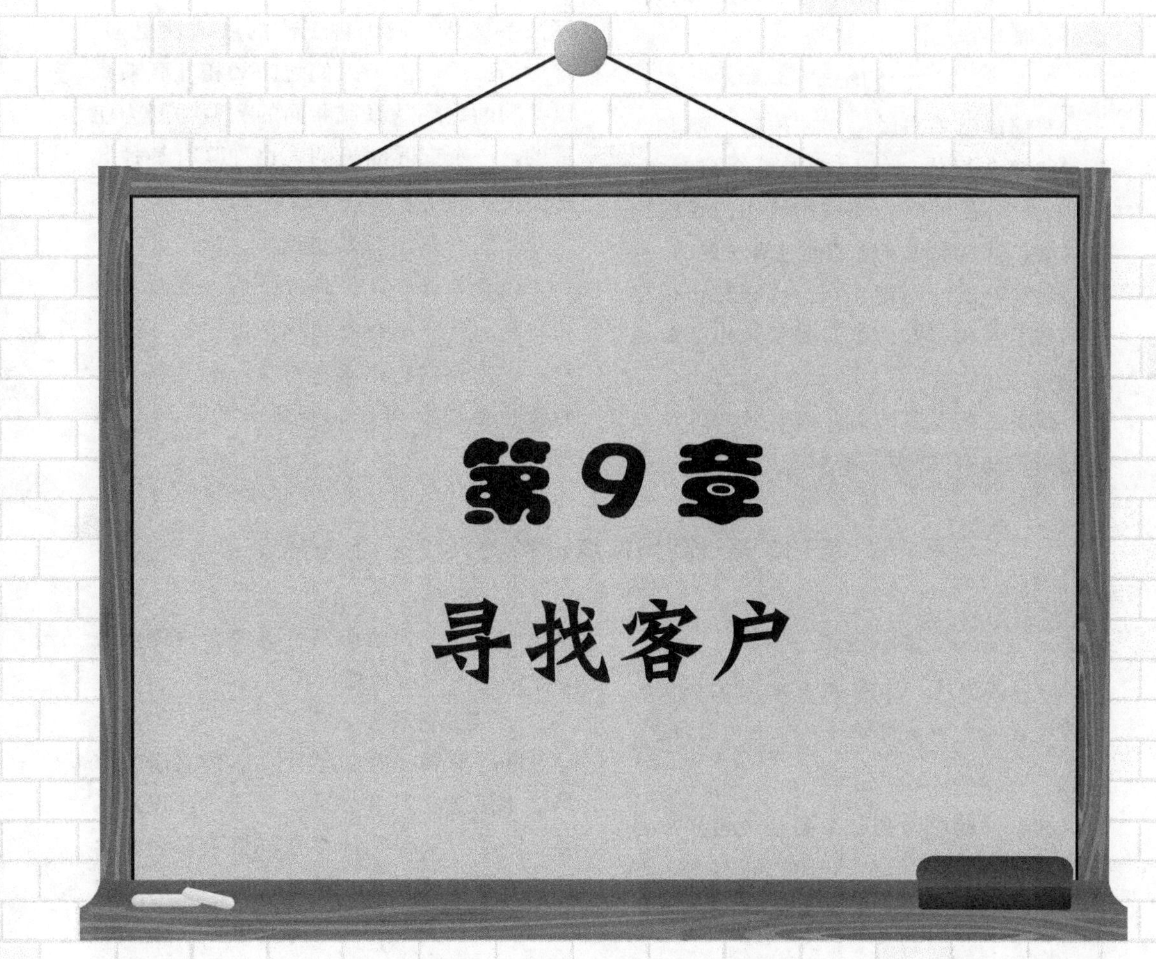

第 9 章

寻找客户

第131天　从亲朋好友中寻找客户

核心提示

任何客户资源都没有亲朋好友的推荐来得直接和保险。

理论指导

对销售新手来说，要在茫茫人海和数不尽的企业里找到好的销售机会与对象，并非一件容易的事。销售人员出门后的第一件事，就是彻底弄清楚谁是真正的客户，即使经验丰富的销售人员，也要花费很多时间来思考和调查，更何况是初出茅庐的新手呢？

很多销售专家认为，最有效的方法就是利用亲朋好友来寻找客户。要知道，亲朋好友之间彼此熟悉，信任度比较高，销售人员应恰到好处地利用并发挥他们的人际关系优势，使销售工作的渗透性更强、辐射面更广。由于人们之间的相互联系是以共同的兴趣爱好或共同的利益需要为纽带的，一个交际圈里的人也许具有某种共同的消费需求，而且还能相互影响。

行动指南

销售人员可以把所有亲朋好友的名字列出来，找一个合适的机会逐一与他们联络，告诉他们：你正在销售一种产品，这种产品质量很好，能给他们的生活带来便利。

第132天　利用信息资料去寻找客户

核心提示

寻找客户有一条简单有效的途径——通过搜集信息和查阅资料来确定销售对象。

理论指导

报纸、专业期刊、工商企业名录、各类市场调研资料以及企业内部资料等，都可以为销售人员提供客户信息。

1. 工具书

全国、地区以及行业性的工商企业名录，各种年鉴和电话簿等工具书，都可以为销售人员提供客户名单。

2. 专业报刊

专业报刊包括各种公开发行与内部发行的提供市场信息的报纸与期刊。这些报刊涉及面广，既有全国性的，也有地方性的；既有综合性的，也有专业性的。这些报刊的信息包容量比较大，对供需情况反映及时，可以为销售人员寻找客户提供线索，甚至可以直接提供客户名单。

3. 相关资料

相关资料主要包括社会团体名册、市场供求信息、产品目录以及统计调查资料等。产品目录与统计调查资料通常附有生产厂家与经营单位，参考价值比较高。我国有许多社会团体，其中有很多行业性协会和专业性学会，它们的成员名册或通信录是现成的客户名单。

4. 企业内部资料

企业内部资料主要包括财务、销售和服务三个方面的资料。财务部门有大量以前的账目，从中常常可以找到曾经或还有来往的客户。通常，企业都保留着过去的销售记录，比如合同、订购和退货记录，这些记录记载了很多销售对象的情况，销售人员应该予以重视。在售后服务中，服务部门与客户接触的机会比较多，销售人员可以从他们那里获得很多客户的具体信息。

行动指南

销售人员可以从图书馆查阅，或者上网搜集，或者通过朋友介绍来获得各种客户资料；筛选最新的与自己所销售的产品相关的客户信息；建立一个潜在客户资料库，通过电话等形式与客户取得初步沟通。

第133天　通过相关机构去寻找客户

核心提示

销售人员可以依据产品的特点，查阅相关商业性机构、行政部门以及新闻单位等提供的客户名单和有关情况，然后登门洽谈。

理论指导

以下这些机构能够为销售人员提供有价值的客户信息。

1. 信息服务公司

这类公司近年来发展迅速，专门提供市场咨询服务。除了提供客户资料之外，有些公司还接受委托进行市场调查。销售人员可以通过他们获得客户资料，甚至准客户名单。现在，有很多经营性公司也都兼营咨询服务，他们在行业内信息灵通，销售人员也可以向他们咨询。

2. 行业协会和学会

这些社会团体通常是由某方面的专家、学者组成的，本身就可以提供专业性的咨询。在有些协会和学会内还设有咨询服务机构。由于这些社会团体聚集了很多相同专业或有相同兴趣爱好的人，销售人员可以获得很多有价值的客户资料，甚至准客户名单。

3. 新闻机构

很多报社和杂志社也提供市场咨询服务。有的报纸和杂志主要刊登国内外的经济动向、市场行情、社会需求，或者专门收集并传播供求信息，这些机构都是销售人员理想的咨询对象，从它们那里可以获得一些客户线索。

4. 行政部门

行政部门主要是指工业、银行、商业、统计、物价和财政等国家行政部门。如果销售人员能去这些部门咨询，那么就可以获得可靠的客户信息。

行动指南

销售人员要充分利用以上途径，开展咨询活动，从而积累客户资料。

第134天　其他获取客户信息的途径

核心提示

销售人员要充分利用身边的各种途径获取客户信息。

理论指导

销售人员可以通过以下两个途径来获取客户信息。

1. 参加各种商务会议以获取客户信息

每年，在全国各地都会召开名目繁多的商务会议，比如订货会、展销会、研讨会、新闻发布会以及新产品鉴定会等，销售人员应该积极参加和与自己所销售的产品有关的各项会议，从而获取一些客户资料。

2. 向不同产品的销售人员咨询

在销售行业中，不同产品的销售人员应随时沟通。要知道，你所掌握的客户信息越充分，你对于其他销售人员来说就越有价值，他们在与你沟通时也就更愿意把他们所掌握的客户信息告诉你。此外，利用不同产品的销售人员为自己寻找客户，需要销售人员本身具有良好的沟通能力。

行动指南

1. 销售人员要关注自己所销售产品的市场行情，设法参加各种相关的会议，并积极地和与会人员进行有效沟通。

2. 销售人员要定期与从事销售工作的朋友进行交流，互通有无，从而搜集和积累有价值的客户信息。

第135天　一眼看出你的潜在客户

核心提示

只有掌握了寻找潜在客户的原则，销售人员才可以迅速找到准客户。

理论指导

潜在客户一般具有以下几种特征。

1. 需求

潜在客户一般都会有某方面（产品、服务）的需求。例如，复印机的使用对象一般是企业、公司、学校等，通常很少有个人会买台复印机放在家里。

2. 购买力

潜在客户必须具有购买力，即“买得起”。销售人员可以根据客户的工作、身份、地位、收入来源等情况，判断其是否具有购买力；也可以根据客户是一次付现，还是分期付款，以及首付金额是多少等，判断其购买力的大小。对于有需求却付不起钱的潜在客户，销售人员再努力也不会成交。例如，购买保险的群体一定要有经济实力，如果销售人员向一个低收入家庭推销保险，那么不管销售技巧有多高明，收效都不会太大。

3. 购买欲望

要想准确判断客户购买欲望的大小，销售人员就必须了解客户对产品的热心程度。比如买房，客户常常会十分关心房屋的基本情况：房屋的大小、质量、格局、装饰、必备设施、朝向等；房屋周边的环境：孩子上学是否方便、大人上班是否方便、附近是否有超市和医院、邻居是否和气、附近有无喧闹的营业场所等。

4. 购买决定权

有些客户做事很拖拉、犹豫，他们在潜意识里想要别人替自己作购买决定。主导他们作决定的因素不是购买后的益处，而是万一出现问题该怎么办。他们不敢自己作决定，总是想要听取别人的意见。他们明明很清楚产品的质量和服务都是一流的，但就是迟迟下不了决心。对于这类客户，销售人员必须主导整个销售过程。

行动指南

销售人员应充分了解潜在客户的特征，并对其需求、购买力、购买欲望以及购买决定权有一个清晰的认识，然后对症下药，积极促进成交。

第136天　只有多发展新客户，生意才会源源不断

核心提示

积极开发新客户是销售人员必备的销售技能。

理论指导

通常来说，优秀的销售人员都是非常出色的“猎人”，他们善于寻找新客户和新商机，他们具有冒险精神和进取心。

下面来看一个案例。

曾经有一个销售新人在干了一个星期后，因为总也找不到客户，就心灰意冷地向经理提出辞职。

经理问他：“你为何要辞职呢?”

销售人员回答：“因为找不到客户，没有业绩，我只好辞职了。”

经理拉着他走到窗口，指着大街问：“你看到什么了?”

销售人员回答：“人啊!”

经理又问：“还有呢?”

销售人员回答：“除了人，就是大街。”

经理继续问：“你再看看。”

销售人员回答：“还是人啊!”

经理说：“在人群中，你难道就没看到很多新客户吗?”

销售人员若有所思，恍然大悟，于是满怀信心地去寻找新客户了。

新客户是销售人员的宝贵财富，也是销售人员赖以生存并得以发展的基础。

开发新客户是所有的销售人员都必须面对并妥善解决的问题。销售人员寻找新客户前要做好心理准备，因为在寻找新客户的过程中必定会面临许多失意与挫折。

行动指南

开发新客户很重要，销售新手要多向资历丰富的销售人员取经，但关键还是要摆正心态，认真对待工作，为日后的交易打下扎实的基础。

第137天　重视老客户的滚雪球效应

核心提示

老客户会带来更多的新客户，这就是滚雪球效应。

理论指导

许多销售人员信奉的原则是：“进来，销售；出去，迎接下一位客户。”这是做一锤子买卖的生意经，是以找到新客户来代替老客户的销售思路。但是，成功的销售人员往往是在保证现有客户的基础上再继续寻找新客户的。如果没有老客户的支持，新客户也只会是对失去的老客户的填补，总的业绩是不会有提高的。

要想让首次购买产品的人成为自己的忠实客户，销售人员要注意以下几点。

1. 研究报告表明，与初次登门的客户相比，经常光临的客户能为公司多带来20%～85%的利润。销售人员若能留住老客户，让他多次光顾，成功的机会将会大大增加。

2. 和老客户保持联系能节省销售费用和时间，减少销售成本。因为维持关系比建立关系要容易很多，有数据表明，发展一个新客户的费用是维持现有客户的六倍。

3. 销售人员要经常主动关心客户，让他们成为自己的老客户。如果销售人员不

能做到经常关心客户，那么客户将离销售人员而去。

成功的销售人员所做的一切，几乎全都是为了巩固与客户的长期关系。销售人员要定期拜访，并清楚地认识到：让客户重复消费的最好方法就是与客户经常接触。因为，在市场景气的时候，与客户保持长期关系可以使业绩突飞猛进；在市场低迷的时候，与客户保持长期关系又可以维持生存。

行动指南

与客户保持联系要有计划性，下面几条建议会对销售人员有所帮助。

1. 对于一笔新开始的交易，销售人员要在交易的第二天寄上一封短函以示感谢，并跟客户确认送货时间。等货物送出后，销售人员要再次与客户进行联系，确认客户是否收到货物，以及产品有无质量问题等。

2. 在客户生日的时候，销售人员要寄上一张生日卡片，这是维护客户关系的有效方法。

3. 销售人员要建立一份客户及其所购买的产品的清单，当产品功效及价格出现变动时，可以及时通知客户。

4. 销售人员要计划好拜访路线，以便在约见某位客户的途中，顺便去拜访一下那些不经常联系的客户。

5. 如果客户不是经常购买，那么销售人员可以进行季节性拜访。

第138天　重视客户推荐的每一个人

核心提示

推荐生意的成功率高达60%，因此，销售人员要重视客户推荐的每一个人。

理论指导

很多有经验的销售人员都知道，重视被推荐的客户有助于提高销售业绩。下面让我们分析一下其中的原因。

1. 被推荐的客户已属于潜在客户，因为推荐者根据自己的购买经验已初步认定，被推荐的客户也许会有购买这个产品或接受这项服务的意愿。

2. 推荐本身能给被推荐的客户带来较高的认同感，而陌生人则会对销售人员有一种戒备心理。

3. 推荐可以提高销售人员的信誉，不管是否与被推荐的客户成交，他们都会觉得销售人员值得信赖。

大量研究表明，推荐生意的成功率高达60%。相对而言，一个销售新手鼓起勇气去拜访100位陌生的客户，结果有可能一笔生意也做不成。由此可见，被推荐的生意对销售人员具有非同一般的价值和意义。

行动指南

1. 销售人员要像对待好朋友一样对待被推荐的客户，让对方感觉到被重视。

2. 即使交易不成功，销售人员也要感谢客户的信任，并热情地表示如果以后有机会仍很愿意为他提供服务。

第139天　设法赢得客户的认可

核心提示

达成交易之后，销售人员还要做好售后服务。

理论指导

一位卖首饰的销售人员讲述了这样一个故事。

一天早上，有位老太太走进我的店里挑选钻石胸针，后来就开支票将钻石胸针买下了。我一边将包装好的钻石胸针交到她手里，一边以钻石胸针为话题闲聊。我十分诚恳地表达了自己对这枚钻石胸针的喜爱，我还说胸针上的这颗钻石是本店中最大的，而且产自南非著名的矿区。后来，我送她到店门口，邀请她时常光顾本店，并且祝福她戴着这枚钻石胸针可以天天开心。

老太太热泪盈眶，说我给她带来了快乐，因为她当时已经开始后悔花了一大笔钱仅仅为了买一枚胸针。

过了一个小时，这位老太太带来了另外一位妇人，她亲切地介绍我们认识，并且还带那位妇人参观店内的饰品。尽管那位妇人并未买下像老太太买的那种昂贵钻饰，可是她毕竟也给我带来了一笔生意。送她们出门的时候，我对她们说非常高兴认识你们。

对于自己刚刚买下的商品，客户大都非常喜爱，如果该商品使用起来确实非常方便，他们更会赞不绝口，而且乐于向他们的亲戚朋友推荐。

卖出商品之后，销售人员应及时打电话询问客户使用商品的情况。如果客户在使用时有不明白的地方，那么销售人员要提供周到的咨询服务。通过这些客户，销售人员可以开发更多的潜在客户。

行动指南

销售人员可以建立一个客户信息资料库，将客户的基本信息、兴趣爱好以及所购买的产品逐一记录下来，并坚持定期回访。

第140天　主动争取客户的推荐

核心提示

销售人员要主动争取客户的推荐，这样才能快速提高自己的销售业绩。

理论指导

要想把业务做好，销售人员必须建立一个由客户互相推荐的关系网络。那么，哪些客户最适合给销售人员做推荐呢？

1. 客户最好要有一定的影响力，即具有一定的权威

如果客户只是一名普通的员工，那么即使说的话再有道理，也不容易被别人重视。当然，这并不是说销售人员可以忽视普通客户，只是普通客户没有重要客户的影响力大。

2. 客户必须非常欣赏销售人员的工作态度

客户之所以愿意把自己的朋友介绍给

销售人员，主要是因为他们认为销售人员是值得信赖的。因此，销售人员必须要把自己最好的一面展示给客户。

出色的销售人员深知这一点的好处，他们懂得如何维持与老客户的关系。对销售新手来说，一旦积累了一些客户资源，便要想办法抓住他们的心，久而久之就会拥有大批的忠实客户了。此外，销售人员要保持自己的工作节奏，客户通常会很尊敬那些勤奋工作的人。如果销售人员整天无所事事，那么客户自然不愿介绍生意给销售人员。

3. 与客户建立互利互惠的关系

对于主动介绍生意的忠实客户，销售人员要懂得适时为他们提供方便，这样就能与他们保持长久的关系。

行动指南

1. 销售人员要与客户保持联络，在条件允许的情况下，最好每月都能见上一面，以便及时沟通信息。

2. 推出新产品时，销售人员要及时通知客户，此外，还要时常邀请客户参加公司举办的活动。

第141天　了解你的客户类型

核心提示

销售人员不可对即将拜访的客户一无所知，拜访前要做好充分的准备。

理论指导

心理学家将客户划分为九大类型，销售人员可以根据他们的性格和心理特征，采取不同的销售方式。

1. 刚强型客户

这类客户性格坚毅、为人正直，对待工作严肃认真，他们决策谨慎、思维缜密，一般不喜欢与言行随意的销售人员接触。因此，销售人员在他们面前必须显示出严谨的工作作风，特别是应有较强的时间观念。

2. 沉默型客户

这类客户沉默寡言，对销售人员态度冷淡。遇到这类客户，销售人员可以提出一些比较简单的问题来激发客户的谈话欲望。

3. 虚荣型客户

这类客户喜欢表现和突出自己，不愿受别人的摆布。对于这类客户，销售人员要谈论他们熟悉并感兴趣的话题，为他们提供发表意见的机会，千万不要轻易反驳或打断他们的谈话。

4. 内向型客户

这类客户生活比较封闭，对外界事物反应冷淡，习惯与陌生人保持距离。他们对产品挑剔，对销售人员的态度、言行举止的变化很敏感。对于这类客户，销售人员给予他们的第一印象将会直接影响其购买决策。此外，销售人员要注意投其所好，否则很难接近他们。

5. 好斗型客户

这类客户好胜、固执，做事比较武断，喜欢把自己的想法强加于人。对于这类客户，销售人员必须牢记“争论的胜利者常常是谈判的失败者”的道理，不可意气用事。此外，准备充分的数据资料和证明材料将有助于销售成功。

6. 随和型客户

这类客户性格开朗，比较容易相处，对陌生人的戒备心理不如内向型的客户强，因此他们很容易被说服。与这类客户沟通时，销售人员要多说一些幽默的话，一旦获得他们的赏识，他们就会向其他人主动推荐。

7. 顽固型客户

这类客户大都具有特殊的购买偏好。他们不喜欢接受新产品，不会轻易改变原有的消费模式。对销售人员的态度也不友好。对于这类客户，销售人员不要试图在短时间内改变他们，否则容易引起他们的抵触情绪，最好是用手里的产品资料和权威数据来说服他们。

8. 敏感型客户

这类客户对外界的人和事反应敏感，情绪不稳定，容易激动。对于这类客户，销售人员要有耐心，千万不能急躁，同时，还要随时观察他们的情绪变化，并在合适的时机提出自己的观点。

9. 怀疑型客户

这类客户对产品与销售人员都抱有疑问。要想消除这类客户的怀疑，销售人员首先要做到保持严肃的形象和严谨的工作态度；其次，销售人员要努力与这类客户建立一种信任关系；最后，在销售时，销售人员还要注意引用一些专业数据或专家评论。

行动指南

1. 在与客户打交道的过程中，销售人员要细致、认真地观察他们，分析他们属于哪一种类型。

2. 销售人员应根据客户的特点，采取不同的心理战术和应对策略。

第142天　不要指望第一次拜访就成功

核心提示

第一次拜访的结束是第二次拜访的开始。

理论指导

要知道，指望一次拜访就成交是不切实际的想法，发誓再也不登这个门槛，是最愚蠢的行为。优秀的销售人员总是能够和他拜访过的人结下不解之缘。在大多数时候，一些销售人员在登门拜访一次未达到预期目的之后，觉得没有成交希望便主动放弃了，从而丧失了创造一流业绩的可能。

下面来看一个案例。

曾有一位销售人员向某家公司的总经理推销复印机，这位总经理像以前应付其他销售人员一样回答他：“我考虑看看。”销售人员听总经理这么回答，只好说：“谢谢您，请您再想想看。”几天以后，总经理没有任何回音。销售人员非常失望。于是，他又去了另外一家公司，结果跟上一次一模一样。就这样，他坚持了一个多月，一笔生意也没有做成。最终，他沮丧地放弃了这份销售工作。

案例中的销售人员天真地认为拜访一次就能完成销售。据统计，销售人员上门拜访一次就获得成功的概率微乎其微，只有靠坚持和耐心，才能取得最终的成功。

销售人员可能会连续数十次，甚至数百次遭到客户拒绝。但是，就在这数十次、数百次的拒绝之后，总有一次客户会同意。为了这仅有的一次机会，销售人员必须要具备顽强的意志和坚定的信念。

行动指南

1. 销售人员最容易走进的误区是，还没有创造一个再次拜访的机会就放弃了。

2. 销售人员要做好多碰几次钉子的心理准备。

第143天　被拒绝后再次拜访客户的常用理由

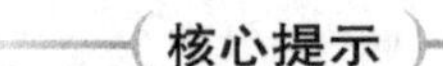

核心提示

善用再访理由，有助于提高销售业绩。

理论指导

很多销售人员在被拒绝之后便没有了再次拜访的勇气，时间一旦拖得太久，即使产品很好，也很难得到客户的认可。因此，销售人员最需要了解和掌握的就是被拒绝后的再访技巧，特别是再访理由。如果想有效达成销售目标，销售人员就必须好好研究再访理由，如果能好好加以运用，那么肯定可以增加很多再访的机会，使销售业绩得到提高。

下面介绍几种再次拜访客户的理由。

1. 在拜访时故意不留任何宣传资料

客户在不太好意思直接拒绝时，一般会要求销售人员留下资料，等自己看完之后再与其联络。此时，有经验的销售人员绝不会上当，因为这只是客户表示拒绝的一个理由，客户极有可能不看资料。因此，即使客户主动提出要求，销售人员也要委婉推辞，当然这也要视具体情况而定。不过在离开之前，销售人员要告知客户自己将在下一次拜访时把资料补送过来。

如果忘记留下再访理由，那么销售人员可以寻找别的由头，比如资料重新修订印制完成之后再送过来，或者公司需要加印资料，等自己一拿到就立刻送过来。

2. 故意忘记索取客户的名片

这也是一种很好的再访理由，因为大部分客户一般都不会将名片送给陌生的销售人员。因此，客户常常以名片已经用完或尚未印好为由，不给名片。这个时候销售人员不要强求，而要顺水推舟，故意将这件事忘记，并把客户的这种排斥行为视为他们给自己提供的一次再访机会。

3. 印制两张以上不同式样或不同职称的名片

销售人员可以更换名片信息为由，再次登门拜访。不过，销售人员要特别注意，避免拿相同的名片给客户，最好是在拜访前注明一下曾经使用过哪张名片，或者利用拜访的日期来区分。

4. 亲自送达另一份宣传资料

这份宣传资料必须是客户从来没有见过的，有经验的销售人员通常都有好几份不同的宣传资料，这样可以针对不同的客户提供不同的宣传资料。

5. 亲自邀请客户参加产品说明会

销售人员要亲自登门邀请客户参加公司最新产品的说明会，从而加强客户对产品的了解。销售人员在送给客户邀请卡的时候，可以稍微透露一下讲座的内容，并在告辞时恳请对方一定要去参加。

6. 找一个自己精通的问题请教客户

这样做的目的是为了了解客户的专业水平，销售人员不用问太难的问题，最好是请教客户一些能让他有发表空间的“议论题”。

7. 借口路过此地，特意登门拜访

销售人员可以说明自己刚好在附近等朋友，或者刚好去拜访其他客户，或者刚刚完成一笔交易。销售人员要特别注意，不需要刻意解释来访的理由，以免客户怀疑销售人员拜访的目的。

8. 拟订新的计划以备客户所需

销售人员可以将所销售的产品任意搭配成很多不同的组合，即“套装”，由于不同的组合和搭配会产生不同的效用，销售人员可以借此理由再次拜访客户，询问他们对此有什么看法或意见。

9. 免费提供公司刊物

销售人员可以利用免费将公司刊物赠送给客户的机会，再次拜访客户。

总之，再访客户的理由用一句俗话来形容就是——“戏法人人会变，只是奥妙各不相同”。

行动指南

面对客户的第一次拒绝，销售人员不要气馁，应依照以上方式寻找理由再次登门拜访。

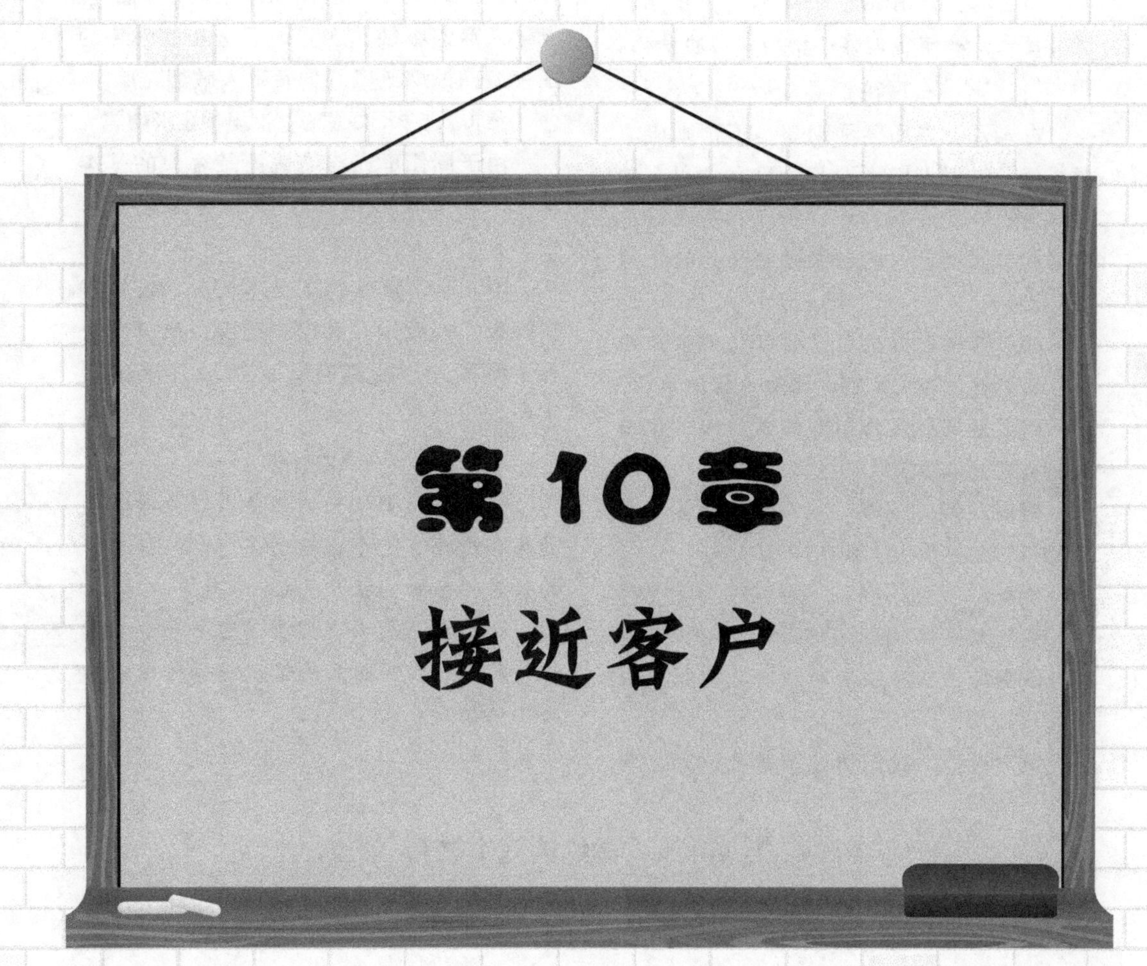

第10章 接近客户

第144天　不要在对客户一无所知时贸然拜访

核心提示

销售人员只有充分了解客户，才能有针对性地开展销售工作，增加成功的砝码。

理论指导

古人云："凡事预则立，不预则废。"意思就是告诉人们不要打无准备之仗。销售人员要想开发新客户，仅仅具备良好的心理素质还不行，还必须做好充分的"战前"准备。

如果销售人员对自己要拜访的客户没有丝毫了解，那么销售时将会非常困难。

以下是某服装公司销售人员向一家服装店负责人推销服装的过程。

销售人员："您好，金先生！我是Z服装公司的业务代表，我叫周伟。"

负责人："您搞错了，我姓任，不姓金。"

销售人员："哦，很抱歉！我想向您推荐几款服装，这些服装对年轻人非常有吸引力。"

负责人："我们可能不需要。因为我们的客户定位主要是针对老年人。"

销售人员："这样啊，我们也有适合老年人穿的服装，您看一下这几款服装的图片。抽根烟吧！"（向负责人敬烟）

负责人："不好意思，这里禁止吸烟。"

由于周伟事先没有搞清楚客户的基本情况，导致销售工作很快就无法进行下去了。

事先不了解客户的基本情况，盲目进行销售，失败是必然的。销售人员只有充分了解客户，才能有针对性地开展销售工作。

行动指南

1. 拜访客户之前，销售人员要对客户的基本情况有一个大致的了解，包括客户的姓名、年龄、经历、文化程度等。

2. 销售人员要在掌握了客户的购买需求、购买能力和购买决策权限等情况之后再去销售。

第145天　邀约的三个技巧

核心提示

掌握邀约的相关技巧是成功销售的第一步。

理论指导

邀约的技巧有以下几种。

1. 电话约见法

电话约见时，销售人员必须强调不会占用客户很多时间，在有介绍人的情况下，需要简短地告知客户介绍人的姓名、自己的姓名以及所在公司的名称，然后请求与客户面谈。

2. 信函约见法

信函约见是一种比电话约见更有效、更正式的邀约方法。一般情况下，信函的内容主要包括问候、邀约目的以及拜访的时间。此外，销售人员在使用信函约见时还可以把产品广告、产品目录等一同寄上，提高客户对产品的关注度。

3. 访问约见法

初次访问时，销售人员应该争取和具有决定权的人预约面谈。例如，销售人员可以这样对接待的人说，“能否让我向贵公司的总经理当面说明一下情况？大概10分钟就行了，或者您觉得哪天我再来拜访比较合适？”这样一来，遭到拒绝的可能性自然就会降低。

行动指南

1. 针对具体情况，销售人员应选择适当的邀约方法。

2. 选择以上邀约方法时，销售人员要记住每次只能约见一位客户，这是对客户的尊重。

3. 销售人员要摆正自己的心态，不要急于求成，不要给客户预设立场，更不要急于纠正客户原有的消费习惯。

第146天 电话约见不要引起客户的反感

核心提示

电话约见是销售人员向客户介绍自己、销售产品、传递观念以及提供购买建议的开始。电话约见时，言辞要热情而不失分寸，否则会让客户感到反感。

理论指导

绝大部分销售人员给客户打电话是为了在开展销售工作之前探测客户的意图，也可以说是给自己创造一个能与客户当面交流的机会。只可惜在很多时候，销售人员明明知道自己打电话的目的，但是拿起电话后，却屡犯一个常见的错误：在与客户电话沟通时，无法正确陈述自己的目的和意图，甚至有时为了能够获得见面机会而讨好对方，最终导致预约失败。

下面来看一个案例。

销售人员：“王先生，您好！我叫高崎，是万通公司的业务代表。我知道您是一位成功人士，我想向您介绍……”

王先生：“对不起，高先生。您过誉了，我正在忙，对这件事不感兴趣。”说完就把电话挂了。

高崎放下电话后，接着又打了一个，可是刚刚与客户讲上两三句，客户就将电话挂了。高崎的心情非常低落，心想：“为什么就没有一个人愿意听我说下去呢？”

从案例中，我们可以看到，高崎既没有把握好电话约见的时机，也没有掌握电话约见的要领，他的奉承之语让客户感到厌烦，因此屡次被拒。

行动指南

电话约见客户时，要避免太露骨的奉承，这样会让客户感觉销售人员过于急功近利，从而产生戒备和厌烦心理。

第147天 电话预约的说话技巧

核心提示

原则上，销售人员给客户打电话时，谈话的时间要简短、口齿要清晰、语速要适中、语调要平稳、理由要充分、用词要贴切。

理论指导

拜访客户之前，销售人员要先进行电话预约，这已成为销售工作的重要内容之一，它大大地提高了销售人员的工作效率。通过电话预约，有些销售人员获得了拜访机会，促成了最后的交易；而有些销售人员却屡屡在电话中被拒绝，更谈不上与客户见面了。为什么会出现这样两种截然不同的情况呢？

下面来看一段保险推销员与客户的对话。

保险推销员：“马先生，您好！我是W保险公司的王林，我本来想直接去拜访您，可是事先没有与您约好，觉得不太礼貌，所以先给您打一个电话。请问您一般什么时候有空呢？”

客户：“我没空，过段时间再说吧。”

听起来保险推销员说的话相当客气，其实却没有起到一点作用。但是，如果这样说，将会有大不相同的结果。

保险推销员：“马先生，您好！我是W保险公司的王林，我们公司的某保险很适合您。我打算在周二下午去拜访您，您看这个时间可以吗？”

客户：“嗯……还是周三下午吧。”

保险推销员：“大约几点钟呢？”

客户：“三点半吧。”

保险推销员：“好的！我一定会准时到的，祝您工作顺利，再见！”

这种预约问话的方式，除了符合预约的基本礼仪之外，还符合了在时间上“二选其一”的预约技巧，属于比较经典的预约问话。

电话预约时，销售人员千万不要言辞逼人，尤其是在客户借故推托预约时，更要沉着应对。若是巧言虚饰、强行预约，不但不能达到预约的目的，反而会引起客户的反感。

行动指南

电话预约客户时，销售人员要善于引导客户作出决策，让客户顺着自己的想法思考。

第148天　拜访客户要选对时间

核心提示

要想提高成交概率，销售人员就必须选择客户有空的时候去拜访。

理论指导

选择恰当的时间与客户交谈可以大大促进交易，即在客户有空的时候去拜访。在销售过程中，一些销售人员往往忽略了这一点，他们一切都以自我为中心，从不考虑客户是否有时间。

下面来看一个案例。

刘峥是一家通信设备公司的销售人员。有一天，他打算去拜访一位客户。此前他已经通过朋友了解到这位客户想要更换自己公司的通信设备。于是，刘峥一大早就动身前往那位客户的公司，但是因为堵车，等刘峥赶到客户那里的时候已经是吃午饭的时间了。

刘峥匆忙地来到那位客户的办公室，拦住了正要出门吃午饭的客户。客户只好勉强坐下来与刘峥交谈，但是在谈话中，客户总是心不在焉地东张西望。没过多久，客户就明确表示不需要刘峥的产品，刘峥只好沮丧地离开了。

其实，刘峥完全有可能成交，因为那位客户的确需要更换通信设备。只不过刘峥选错了拜访的时间，从而导致交易失败。如果刘峥选择客户下午上班的时间再去拜访，或者邀请客户一起用餐，那么肯定会有不同的结果。

行动指南

销售人员要牢记：不要一切都以自我为中心，要更多地为客户考虑。

第149天　千万不要看不起小客户

核心提示

低看小客户是目光短浅的表现。

理论指导

有些销售人员瞧不起小订单、小客户，对待大客户与对待小客户采取的是两种截然不同的态度。事实上，这种想法是最要不得的。小客户也许在某一天就会成为大客户，给销售人员带来意想不到的收获；即使不是这样，重视小客户对销售工作也有好处。

下面来看一个案例。

高程是一家计算机代理公司的销售人员，他一心想干一番大事业。他每天都在寻找大客户，想方设法去拜访一些大企业的老板，渴望一下子就能卖出上百台计算机。

有一天，高程的同学为他介绍了一位客户。这位客户刚刚开了一家小公司，想要购买两台计算机，并建立一个小型局域网。高程觉得这笔生意太小，建立局域网又太麻烦，根本没什么利润可图，所以就不太愿意做这笔生意。但是碍于同学的面子，高程只好表面上答应了下来。在给客户报价时，高程故意报高了一些，他想，如果对方同意的话，自己还能多赚点儿；如果对方因为价高不同意的话，那么正合了自己的心意。最后，客户因为价高而放弃了购买。

没想到，一年以后，那位客户的公司发展了起来，需要一次性购买50台计算机。高程知道这件事之后，本想去找那位客户商谈，但是回想起自己一年前的做法，感到非常惭愧。

现实中，有些销售人员看不起赚小钱，而想赚大钱又没机会。优秀的销售人员是绝对不会轻易放弃任何一次可以成交的机会的，因为他们知道，小客户随时可能变成大客户，坚持为所有的客户提供优质的产品和满意的服务是取得良好业绩的基础。

行动指南

1. 销售人员要重视小客户，为他们提供与大客户同等的服务。

2. 小客户也有可能成为大客户，或者为销售人员介绍大客户。

第150天　找到客户的抗拒点

核心提示

在与客户交谈的过程中，销售人员要把注意力放在客户的抗拒点上，设法逐步消除客户的抵触情绪。

理论指导

与客户交流时，优秀的销售人员总是很善于发现客户拒绝的原因。但是，刚刚从事销售工作的新人通常很难做到这一点，他们总是一味地向客户灌输自己的主张，企图说服客户购买产品。想想看，如果连客户拒绝的原因都搞不清楚，那么又怎么能说服他们呢？

下面来看一个案例。

销售人员：“李先生，通过观察贵公司的情况，我发现你们自己维修所花的费用比请人来干还要多，是这样吗？”

李先生：“我也觉得我们自己干有点儿不太划算，我承认你们的服务不错，但是你们毕竟缺乏电子方面的……”

销售人员：“我明白您的意思，即使您的属下绝顶聪明，也无法在没有专用设备的条件下开展维修工作。”

李先生：“但是你还没弄明白我的意思，我们现在负责维修的员工是……”

销售人员：“等一下，李先生，只等一分钟，我只说一句话，要是您觉得……”

李先生：“你现在可以走了。”

上面这个案例中，销售人员三番两次打断客户的话，他并没有找到客户拒绝的真正原因，只是一味地强调自己的意愿，这是销售的大忌。销售人员采用这种方式进行销售是不可能取得成功的。

行动指南

1. 销售人员要设法弄清客户拒绝的真正原因。

2. 销售人员不要随便打断客户的话，要等客户说出自己的顾虑后再进行说服。

第151天　征服强势型客户

核心提示

让强势型客户成为优秀销售人员的传声筒。

理论指导

下面来看一个故事。

有一天，大卫登门拜访远近闻名的脾气火爆的玛丽，因为她的家需要整修一番。

当大卫礼貌地敲开门后，玛丽挥舞着手臂，以排山倒海的声势对着大卫吼道：“我可不是好惹的，如果你敢骗我，我让你吃不了兜着走！”

大卫像对其他客户一样笑意盈盈，并让玛丽说出她的要求，玛丽立刻下达指示：“我要将旧窗户换掉；要加外墙壁板；还有，快点儿拿出装修商的名单。”

接下来，大卫按照她的要求开始准备。当大卫再次登门时，玛丽已经对他进行了调查，她发现大卫的信誉还不错。大卫告诉玛丽：“您要的那种窗户的价格是825美元，这是成本价，我们不加其他费用。不过，您得先付这笔钱，才能订购窗户。大概要等三到四个礼拜才会交货。”

“我不会付你一分钱的！”玛丽依然信不过大卫。

大卫不慌不忙地在纸上写了几个数字，对她说：“您按照这个尺寸去买，我帮您装上。”

玛丽很快就买到了窗户，大卫问她：“您花了多少钱啊？”

“950美元。”玛丽不好意思地说。

大卫知道，如果自己来买最多只要825美元，但这时还是少说为妙。很快，大卫就帮玛丽装好了窗户，并按照她的要求加上了外墙壁板，所有的费用加起来大约是1 700美元。

玛丽高兴地付了钱，并不断向邻居们

介绍大卫和他所提供的服务，一传十，十传百，最后这个社区的很多人都成了大卫的忠实客户。

行动指南

面对强势型客户，销售人员不要害怕，只需记住两点：不要与客户发生冲突，无论客户态度如何，都要尽量顺着客户的意思办；一旦有为客户服务的机会，就要全心全意为客户服务，用最优质的服务征服客户的心。

第152天　接近客户前必须做的准备工作：了解客户

核心提示

接近客户之前，销售人员一定要对客户有一个深入的了解。

理论指导

接近客户之前，销售人员想的最多的问题往往是“客户会不会接受我”？而不是“客户出于什么目的接见我，或如何能让客户接受我”？如果销售人员能在各个方面都做好充分的准备，给客户留下很好的印象，那么被客户接受的概率就会大大提高。

销售人员要详细了解客户的基本情况，准备好客户的所有资料。资料准备得越充足，对客户的了解就越深入，洽谈时的切入点就越明确。

客户资料的收集主要包括：基本情况（包括姓名、性别、年龄、学历、职业等）、健康情况、家庭情况（同时注意尊重客户的隐私权）、经济情况、个人爱好、个人经历以及最近参加的活动等。例如，销售人员事先了解客户的喜好后，可以准备一些小礼物，以便在拜访客户时获得他的好感。

为了能够详细掌握客户的情况，销售人员还要从收集来的客户资料中挖掘出一些潜在信息或是客户感兴趣的话题。例如，客户和他家人的关系怎么样？他们目前最需要什么？他们比较感兴趣的话题是什么？

另外，销售人员还应充分考虑到销售过程中客户可能出现的反应，以便提前做好应对的准备。例如，客户对销售人员的态度、客户的购买动机或客户的购买政策等。

行动指南

在与客户交流的过程中，销售人员可以通过以下途径寻找与客户之间的共同点：从客户的职业和工作情况中寻找；从客户最近看过的电影或参加的活动中寻找；从客户的个人爱好中寻找。找到共同点后，销售人员可以在面谈时尽快拉近与客户的距离。

第153天　接近客户前必须做的准备工作：了解产品

核心提示

销售人员不但要了解产品的类型、性能、价格，还要将产品的使用说明牢记于心。

理论指导

销售人员熟悉自己所销售的产品应该像熟悉自己的样子一样，因为这是开展销售工作的前提和基础，否则一切都无从谈起。既然熟悉自己所销售产品的情况如此重要，销售人员应该从产品的哪些方面开始着手了解呢？

1. 了解产品的质量和价格

客户最关心的事情就是产品的质量和价格。客户总是在努力寻找质量和价格的最佳契合点，不断追求物美价廉的产品。由于客户购买产品的动机不同，他们所购买的产品的型号、价格也不相同。有些客户购买产品是因为价格低廉，有些客户则是为了经久耐用，还有些客户是为了追求品牌。因此，为了向客户推荐适合他们的产品，销售人员不但要熟悉产品的质量和价格，还要熟悉同类产品的质量和价格。

2. 了解产品的优缺点

销售人员一定要了解自己所销售产品的优缺点。向客户介绍产品的优势及存在的缺陷，让客户通过比较作出选择。

3. 了解产品的保养方法

通常，客户在购买一件产品后，并不希望它在短时间内就发生故障或损坏，因此，客户总是十分关心产品的保养问题。例如，产品需要怎样保养？需要电池吗？电池的电力能够维持多久呢？产品本身附有什么保证吗？假如产品出现问题，我应该怎么办呢？面对这些询问，销售人员必须事先熟悉产品的性能以及保养方法。

行动指南

销售人员应该着重了解以上三个方面的产品销售知识，还要力争了解产品在原料、工作原理等方面的相关知识，成为一个让客户放心的产品专家。

第154天　接近客户前必须做的准备工作：拟订拜访计划

核心提示

拟订好拜访计划，遵循合理的程序，一切以客户为中心。

理论指导

拜访计划主要包括以下两个方面。

1. 拜访的时间与场所主要是从客户的日常习惯、生活规律及其所从事的职业等方面进行考虑，切勿与客户的工作和生活发生冲突，使客户心生反感。

2. 拜访时的礼仪主要包括拜访时的衣着打扮、言谈举止等。由于不同的职业和不同的场合有着不同的着装要求，因此，销售人员要根据客户的工作性质和洽谈场所确定拜访时的礼仪。例如，拜访企业的领导、身份尊贵的客户时，销售人员最好穿着职业装，表示尊重客户的身份。拜访工厂的员工时，销售人员可以穿得随便一些，原则是不要产生太大反差，最好是与客户的形象保持一致。

总之，拜访计划一定要根据客户的具体情况来拟订，一切以客户为中心。

行动指南

1. 销售人员要根据本节的提示，为自己拟订一份详细的拜访计划。

2. 销售人员要根据不同类型的客户，有针对性地拟订不同的拜访计划。

第155天　接近客户前必须做的准备工作：拟定拜访信函

核心提示

拜访信函一向被视为正式拜访的序曲，是一个非常有效的预热过程。

理论指导

拜访客户之前，销售人员不妨先寄出一封信函。大致来说，拜访信函具有三种功能：（1）表达对客户的尊重；（2）避免上门拜访因客户不在而浪费时间；（3）避免与客户的工作和生活发生冲突。

拟定拜访信函的目的是为了引起客户的注意，使客户产生愿闻其详的想法；也是为了争取与客户面谈的机会；更是为了让客户对产品有一个初步的了解。

拜访信函的格式与一般的书信格式一样，包括称呼、问候、正文、落款等几部分。拟定拜访信函的正文部分时，销售人员要特别注意以下几项内容：自我介绍、称赞客户、表明意图、提出要求。

例如：

范先生：

您好！

我是M保险公司的张楚，我和您的同学顾杰是好朋友，我从他那里得知，您在事业上取得了非凡的成就。我特别想向您请教成功之道，同时也让我可以有机会向您推荐一份保障计划。很多和您一样的成功人士都非常认同这份计划，我相信它对您也一定会有所帮助。若方便，我想最近去拜访您一下，不知可否？

顺祝

万事如意！

M保险公司推销员　张楚

2011年12月5日

行动指南

1. 拟定拜访信函时，销售人员要注意措辞，不要过于谄媚，语言要简短，表达意见要清晰。

2. 拟定拜访信函之前，销售人员一定要弄清客户的具体情况，根据客户的具体情况进行有针对性的写作。

第156天　接近客户前必须做的准备工作：电话预约

核心提示

电话预约的目的是为了争取面谈的机会，销售人员不要企图通过电话预约来完成交易。

理论指导

电话预约需要注意以下几个方面。

1. 电话预约必须要在拜访信函寄出后进行，即在客户收到信函后的两三天内给客户打电话。

2. 电话预约的目的要明确，其目的就是为了争取见面的机会。

3. 语言简洁，通话时间不宜超过两分钟。

4. 语气坚定，语言流畅。

5. 使用“二选其一”法，提出见面要求。例如，“请问是范先生吗？我是M保险公司的张楚，前几天我给您寄了一封信，您收到了吗？我从顾杰那里得知了您的事业做得非常成功，很期待向您当面请教。同时，关于信上的内容我想与您商谈一下，请问是定在明天下午三点钟还是定在后天下午三点钟见面好呢？……可以，那明天下午三点钟我会准时拜访您的，打扰您了，再见。”

行动指南

打电话前，销售人员一定要先在心里打一遍腹稿，默默练习一下。

第157天　接近客户的四种策略

核心提示

制定和采取正确的接近策略是销售工作得以顺利进行的保证。

理论指导

下面介绍几种有效接近客户的策略。

1. 迎合客户的策略

销售人员要以不同的方式和身份去面对不同类型的客户，根据事先了解的信息或接触时的瞬间判断，选择最恰当的接近策略。销售人员可以改变外在形象或加强内在修养，比如说话风格、服饰、仪表、情绪等，扮演客户容易接受的角色。

2. 调整心态的策略

有些销售人员在与陌生客户第一次见面时，常常会表现出紧张、不安等复杂的情绪，甚至以种种理由回避接近客户，有人把这种现象称作“销售恐惧症”。销售人员要学会自我放松的技巧，克服困难、降低恐惧感。例如，销售人员可以想象一下可能出现的最坏情况，然后做好如何应对的心理准备；还可以考虑一下这种最坏的情况发生的概率有多大，如果在1/10以下，那么就不要过于担心了，保持积极乐观的心态常常可以在遇事时转危为安。

3. 减轻客户心理压力的策略

当销售人员接近时，有的客户会感到一种无形的心理压力，似乎只要是接受了销售人员，就等于承担了购买的义务。正是由于这种心理压力，很多客户害怕接触销售人员，也正是这种心理压力，阻碍了销售人员接近客户。如果销售人员能减轻客户的这种心理压力，那么就能降低接近他们的难度，从而顺利开展销售工作。很多优秀的销售人员常常使用其他的理由（与销售无关）接近客户，正是为了减轻他们的这种心理压力。

4. 控制时间的策略

销售人员必须善于控制接近的时间，把握时机转入正式洽谈。接触的最终目的是为了洽谈，而不只是引起客户的注意和兴趣。许多缺乏经验的销售人员总是不好意思谈及销售话题，到临走之际还没有开始谈论正题，这样的接近效果是不理想的。至于接近客户的时间长短的问题，销售人员要视具体情况而定，一般不宜太长。

行动指南

销售人员可以试着采用本节介绍的这几种策略接近客户，并不断总结经验。

第158天 明确告诉客户自己拜访的目的

核心提示

拜访客户的时候，销售人员必须明确告诉客户此次拜访的目的，不然拜访很可能会是徒劳的。

理论指导

如果客户根本就不知道销售人员的拜访目的是什么，那么又怎么会考虑跟销售人员合作呢？在现实中，有很多这样的销售人员，他们因为害怕被客户拒绝，而不敢告诉客户自己拜访的目的。他们仅仅希望在业务洽谈的时候，客户会突然打断自己的谈话，开心地表示愿意购买；如果客户不声不响，没有任何表示，他们就会不知所措，以为时机尚不成熟，从而错过了成交的机会。

下面来看一个案例。

露西是一个比较害羞的女孩，每次与客户进行业务洽谈，就算时机已经成熟，她也不好意思提出让客户购买产品的要求，因为她害怕这样做会引起客户的反感，好像自己的目的仅仅是为了赚钱。其实，客户一直在等待，只要她开口，就愿意与她成交。因此，露西的许多业务就都这样一直拖着，迟迟没有结果。

行动指南

1. 销售人员要牢记与客户打交道的目的是为了销售产品。

2. 如果时机没有成熟，那么销售人员就不要轻易开口。

第159天 做好客户访问记录

核心提示

做好客户的访问记录有助于加快销售进程。

理论指导

下面来看一个案例。

某销售人员一直在向一位客户推销机器，并希望客户能够早日订货，但客户就是不为所动，他反复地向那位客户介绍这台机器的种种优点，同时还向客户提出截止到当年年底，交货期仍定为半年，自下年一月份开始，交货期将定为一年。客户告诉销售人员，他自己无法立刻作出决定，并请销售人员下个月再来。

到了第二年的一月份，销售人员又去拜访那位客户。这时，他早已将之前曾经提过的交货期的规定忘得一干二净了。当客户向他询问交货期的规定时，他依然说是半年。然后，他又向客户建议，只要立刻订货，就可以降价10%。然而，上次洽谈的时候，他说过降价的最大限度是5%，客户听他现在又这样说，一气之下就终止了洽谈。

从这个案例中，我们可以得出这样一个结论，销售人员必须做好每天的客户访问记录，尤其是对于那些已有购买意向的客户，必须做好详细的访问记录，不然下次再去拜访客户时，如果谈的条件和上次不一样，那么成交的希望依然渺茫。

想想看，案例中的销售人员如果能在初次拜访之后就做好访问记录，如果能在交货期与降价幅度等问题上保持言语一致，如果能在第二次拜访之前回想一下上次拜访的经过，那么就有可能在第二次洽谈时达成交易。

行动指南

1. 每天的拜访工作结束后，销售人员要用心记录下与客户交流的主要信息，特别是客户感到疑惑的问题。

2. 再次拜访客户之前，销售人员一定要看一看以前的访问记录，并针对客户的具体情况作出合理的调整。

第160天　不断增加客户拜访量

核心提示

要想得到更多的订单，销售人员就必须增加客户拜访量。

理论指导

对销售人员来说，有两种提高销售量的办法：一是拜访更多的客户，二是多次拜访客户。销售人员拜访的客户越多，就会有越多的人购买产品。

某家公司有这样一条规定：销售人员每天拜访的客户超过6个人就有奖励；销售人员拜访的客户越多，得到的奖励也就越多。结果，每位销售人员每天的拜访量都超过了8个人，他们的销售业绩都有了显著的提高。

只要销售人员足够勤奋，就可以完成预定的拜访目标——每天最起码可以多拜访一位客户。如果销售人员能拜访更多的客户，那么就可以弥补销售技巧上的不足，从而提高销售业绩。

有一位业绩非常出色的销售人员，当人们让他介绍成功的秘诀时，他怎么也找不出来，他觉得自己的销售方法与其他人的基本一样。但是，熟悉他并与他一起工作过的人，却能一语道出他的成功秘诀。

他总是不断地拜访客户，他的业绩全部来自于他的勤奋。只要发现有任何可以达成交易的机会，他就会立即前去拜访。在他的竞争对手尚未来得及给客户写信或打电话时，他就已经到达目的地并开始和客户洽谈了。因此，他往往是赢得销售机会的第一人，其实也通常是唯一的一个。如果他的销售工作在一定时间里未产生效果，那么他还会再次拜访客户。

行动指南

1. 销售并没有什么特别的技巧和捷径，成功的销售都是建立在不断努力的基础之上的。

2. 每天多增加一个拜访对象，并持之以恒地坚持下去。

第161天　用目光与客户进行交流

核心提示

面谈时，大多数客户都会留意销售人员的目光，因此，销售人员必须学会用目光与客户交流。

理论指导

目光交流对于销售人员意义非凡。通过目光交流，销售人员可以了解客户的态度与真实意图，还可以向客户传递自己想要表达的意思。

要想交流有效果，销售人员就必须了解目光交流的礼节要求。由于不同的民族对于目光交流有不同的礼节要求，销售人员在与客户面谈之前要先查明他的国籍或宗教信仰。例如，美国人在交谈时，通常习惯用目光打量对方，他们认为这是自信、有礼貌的表现，若看着别处，就会被认为是失礼；日本人在交谈时，目光通常会落在对方的颈部，对视会被看成是一种不礼貌的表现；在我国，通常忌讳眼睛牢牢地盯着对方看。

怎样做才算不失礼呢?

1. 在洽谈工作、商谈业务或出席贸易谈判等场合时，销售人员要自然、温和地看着对方面部的三角部位。这个三角部位是指双眼到前额之间的部分。在谈判时，销售人员看着交谈对象的这个三角部位，就会显得严肃、认真，而对方也会觉得销售人员很有诚意，这样销售人员就容易掌握谈判的主动权和控制权。

2. 参加舞会、聚餐或旅游等活动时，销售人员仍要自然、温和地看着对方面部的三角部位。但是这个三角部位是指双眼到嘴唇之间的部分。在聚餐时，销售人员看着交谈对象的这个三角部位，就会让自己感到放松，而且还可以向对方表示出自己的友好，从而在彼此间形成一种和谐的谈话氛围。

行动指南

1. 销售人员要掌握本节提到的目光交流的礼节。

2. 销售人员不妨将朋友或家人当做客户，练习正确使用目光的方法，模拟初见客户时的场面。

第162天　用开场白赢得客户的好感

核心提示

一般来说，销售人员在讲第一句话时，就已经决定了销售的结果。

理论指导

很多销售人员在登门拜访时都习惯这么说：“请问，您需要……吗?”这是最常见的一句问话，却不是一句精彩的开场白。因为这句不明确的问话显得很唐突，十有八九会被客户拒绝。

下面来看一个案例。

销售人员小李来到一个社区推销产品，他碰到一位大姐。小李从她的外表判断出她是一位家庭主妇。小李上前和这位大姐搭讪，没想到他还没有开口，大姐就先开口了：“我知道你是来销售的，你销售啥?我们这个小区经常有销售人员来。”大姐显得不是很友好。

小李知道，面对这样的顾客，一般的接触方式不会起到很好的效果。他灵机一动，说了这样一段开场白：“您一看就是非常精明、非常理性的人。我在小区做销售的同时也会顺便做一些市场调查，看来您是最有发言权的。我想请教您一下，通常您用清洁剂都干些什么呢?”

被销售人员这么一赞美，大姐心花怒放，气氛一下子缓和了。她开始认真地回答小李的问题，说出了有关清洁剂的三四种用途。

小李告诉她，“我销售的这种清洁剂可是有十多种用途呢!”接下来，小李一一列举，大姐心服口服。

通常情况下，客户听销售人员说的第一句话要比听后面的话认真得多。听完第一句话，许多客户就会不自觉地在心里作出决定：是打发销售人员走还是继续谈下去。

行动指南

精彩的开场白就像磁铁一样，能吸引客户的注意力，为沟通营造良好的气氛。

第163天　四种有效的开场方式

核心提示

采用经过验证的开场白，将会让沟通更顺畅。

理论指导

下面几种开场方式可供销售人员参考。

1. 以提问的方式开场

以这种方式开场，销售人员要小心避免提出客户可能会回答“不”的问题。销售人员可以连续向客户提出问题以引起客户对产品的注意，例如：

“您知道我们公司的产品吗？”“不知道啊！”

“您看一下，这就是我们公司的产品。”

同时向客户展示样品，“我们公司派我特地来拜访您。您感觉我们的产品怎么样？”

2. 以讲故事或开玩笑的方式开场

很多时候，以一个有趣的故事或笑话开场，可以收到很好的效果，但销售人员一定要明确讲故事或开玩笑的目的并不只是让客户笑一笑，这个故事或笑话必须与产品的用途有关，或者能直接引导客户考虑购买产品。

3. 以引用介绍人的方式开场

如果销售人员能找到一个认识客户的人，那么就可以这样说：“范先生，您的同学顾先生希望我来拜访您，探讨一个您可能会感兴趣的问题。”这个时候，范先生可能会马上想知道销售人员提到的问题是什么，这样自然就能引起客户的注意了。

4. 以赠送礼物的方式开场

销售人员赠送的礼物一定要与自己所销售的产品有关，这样在赠送礼物的同时，顺便提及自己的产品。

行动指南

1. 销售人员应针对客户类型、见面地点、客户需求等客观因素，设计一套开场白。

2. 力求让开场白精彩有效，最起码不会引起客户的反感。

第164天　察言观色，根据客户心理进行销售

核心提示

当客户不满意销售人员的介绍时，就会表现出一些负面情绪。一旦发觉客户的脸色不对或行为反常，销售人员就要及时调整销售方式。

理论指导

有时，不管销售人员的口才有多好，都会在说服客户时碰到麻烦。难道好口才还不足以打动客户吗？并不是这样，原因在于销售人员不善于察言观色，不能把握

客户的心理，不清楚销售的最佳时机，从而在无形中得罪了客户，遭到客户的埋怨。

下面来看一个案例。

曾经，有一位销售人员去拜访一位客户，可是客户正在专心工作，无法抽出时间接待他。销售人员不愿放过这次机会，于是开口说："对不起，我想占用您一点时间，介绍一下我们公司的产品。"客户勉强停下手中的工作，说："你最好简略一些。"销售人员精神大振，然后就滔滔不绝地说了起来。客户一心只想着自己的工作，心里非常着急，就不时地看看手表，但销售人员没有理会客户的这个举动，依旧长篇大论地进行介绍。最后，忍无可忍的客户只好将销售人员赶了出去。

如果这位销售人员能根据当时的情况适时调整销售行为，说："对不起，您先忙吧，我再找时间来拜访。"那么情况就会大不一样了，同时为下一次的拜访埋下了伏笔。

行动指南

不同的行为代表了不同的情绪或心理，销售人员要善于观察客户的行为，随时调整自己的销售策略。

第165天　不要用"冷冰冰"的语气和客户说话

核心提示

客户都爱听好听的话，谁也不愿意花钱买罪受——看销售人员的脸色，听销售人员用"冷冰冰"的语气说话。

理论指导

要知道，情绪是可以传染的。优秀的销售人员总是能很好地向客户传递积极的情绪，用自己的热情去感染客户，促成交易。而那些业绩平庸的销售人员常常意识不到这一点，在不知不觉中因自己的消极情绪而影响了销售业绩，让许许多多的成交机会从身边溜走。

下面来看一个案例。

某公司的销售人员向客户推荐一款计算机，他多次给这位客户打电话，并开出非常优厚的条件，但还是被客户拒绝了。几天之后，他听说另外一家实力不如自己的公司一次性卖给这位客户30台计算机。他百思不得其解，自己已经开出如此优厚的条件，另外一家公司绝对不会比自己更优惠，这位客户怎么就买了他们的计算机呢？

于是，他打电话向客户询问原因。客户告诉他："你们公司开出的条件的确不错，但是你在电话中语气冷冰冰的，而且商业味太重，让我感觉非常不舒服；而那家公司的销售人员给我打电话时，他的语气让我感到很温暖。"

行动指南

在销售过程中，销售人员要给客户带来如沐春风的感觉。

第166天　弄清楚客户最关心的事

核心提示

要想让客户感觉亲切，最好的话题就是与客户聊他最关心的事。

理论指导

很多刚入行的销售人员在拜访客户时，总是随便打个招呼后就迫不及待地介绍起自己的产品来，他们反复强调自己的产品有多么好，购买该产品会给客户带来怎样的好处。对于这样的销售方式，客户自然不愿意接受。

寻找客户最关心的话题，拉近与客户之间的距离，先让客户接受销售人员，然后再谈论产品是成功销售的正确步骤。

如何让客户接受销售人员呢？其实道理很简单，就是与客户聊他最关心的事。要想让客户喜欢并接纳自己，销售人员就必须多费心思研究客户的基本情况，比如他的兴趣爱好、品位等。

下面来看一个案例。

曾有这样一位销售人员，为了在销售时让不同的客户接受自己，他努力培养了20多种不同的爱好。要知道，他是在了解了客户对钓鱼、象棋、赛马、高尔夫球等颇有研究后，为了与客户有共同的话题才慢慢学习的。虽然，他对这20多种爱好并不能做到样样精通，但是与客户交流已经足够了。

这位销售人员真是一位有心人，他的努力得到了丰厚的回报。他的业绩在不知不觉中上了好几个台阶，他的客户都愿意把他当成志同道合的朋友，一有空就约他钓鱼、打球。

这位销售人员的做法是否值得你借鉴呢？如果你能付出同样的努力，相信你也可以获得更多的回报。

行动指南

1. 销售人员要对客户进行详细的调查，知道他们喜欢什么，不喜欢什么。

2. 销售人员要结合自身的情况，培养几种重要客户感兴趣的爱好。

3. 销售人员不妨选择那些十分普及且有益身心的活动，比如打球、游泳、下棋、骑马以及射击等。

第167天　永远把客户当作主角

核心提示

在销售过程中，销售人员要让客户当主角，自己演配角。

理论指导

如果销售人员在销售过程中以自我为中心，不断谈论自己的事情、夸耀自己的产品、表达自己的看法，而不从客户的角度去考虑问题，那么这种交谈必定会引起客户的反感，销售结果注定是要失败的。

营销大师约翰逊每次拜访客户时，虽然交谈的时间很短，但是他总会事先花几个月的时间去准备，比如了解客户的性格、爱好和需求等。他永远将客户当作主角，以客户为中心。因此，他每次都能完成自己的预期目标。

约翰逊就是利用这个方法得到森尼斯无线电公司的广告的。

约翰逊先是寄了一封预约信给当时该公司的主管麦唐纳，想要和他当面谈一谈森尼斯公司广告在社会上的重要地位。然后，约翰逊查阅了美国名人录，了解到麦唐纳是一位探险家，曾经与著名探险家汉森一起去过北极，而汉森又正好是自己的好友，所以约翰逊请汉森在其所著的一本书上签名，而后送给了麦唐纳。此外，约翰逊还专门在自己公司的刊物上发表了一篇专门介绍麦唐纳的文章。

不久之后，当约翰逊走进麦唐纳的办公室时，约翰逊说了这样一句话："这是我们共同的朋友——汉森写的一本书。他特意在这本书上为你签了名，他说十分想念你。"麦唐纳看了看那本书，回想起以前在北极探险时那段愉快的经历，他感到很高兴。

约翰逊为麦唐纳的广告作了详细的计划，并提供了操作方案。最后，麦唐纳满意地说："我想不出任何理由拒绝在你的杂志上刊登广告。"约翰逊之所以能成功，主要是因为在销售过程中，他一切以客户为中心，把客户当作主角。

行动指南

1. 销售人员要树立以客户为中心的观念，永远把客户当作主角。

2. 销售人员要尽量多了解客户，一切销售活动都要围绕客户的兴趣来进行。

第168天　一味辩解只会失去客户的信任

核心提示

每一位销售人员都会犯错，关键不在于错误本身，而在于有没有改正错误的勇气。

理论指导

在销售过程中，犯了错并不可怕，可怕的是明知有错却不改，并且千方百计地为自己辩解。平庸的销售人员之所以平庸，有很大一部分原因是当客户提出异议与不满时，他们并非是想办法解决问题，而是企图用辩解打发客户。

下面来看一个案例。

唐飞是一家服装店的销售人员。一天，他正在忙着整理本月的销售记录。突然，有一个年轻男子闯了进来，手中拿着一条裤子，大声喊道："这个牌子的裤子质量太差了，我花了那么多钱，我……"

唐飞立即迎上去，大声说："先生，请别在我们店里大声喧哗，要是这条裤子真有什么问题的话，你当时怎么没发现，我保证我们店卖的所有裤子都是经过专门检查的，我想肯定是你弄错了吧，而且这条裤子看起来也不像我们店卖的。"

年轻男子听完更生气了，他愤怒地说："就是你把它卖给我的，我记得当时你把这条裤子形容得天花乱坠，我一时糊涂上了你的当。现在，你还想不认账啊！"

唐飞口气生硬地说："先生，我怎么不记得了呢？"说完，他就抓过裤子看了一下，然后随手扔到了一个角落里，同时说，"不就是想换一条新的吗？你这种人我见多了。"

"你……我要投诉你。"

销售人员最忌讳的就是强词夺理，惹怒客户。如果销售人员知道自己确实做错了，也知道非受客户的责备不可，那么为什么不"先发制人"，自己先责备自己呢？

勇于认错，客户不仅不会责怪销售人员，而且还会给他们留下一个坦诚和负责的好印象。

行动指南

销售人员做了错事一定要勇于承认，并积极地予以改正。

第169天　对客户常怀一颗感恩之心

核心提示

作为销售人员，要常存一颗感恩的心，对客户关怀备至。

理论指导

销售人员和客户之间究竟是怎样一种关系呢？是否只是客户给销售人员钱，销售人员给客户提供产品或服务的商业关系呢？有些销售人员认为自己和客户的关系仅仅就是如此，在和客户交谈时，表现得急功近利，所做的一切都是为了能够达成交易，只可惜往往事与愿违。究其原因，就是因为他们缺少感恩的心，不善于表达对客户的感激之情，让客户受到冷落。

下面是两位销售人员在办公室里的一段对话。

小赵："你是不是一会儿要接待一位重要的客户啊？"

小张："没错，他要与咱们公司签订一份100万元的大单。我今天跟他约好在这里商谈最后一些细节问题。"

小赵："你真幸运，碰到这么一位大客户，这个月的提成肯定不少。"

小张："那当然！"

小赵："你真应该感谢他，他可是你的财神。"

小张："有什么好感谢的啊，他也从这笔生意当中获利不少，这叫各取所需，他不从我们公司买也得从别的公司买啊。"

"不懂感恩，利益至上"是一些销售人员的一个心理通病。他们不知道感恩能够帮助自己建立良好的客户关系，增进与客户的感情。他们不愿意作出任何尝试与努力来表达自己的感激之情，他们感觉自己对客户有一种垄断的优势，生意一旦谈成，便可以抛开这位客户不管，转身走向其他客户。

当客户发觉销售人员唯一的目的就是为了尽快拿到订单，他们会产生一种被利用与被轻视的感觉。这时，如果有另外一家公司有条件相仿的产品，那么客户就会转而另投他人。

行动指南

当客户购买了产品后，销售人员一定要说一声"谢谢"，必要时，还要登门表示感谢。要知道，是客户让销售人员得到了锻炼和成长的机会，是客户的支持让销售人员获得了成功。

第170天　重视建立客户档案

核心提示

销售人员应每天多花一点儿时间去了解自己的客户，只要做好充分的准备，就不愁没有客户。

理论指导

著名推销大师乔·吉拉德刚开始工作时经常将搜集到的客户资料写在纸上，然后再放进抽屉中。之后，有几次因未整理客户资料而忘记追踪某位客户，他才开始意识到动手建立客户档案的重要性。于是，吉拉德就去商店买了一个笔记本和一个卡片档案夹，将之前写在纸上的资料全都记录成册，建立了自己的客户档案。

在与客户交往时，销售人员要充当录音机和计算机的角色，把客户所说的话全部记录下来，然后从中筛选出有价值的信息。建立客户档案的时候，销售人员要详细记录客户的资料，包括年龄、职务、学历、爱好、家庭情况、个人成就以及文化背景等。

拥有了客户档案，销售人员就可以轻松地接近客户，有效地和客户讨论问题；拥有了客户档案，销售人员便会知道客户喜欢什么，不喜欢什么，从而引导客户畅所欲言；拥有了客户档案，成交就会充满希望。

行动指南

销售人员要像乔·吉拉德那样建立一个客户档案，定期整理、更新这些档案资料，用心维护与每位客户的关系。

第171天　搞好关系，变障碍为桥梁

核心提示

遇到销售障碍时，销售人员要耐心、真诚，只有这样才能变障碍为桥梁。

理论指导

下面来看一个案例。

有一位向水泥厂推销球磨机的销售人员，他通过调查发现，某市是水泥厂集中的地区，对球磨机的需求肯定不小。他还发现，不久之前有一家外资企业在此地刚刚开办，如果能和这家外资企业建立购销关系，该地区的其他小厂肯定会纷纷效仿。

做好准备后，这位销售人员便登门拜访。没想到，刚到工厂门口，他就被门卫礼貌地挡在了外面。

千里迢迢上门拜访，结果连人家的厂门都没有进去，这位销售人员当然很不甘心。他想，阻拦自己的是谁呢？是门卫。于是，他准备在门卫身上下功夫。

但是任凭这位销售人员使尽了各种手段，门卫就是不愿意放他进去，门卫说：“我是不会让你进去的。你要搞清楚，这是外资企业，我好不容易才得到这份工作，请你不要给我添乱了。”

无奈之下，这位销售人员就与门卫聊起了家常，门卫开始不愿意与他多说话，后来见他还算真诚，就爱答不理地应付了几句。

渐渐地，俩人竟然聊得很投机，销售人员对门卫说：“大哥，我这份工作来得也不容易啊！我千里迢迢来到这里，如果连你们的厂门都进不去的话，那么我的饭碗也可能保不住了。但我知道你也不容易，就不为难你了，我打算明天就回去了，以后咱们常联系！”

门卫被销售人员的一番话感动了，就悄悄告诉他：“总经理每天早上8点准时进厂，你有本事就拦住他的车。记住，他乘坐的是一辆白色宝马。我只能帮你这么多了。”

获此消息后，销售人员喜不自禁。第二天天刚蒙蒙亮，销售人员便在厂外等候，终于见到了总经理。经过一番艰苦的谈判，这家企业订购了一大批货。

行动指南

对那些上门推销的销售人员而言，门卫、秘书等接待人员往往是他们接触公司负责人的最大障碍。被拒绝后，销售人员千万别灰心，要想尽一切办法与他们搞好关系，由于他们对公司负责人的情况比较了解，一旦获得了接待人员的认可，就可以变障碍为桥梁，顺利达到目的。

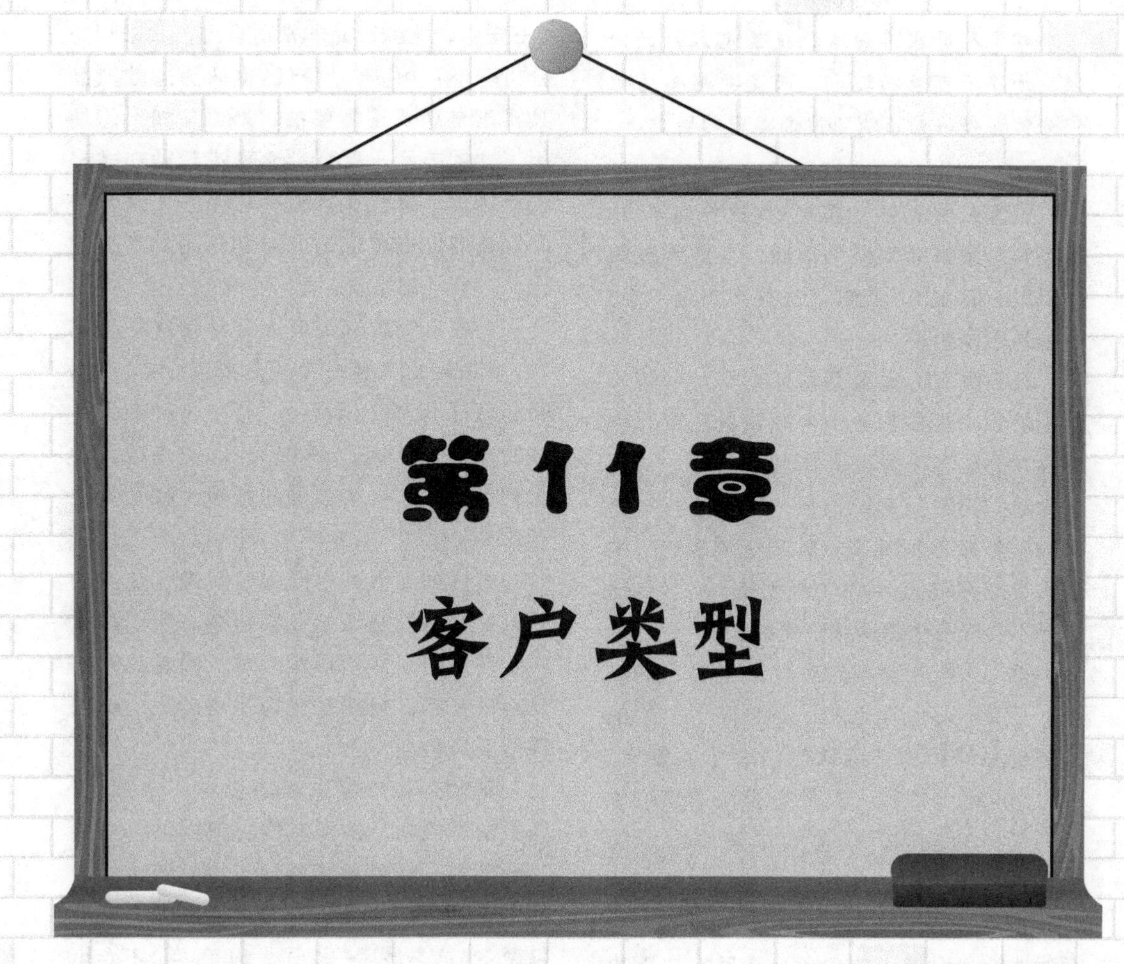
第11章
客户类型

第172天　犹豫型客户：营造紧迫氛围，让对方觉得不买很可惜

核心提示

销售人员在遇到这种犹豫型客户的时候，千万不可急功近利，而是要耐心为他们分析利弊得失，消除他们心中的疑虑。

理论指导

销售人员常常会遇到一些犹豫型客户。这类客户做事通常极为谨慎，考虑问题面面俱到，但在作决定时，往往拿不定主意，很容易患得患失。

几乎所有的犹豫型客户都会对销售人员提供的产品或服务抱着观望的态度，他们往往会从各个方面考虑利弊得失。这是因为他们的风险意识很强，所以才会对产品或服务显得很挑剔。对于这类客户，销售人员最好使出一些“杀手锏”，不然他们是不会轻易作出购买决定的。

销售人员在遇到这种犹豫型客户的时候，千万不可急功近利，而是要耐心为他们分析利弊得失，消除他们心中的疑虑。有可能的话，销售人员最好设法缩小可供他们选择的范围，让他们尽快作出购买决定。

在和这类客户谈判时，销售人员可以适时地扮演引导者的角色，帮助客户下决心，替客户作决定。需要提醒的是，销售人员只需要暗示一下就可以了，一定要让客户觉得这是他自己作出的决定。换言之，销售人员不能伤害了客户的自尊心。

比如，销售人员不妨这样说：“王先生，我以我公司18年积累起来的信誉担保，这款产品的质量是绝对没有问题的。您要是不信，我可以为您提供几个使用过这款产品的客户联系方式，您可以亲自问问他们再作决定。”或者这样来引导客户：“王先生，这款产品非常适合您，我来帮您分析一下：第一，您自己也认为这款产品其实正是您真正需要的；第二，如果您使用了这款产品，那么它能真正帮助您减轻工作压力，提高工作效率；第三，这款产品现在的价格在市场上与其他同类产品相比，一点儿都不贵。”

一些有经验的销售人员常常这样问客户：“请问您是要一个还是要两个？”“请问您是订10个还是订8个？”这种询问方法的本质其实是“诱供”，也就是说，给犹豫不决的人一个强烈的暗示，答案是二者选一。

对付犹豫型客户的方法就是在适当的时机，给他们制造点儿紧迫感。人们往往对于常见的东西不珍惜，对于稀有的东西就珍惜不已。何况是犹豫不决的人，他们害怕丢失机会。

犹豫型客户买东西需要有一个理由，为了销售成功，销售人员必须提供一个购买的理由。如果做不到这一点，那么客户就不会产生购买欲望。例如，销售人员可以说：“这是最后一个了，以后再也不会生产了，我是真心为您着想，您要是错过了这次机会，我也帮不了您。”这样就能产生很好的效果。因为犹豫型的客户通常最受不了这种紧迫感，如果他们果真有合作意向，那么就会与销售人员签订合同。

行动指南

遇到犹豫型客户时，销售人员要做好引导客户的角色，熟练使用二选一或多选一的暗示技巧，适时制造紧迫感。

第173天　豁达型客户：尊重对方看法，强调产品优势

核心提示

豁达型客户虽然脾气很好，也乐于接受新产品、新观念，但是他们总倾向于从商业角度出发，有时并不好轻易说服。

理论指导

豁达型客户通常都是心胸比较宽阔、遇事能看得开的人。相对而言，他们大都比较成熟、生活阅历丰富。

乍听起来，好像豁达型客户是所有销售人员都想与之交谈的人，其实不然，他们并不一定就会轻易购买产品。

豁达型客户虽然脾气很好，也乐于接受新产品、新观念，但是他们总倾向于从商业角度出发，有时并不好轻易说服。

大致说来，豁达型客户通常会有以下几种特征。

1. 态度友好，彬彬有礼。

2. 如果产品介绍得好，豁达型客户通常就会有兴趣。

3. 豁达型客户要么不说话，张口就直中要害。

4. 豁达型客户提出的异议大多很中肯，不会说一些不着边际的话。

在和豁达型客户交谈时，销售人员必须针对他们办事干练、细心、性格开朗的特点，围绕产品相关特点，客观地与他们进行交谈，并对他们保持始终如一的友好，这样他们就会和销售人员更加亲近。

行动指南

销售人员要了解豁达型客户的特征，在工作中有针对性地与他们交往。

第174天　自我型客户：自我型客户的识别技巧

核心提示

自我型客户通常对自己认定的目标很感兴趣，一般不会对销售人员所推荐的产品感兴趣。

理论指导

怎样识别自我型客户呢？下面这些技巧可供销售人员参考。

1. 他们会说出自己的需求

自我型客户会主动和销售人员谈论他们的一些情况，告诉销售人员他们自己的需求。

2. 他们会态度生硬地拒绝交流

刚开始的时候，如果自我型客户对销售人员印象不好，那么有可能会拒绝和销售人员谈话。即使销售人员追问拒绝的原因，他们的态度也会很生硬。

3. 他们不会认真地听产品介绍

自我型客户一般不会在乎销售人员说些什么，除非销售人员所说的和他们所想的一致。

4. 他们不会承诺购买产品

即使自我型客户想买产品，也不会爽快地向销售人员承诺一定会购买。如果他们购买产品，那么他们也要强调这个购买决定是自己作出的，而且必须是在他们开出的条件得到了满足的情况下。

行动指南

在销售过程中，销售人员要能轻易识别自我型客户。

第175天　自我型客户：说服自我型客户的技巧

核心提示

在和自我型客户沟通时，销售人员一定要处处站在客户的角度考虑问题，设法满足他们的要求。

理论指导

面对自我型客户时，他们在沟通中总是以自我为中心，销售人员要先肯定他们的观点以维护其自尊心，等到他们的自尊心得到了极大的满足之后，再使用以下几种技巧来激发他们对产品的好奇心与需求。

1. 利用对方的心理，提一些和对方需求相关的事

销售人员可以利用自我型客户独特的需求和渴望，向他们提一些和他们自身需求相关的问题。不过销售人员一定要做到心中有数，好好运用提问的技巧以强化他们的目标，从而达到销售目的。

2. 谈话要切题，别说无关紧要的话

销售人员必须清楚，在自我型客户面前，尽量别说那些和他们需求无关的话，也不要问一些无足轻重的问题，而要切题——只谈他们最关心的问题，只有这样才能和他们顺利沟通。

3. 多倾听，少插话

在自我型客户讲话时，销售人员尽量少插话，做一个有礼貌的倾听者可能是最好的选择。

4. 找准时机激发他们的需求

在倾听的过程中，销售人员要留心自我型客户言谈之外的想法，找准机会巧妙地激发他们的需求。当然，销售人员必须站在他们的角度考虑问题，否则，即使他们有这种需求，也不会在销售人员的“强迫”下购买产品。

自我型客户大都有着非常强烈的自尊心，因此，和他们进行沟通时，销售人员一定要处处站在他们的角度考虑问题，设法满足他们的自尊心。只要他们觉得受到了尊重，主动权一直在自己手中，销售人员再与他们谈其他问题，就会容易得多。

行动指南

销售人员要熟练掌握自我型客户的说服技巧，知道如何去说服他们购买产品。

第176天　专家型客户：适时夸奖，耐心做个好听众

核心提示

遇到专家型客户时，销售人员要做好充分的准备，耐心做个好听众。

理论指导

在销售过程中，销售人员常常会遇到一些知识非常渊博、经验非常丰富的客户，这种人被称为“购买专家”。这类客户对销售人员所销售的产品常常比销售人员还要熟悉。

在购买产品时，专家型客户常常会表

现出以下几个特点：（1）对销售人员所销售的产品或服务情况了如指掌；（2）因为对销售人员所介绍的产品或服务太过熟悉，常常在听介绍时显得心不在焉；（3）不提问题则已，一提问题就会让销售人员手忙脚乱；（4）在沟通过程中，经常会打断销售人员的话；（5）会突然要求停止交谈，让销售人员摸不着头脑。

遇到专家型客户，很多销售人员会感到压力非常大。其实，这对销售人员来说是一个非常好的锻炼和学习机会。如果销售人员判断专家型客户是合格的潜在客户的话，那么应尽可能向他们多提一些问题，可以让他们多谈谈自己所擅长的专业，而销售人员这时只需要做个耐心的听众就可以了。也许过不了多久，销售人员就会发现自己已经与他们建立了比较融洽的关系。

要想给这些无所不知的专家型客户留下深刻的印象，销售人员还可以试试以下几种方法：（1）给专家型客户制造有关产品的悬念，吊其胃口，引发他们的好奇心；（2）在倾听专家型客户说话的时候，销售人员不妨留意他们所说的话，从中捕捉与自己想法一致的地方，这样就可以更好地应付他们了；（3）不失时机地赞美专家型客户，例如，销售人员可以说“您是这方面的专家，我要多向您学习”，这样就能获得他们的好感。

行动指南

销售人员要了解专家型客户的性格特点，熟练掌握与他们沟通的要诀。

第177天　不满型客户：忍受牢骚，化解对方的不满

核心提示

面对不满型客户时，销售人员一定要学会忍受他们的抱怨和指责。

理论指导

很多人总是显得难以满足，他们看什么烦什么，见什么怨什么。这种时刻都在抱怨、对什么都不满的人就是不满型客户。不满型客户总是有各种牢骚可发。他们不是在抱怨产品、服务、公司，就是在抱怨其他事情。

不满型客户通常脾气很大，好胜心很强，对别人总是不屑一顾。销售人员要想成功说服这种类型的客户，就要先接受他们的指责，尽量避免和他们进行口舌之争，而且还要避免使用过于鲜明的形容词修饰自己的产品，同时减少发问频率——因为发问意味着向客户争夺说话的主动权。如果销售人员想使用赞美缓和气氛，那么一定要做得不留痕迹。最重要的是，销售人员一直保持诚恳的语气与他们说话。

有时，不满型客户之所以会有如此表现，主要原因是他们不愿意在电话里与人谈事，销售人员应该设法创造各种见面的机会，面对面尝试和他们进行沟通。

总而言之，在销售过程中，对于这种不满型客户，无论他们是什么态度，销售人员最好先接受他们的抱怨与指责，这样会有助于直接淡化他们的不满情绪，然后再进一步肯定他们的抱怨是有价值的，从而获得他们的信赖。

行动指南

遇到不满型客户时，销售人员不能与之冲撞，而是要学会接受他们的不满，然后再适时开展销售工作。

第178天　啰嗦型客户：控制谈话时间的技巧

核心提示

当客户表示对销售人员的概括很满意时，销售人员一定要及时结束谈话，千万不要给客户留下空白时间，否则客户就又会重起话题说个没完。

理论指导

如何应对啰嗦型客户呢？下面这些方法可以供销售人员参考。

1. 向客户提出一些问题

销售人员可以问一些让客户集中思路的问题，例如，销售人员可以这样说："张阿姨，难道您不这么认为吗？"或"梁女士，难道不是这样的吗？"

2. 确定谈话主题

无论是啰嗦型客户给销售人员打电话，还是销售人员给他们打电话，在刚开始的时候，销售人员都应该事先确定谈话的主题，防止偏离谈话主题没完没了地说个不停。销售人员不妨这样说："张小姐，关于您的账户状况，我想提两个方面的问题……"

3. 巧妙运用PRC方法来谈判

使用PRC方法可以有效地控制谈话的时间。PRC方法有三个简单的步骤，即复述（Paraphrase）、思考（Reflect）、结束（Close）。

（1）复述。当客户说个不停时，销售人员就要打断客户的话，可以这样说："陆先生，我需要确定一下我是否明白您的意思……"接着，销售人员可以把客户所说过的关键话语再说一遍。这样既能确保双方都清楚谈话要点，又能让客户知道销售人员听明白了自己所说的话，从而感到放心。

（2）思考。将客户的话进行概括后，销售人员还要留一点儿时间让客户说话或思考。其实，销售人员是用这点儿时间让客户表示相同意见或不同意见，让客户补充自己可能漏掉的重要内容。

（3）结束。当客户表示对销售人员的概括很满意时，销售人员一定要及时结束谈话，千万不要给客户留下空白时间，否则客户就又会重起话题说个没完。当然，说再见之前，销售人员有必要感谢一下客户，或者表明对谈话的结果很满意，之后再挂断电话。

行动指南

销售人员要熟练掌握本节提到的这些技巧。

第179天　果断型客户：巧妙引导，让对方变被动为主动

核心提示

对待行事果断的客户，销售人员要善于运用引导法进行说服。

理论指导

大部分的果断型客户都有一个明显的特点，他们对所有的事情都表现得非常有信心，对于任何事情都愿意亲力亲为，不喜欢别人干涉。但是，如果他们信服了某件事，那么就会表现得非常积极。

在销售过程中，如果销售人员遇到了这种行事果断的客户，那么要善于利用引导法进行说服，接下来的事情才好办。例如，销

售人员可以先找出这种客户的弱点所在，然后再逐步引导对方转移到产品销售上来。

下面来看一个案例。

约翰是一位资深的保险推销员。有一天，他打电话给一位客户，这位客户是一位老人，以前当过兵，是个退役军人。他具备军人特有的个性，做事雷厉风行、说一不二、刚正不阿。

约翰稍加寒暄后就直接切入主题：“先生，保险是一种必需品，每个人都不可以缺少，请问您投保了吗？”

客户听后，斩钉截铁地回答：“买保险是年轻人的事，我现在老了，又没有子女，根本用不着买保险。”

约翰说：“先生，我认为您的这种观念有偏差，正是因为您没有子女，我才热心地劝您买保险，这样您的老年生活才会有保障啊。”

客户回答：“我才不相信你的话呢，要是你能说出让我信服的理由，我就买。”

约翰说：“我们都知道，如果有儿女的话，即使丈夫去世，儿女还能安慰伤心的母亲，并且承担赡养母亲的责任。对于一位没有儿女的妇人，一旦丈夫过世，留给她的恐怕就只会是不安和忧虑。您刚刚说自己没有子女所以不用投保，可是，如果……我是说如果您哪天万一遭遇不幸……请问您的夫人该怎么办？据我所知，您是非常关爱夫人的……”

接着，约翰用平静的口吻委婉地说：“到那个时候，您的夫人就只好依靠政府的抚恤金生活了。但是，光靠抚恤金行吗？一旦搬出公家的宿舍，无论另购新屋还是租房子都得花一大笔钱，以您的身份，您总不能让夫人住在污水横流的陋巷里吧。我认为最起码您应该为她准备一笔买房子的钱。以上是我好心劝您投保的理由，不知您意下如何？”

在满怀热忱地将最后一段话说完以后，约翰便不再言语。

客户默不作声，静静地思考。过了一会儿，他毫不犹豫地说：“你说得太有道理了，我今天就投保。”

就这样，约翰用引导的方法，顺利地说服了这位果断型客户。

行动指南

销售人员要了解果断型客户的说话办事特点，学会使用逐渐引导的方法，让客户主动购买产品。

第 180 天 左脑型客户：只有多肯定对方的观点，才能赢得对方的好感

核心提示

对左脑型客户来说，即使是一个小小的优点，如果能得到销售人员的肯定，那么他们都会感到非常高兴，同时还会对销售人员产生一定的好感。

理论指导

通常来说，左脑型客户大都偏重于理性思考，他们有很强的好奇心，喜好收集各个方面的信息，提出的问题也会比其他类型的客户多。

左脑型客户最爱说的话就是“怎么样”“它的原理是什么”“怎样维修”“送货方式是怎样的”等。甚至在很多时候，他们还会这样问“你多大了”“你的客户

都是些什么人”“你做这行多久了”等。

左脑型客户的典型特点就是逻辑性非常强，好奇心很重，对任何事情都喜欢刨根问底，而且愿意对各种事情发表自己的看法。经验丰富的销售人员通常都会利用客户的这些特点，在销售过程中多同意他们的观点，从而尽早促成交易。

在和左脑型客户谈话时，销售人员应留意，即使是客户的一个小小的优点，如果能得到销售人员的肯定，那么他们都会感到非常高兴，同时还会对销售人员产生一定的好感。

因此，销售人员在和左脑型客户谈话时，一定要用心去寻找和发现客户的价值，并加以肯定与赞美，这是获得客户好感的秘诀。

例如，在沟通过程中，如果客户说："我们现在确实很忙。"那么销售人员就可以这样答复："像您这样处在领导高位的人，肯定会非常辛苦。"

和左脑型客户打交道，销售人员应经常使用一些表示肯定的词语，如"是的""不错""我赞同""很好""非常好""很对"等。

需要提醒的是，在和左脑型客户沟通时，切忌用"真的吗""是吗"这些表示怀疑的词语。因为左脑型客户通常很敏感，如果销售人员这样说，那么他们就会觉得你不尊重他们，或者不相信他们的话。

行动指南

销售人员要了解左脑型客户的特点，熟练掌握与这类客户的沟通方法，并将其灵活地运用到自己的销售工作中。

第181天　右脑型客户：趁热打铁，不给对方拖延的机会

核心提示

右脑型客户的特点就是情绪化，即使是早先答应好的事，也可能过不了多久就会变卦。

理论指导

在销售过程中，相信很多销售人员都会碰上右脑型客户。这类客户的特点就是情绪化，即使是早先答应好的事，也可能过不了多久就会变卦。

销售人员遇到这类客户时应当如何应对呢？下面来看一个案例。

销售人员："何经理，您好！我是新华公司的董军，上次我们谈关于安装机器的事，我今天就派安装人员过去，您安排一下时间好吗？"

客户："哦，这个事呀，以前我说的是今天吗？小董，我今天特别忙。你过两天再打电话来，我们再确定时间吧。"

销售人员："何经理，这事我们都已经定过两次了，您对这个机器也很满意，据说天气又要变冷了，尽快安上也可以避免很多麻烦，您说是吗？"

客户："是，那是……"

销售人员："何经理，您上午开会从几点到几点？"

客户："我估计得从10点半到11点半吧。"

销售人员："那我就派人下午去，您下午还有别的安排吗？"

客户："下午也不好说，下午我还得和一个客户见面。"

销售人员："何经理，要不这样吧，我

们的人现在就过去。我们花 20 分钟的时间，您安排一下，接下来的工作，我们就和其他人具体交涉了，您仍旧去见客户，您觉得如何?”

客户：“好吧，你派人过来吧。”

从这段对话中，我们能够得知何经理在上一次电话里答应得非常爽快，但等到董军说要派人去安装的时候，他又很快改变了主意。董军看何经理又在与自己周旋，于是马上强调天冷，如果不赶紧安装，以后就会变得很麻烦。何经理只好说“是，那是……”从而为自己争取时间考虑如何再次脱身。为了让何经理尽快决定，董军打算从何经理的时间安排里找到机会。很显然，如果再约一个时间的话，问题同样无法得到解决。因此，董军紧追不舍，不给何经理任何出尔反尔的机会，让其尽快作决定，并最终如愿。

销售人员在对待右脑型客户时，就应该像董军那样，不给客户任何拖延的机会。一旦找到成交机会，销售人员就要趁热打铁、紧追不舍；否则，即使看上去成功在望，其实也是遥遥无期，甚至最后只得被迫放弃。

此外，有的右脑型客户接到销售人员的电话后，并不准备倾听或与其对话，甚至会恶言攻击。在遇到客户的恶语攻击时，销售人员一定要保持平和的心态，千万不能恶语相向，对客户不敬。

行动指南

销售人员要了解右脑型客户的特点，熟练掌握与这类客户沟通的方法，并将其灵活地运用到自己的销售工作中。

第12章

目标计划

第182天　目标不明确，难以有突破

核心提示

销售人员没有目标，就像是手持良箭，却不知道该射向哪里。

理论指导

下面来看一个案例。

刘皓是一位刚进入保险行业的销售人员，虽然他对工作投入了相当多的精力，但是业绩一点儿起色也没有，这让他非常失望。于是，他向一位业界的老前辈诉说自己的苦恼。

老前辈问他：“下个月你打算拜访多少客户？计划成交多少笔业务？”

刘皓回答：“我没想过这个问题，我觉得只要我不停地拜访，肯定会有所收获。”

老前辈又问：“你的客户定位是低端还是高端？”

刘皓回答：“我没有定位，只要是客户，我都想方设法去拜访。”

老前辈说：“小伙子，这样是很难成功的。没有明确的目标怎么能产生前进的动力呢？盲动只会让你徒劳无功。”

如果销售人员都像刘皓一样做事没有目标，那么是不会有收获的。成功的销售人员永远都有十分明确的目标，他们会将设定目标看做是成功销售的第一步，并以此来指导自己的行动。

曾获日本保险推销冠军的原一平曾说：“就我个人而言，每年都要设定自己的目标，并为达到此目标和突破此目标而不断地努力奋斗。”

销售人员必须要有明确的目标，并将目标牢牢记在心中，常常不断地提醒自己目标是什么，这样才会更清楚自己该如何做。

行动指南

1. 确定目标并努力去完成它。
2. 业绩超过目标时，销售人员应制定更高的目标。

第183天　为自己设定一个切实可行的目标

核心提示

目标的设定必须具有可行性，否则只能像空中楼阁一样可望而不可即。

理论指导

下面来看一个故事。

法国巴黎的一条商业街住着三位裁缝。有一次，他们三个人聚在一起谈论自己的理想，想比一比谁最优秀。第一位说，他要成为这条商业街上最好的裁缝；第二位说，他要成为法国最优秀的裁缝；第三位说，他要成为世界上最优秀的裁缝。

我们看到，第一位裁缝的理想最现实，也最容易实现；第二位裁缝的理想难度就大大提高了；而第三位裁缝的理想几乎难以实现。

如果我们从另一个角度来看这个故事就会发现，他们三个人只是设定目标的方法不同。其实，每一个目标的设定都应该遵循SMART原则：S——具体性（Specific）、M——可衡量性（Measurable）、A——可实现性（Attainable）、R——现实性（Realistic）、T——限时性（Time bound）。

销售人员为自己设定目标时必须遵循

下面这五个原则。

首先，目标必须具体，并具有可衡量性。销售人员在设定与客户建立关系的目标时，只写“与客户建立好关系”这一句话是远远不够的。应该与多少位客户建立好关系？这些客户中有多少是老客户，多少是新客户？怎样才算是处理好了关系呢？很明显，没有明确衡量标准的目标是不具有实际指导意义的。

其次，目标必须是通过努力就能够实现的。实现目标会让人有成就感，从而不断产生前进的动力。在设定目标之前，销售人员必须客观地对自己的现状以及种种相关因素进行衡量，为自己量身定制一个目标。

再次，设定的目标应该和现实的销售工作紧密结合。这就要求销售人员在设定目标的时候应对现实情况进行仔细分析，并把那些直接影响销售结果的、急需改进的因素设为首要目标。

最后，设定目标时必须同时设定目标实现的时间。这一点很容易被理解，但也很容易被忽视，而这种疏忽往往导致很多目标最终无法实现。

行动指南

销售人员要结合实际情况，参考本节提示的目标设定原则，给自己设定极具可操作性的目标。

第184天 销售人员的四个目标

核心提示

设定多个目标可以使销售人员增加自信心，在完成这些目标时，会产生巨大的成就感。

理论指导

通常而言，销售人员设定的目标主要包括：销售目标、获取信息、开发客户、提高铺货率。而销售目标是处于核心地位的，其他几个目标则是为销售目标提供有力支撑的。

1. 销售目标

销售目标是销售人员自行设定的在一定时间内要完成的销售额（即销售人员已收回货款的实际金额），也是销售人员需要完成的最基本目标。

2. 获取信息

一些优秀的销售人员都把获得有用信息作为他们访问客户的主要目标。在拜访时，即使没有与客户成交，但知道了该客户的公司情况、兴趣爱好以及疑虑等，也是十分有价值的。

3. 开发客户

要想提高销售业绩，销售人员必须增加客户的拜访量。许多公司对销售人员开发新客户都有不同的规定，例如，有的公司规定销售人员把70%的时间用于维持和老客户的关系，剩下30%的时间用于开发新客户。

4. 提高铺货率

即使再好的产品，如果不能让客户看到也是卖不出去的。因此，提高铺货率也是销售人员要完成的目标之一。

总而言之，设定多个目标可以帮助销售人员降低对失败的恐惧感。

行动指南

销售人员要深刻认识到这几个销售目标的设定目的，并以此为依据设定自己的目标。

第185天　事前有计划，行事才会有章法

核心提示

制订计划后销售人员要坚持下去，不管遇到任何困难都不能改变，只有这样才能提高销售业绩。

理论指导

制订销售计划必须注意以下几点。

1. 根据实际情况制订计划

因为销售对象不同，每一个人的职业、个性、知识水平、能力也不尽相同，所以销售人员必须根据实际情况制订销售计划。销售人员只有按照计划来开展销售工作，才能取得良好的销售成绩。

2. 制订销售计划一定要详细

销售计划既要有年计划，也要有月计划、周计划和日计划。

年计划实际上是年度销售目标的体现，这个计划是否切实可行首先要看年度销售目标制定得是否合理。

月计划应包括业绩增长量和组织规模增长量，销售人员还需要注意设置相应的新增客户量和客户流失量。一般来说，销售人员要依据每个月的预定收入目标额度来决定每个月拜访客户的数量。

周计划的制订实际上是月计划的分解，周计划的制订决定了月计划的完成情况。

每天的销售活动要有计划是很多销售高手总结出来的秘诀。每日销售计划既可以在清晨制订，也可以在前一天晚上制订。总之，销售人员要将每一天的时间、各种资源进行合理分配。

3. 严格执行销售计划

销售人员应列出一张计划表，然后严格地按照计划去执行。

行动指南

销售人员要根据实际情况，为自己制订一个切实可行的销售计划，并严格执行。

第186天　细化目标更易实现目标

核心提示

目标大不用怕，关键是要有方法，只有这样工作起来才会有效率。

理论指导

有人向销售大师多尔弗请教如何成为汽车行业最顶尖的销售人员。

多尔弗回答："很简单，因为我会给自己定下远大的目标，并有切实可行的实施方案。"

那人又问："是什么方案呢?"

多尔弗回答："我会把年度计划和目标细分到每一周与每一天。比如，今年定的目标是3 840万美元，我会将它平均分配到12个月里，这样每个月我只需要完成320万美元就行了。然后，我再将320万美元分配到每个星期，这样每个星期我只需要完成80万美元就可以了。"

那人又问："80万美元还是太多，该怎么办?"

多尔弗回答："我会将80万美元再细分下去，把它分成7等份，分配到一周之内的每一天里，这样我每天只需完成不到12万美元的目标就可以了。目标要定得够大才足以令我兴奋，接着再把目标细分，这样就会切实可行。"

那人又问："您每天在销售计划上大

概要用多少时间呢?”

多尔弗回答:“我每星期要花半天的时间用来制订销售计划,每天要花一个多小时的时间来做准备工作,在没有做好计划和准备工作之前,我是不会出门拜访客户和做销售业务的。你不要以为这是浪费时间,我正是因为有了完善的计划与准备,才能一直保持较高的销售业绩。”

当销售人员为销售业绩或其他难题一筹莫展时,为什么不能像多尔弗那样先制订好计划后再逐步细化将其实现呢?

行动指南

1. 销售人员要养成做事之前先制订计划的好习惯。

2. 销售人员要学会将大目标细化为小目标,然后将一个个小目标分配到每一周或每一天。

第 187 天　只有做好计划,才能事半功倍

核心提示

销售人员要是能制订一个合理的工作计划并付诸实施,就会早一步获得成功。

理论指导

对销售人员来说,要想尽快与客户成交,就应做许多与销售相关的工作,而且只有妥善地完成这些工作,才能有效促进成交。销售人员要制订一个详细可行的销售计划,不然就会陷入没有头绪的盲目状态中,不仅身心疲惫,而且毫无效率可言。

下面来看一个案例。

唐辉从事销售工作已经有两年了,虽然工作非常努力,但是业绩并不理想。他总觉得自己特别忙,总是有做不完的工作。他的工作总是很随机,比如突然想起要去拜访一位重要客户,便急忙给那位客户打电话预约时间。他从来不会提前做好准备工作,因此经常忙得焦头烂额,而业绩却没有多大提高。

唐辉的这种状况是由于工作没有计划而导致的。工作没有计划就会大大降低工作效率,劳而无功,当然不会有好业绩。

销售人员只有制订一个细化到每一天的工作计划,才能合理安排每一天的工作,从而提高工作效率。

行动指南

1. 销售人员制订的计划要切实、详细,而且要符合自身的能力和条件。

2. 销售人员必须严格执行销售计划,并按销售计划督促自己行动。

第 188 天　立即行动,说一尺不如行一寸

核心提示

如果销售人员只说不做,那么永远都不可能获得成功。

理论指导

销售人员必须牢记:今日事今日毕。只有遇事不拖延,马上着手去做,才能创造辉煌的销售业绩。

下面来看一个案例。

安德森是一位保险推销员,他最喜欢的生活就是带着钓竿和猎枪去森林度假。可

是，由于工作所累，他根本没有时间去享受这种生活。有一天，安德森突发奇想：如果这片森林里也有人需要保险，那么我就可以在工作的同时度假了。经过一番调查，他发现，居住在附近的猎人、淘金者和铁路工人正好可以成为自己的销售对象。

这个发现让安德森非常兴奋，于是他准备向这些人推销保险。第一天早上，安德森本打算出发去拜访这些人，可是钓鱼和打猎的诱惑让他犹豫不决。安德森心想：反正现在去找他们这么方便，而且时间也非常充足，我还是明天再去吧。于是，他便去钓鱼了。第二天早上，安德森仍旧这么想，于是又去打猎了。几个月过去了，安德森仍旧没有卖出一份保险。

行动指南

销售人员要学会有效管理和利用时间，按计划做事。

第189天　把24个小时当成25个小时用

核心提示

时间的长短取决于使用时间的效率。

理论指导

在相同的时间里，有的人做的事多，有的人做的事少，这样时间就有了长短的区别。一天只有24个小时，但是有人能把24个小时当成25个小时用。

下面来看一个案例。

大卫是一家大型企业的销售经理，他是一个善于利用时间的人。大卫每天早上5点钟起床，先做10分钟早操，然后吃早餐，接着开车去上班。开车时，大卫听的不是流行歌曲，而是有关销售和管理的录音，有时也会听名人演讲的录音。7点半到达办公室后，大卫又利用7点半到8点这段时间阅读报纸，然后准备一天上班所需要的工作资料。

中午吃完饭后，大卫会午睡30分钟，这样可以提高下午的工作效率。下午上班时，大卫会把第二天的工作内容安排出来。大卫从来不会把开会的时间放在8小时工作之内，他会利用中午休息或下班后的时间开会，而且开会的时间很短，一般不超过1个小时。有重大议题时，他还会提前通知各部门经理回家考虑。

大卫晚上7点钟左右到家。吃过晚饭后，他会看看当天的新闻，和太太、小孩聊一聊当天发生的新鲜事，接着进书房看书。11点钟，大卫准时上床睡觉，临睡前，他做的最后一件事就是为明天做计划。他做计划有一个特点，一般人需要30分钟完成的工作，他只给自己15分钟。

这样一来，大卫一天所做的事情总比别人多一点儿。事实上，他没有什么法宝，只不过把24个小时当成25个小时来用，不让时间白白流走罢了。因此，要想成为出色的销售人员，就必须充分利用好每一分钟，提高做事的效率。

行动指南

1. 销售人员要多一些“少”：少发一会儿呆，少看一会儿电视剧，少聊一会儿八卦，少打一个无聊的电话等。

2. 销售人员要编写一份24小时作息表，严格按照作息表工作。

3. 销售人员要把多出来的零碎时间集中到一起，组成一个完整的时间段，并利用这段时间来做其他事情。

4. 在等人、等车时，销售人员可以利

用这段时间给客户打电话，或者读报、看书、听听新闻等。

5. 如果有些事情不必自己亲自去办，那么就请人帮忙处理。

第190天 合理安排时间，提高个人业绩

核心提示

销售人员是与时间赛跑的人，有效利用时间是提高业绩的关键。

理论指导

“时间就是金钱，时间就是效益”是一个老生常谈的话题。对优秀的销售人员来说，他们之所以能取得比别人更好的业绩，原因就在于他们能够把握住每一分钟的时间，快速高效地完成每一件事，他们都是掌控时间的高手，他们知道只有有效地利用时间，才能取得更好的销售业绩。但是在现实中，很多销售人员并没有认识到这一点，他们只知道埋头苦干，也不懂得合理安排时间，从而白白浪费了许多宝贵的时间。

怎样才能有效地利用时间呢？

1. 预先做好一天的工作计划

销售人员不妨在临睡前或起床时养成这样一个习惯：花费几分钟的时间，对一天的工作做一个完整的计划。通过利用好这几分钟的时间，让自己在投入新一天的工作之前充满信心与活力。

2. 合理安排拜访路线

销售人员要熟悉自己销售区域的地理情况并精心安排拜访路线，从而节省很多时间和精力。

3. 避免无效拜访

有些销售新手常常会有这样的经历：没有和客户在电话中再次确认一下会面时间，就直接去拜访客户了；等到了客户的公司时，却发现客户临时有事外出或正在开会，因此白跑一趟，浪费了大量的时间。对于这种无效的拜访，销售人员应该坚决杜绝。

4. 适应长时间工作

销售的成败取决于是否能忍受长时间的工作。许多优秀的销售人员都有一个共同点——拼命地工作。他们有坚持不懈的精神和充沛的体力，而良好的业绩通常就是在这种“拼命三郎”式的工作中产生的。

5. 善于利用零碎时间

销售人员要重视等车、等电梯、搭飞机甚至上厕所的时间，如果能善用这些零碎时间，那么积累起来的时间所产生的作用也是十分巨大的。

行动指南

付出终有回报，销售人员要做一个与时间赛跑的人，高效地工作。

第191天 不可不知的两种销售计划

核心提示

完善的销售计划分为两种：制订销售计划和为客户提供参考的计划。

理论指导

1. 制订销售计划

一般来说，制订销售计划应包括三个步骤：（1）设定目标，确立销售观念。销

售人员要把总目标分解细化，让其成为指导自己工作的方针与努力的方向。（2）进行预测。如果销售人员忽略了对客观环境的分析预测，那么制订销售计划就会变成空中造楼。（3）设想销售计划。销售计划是销售人员根据自己的主观意向和所处的客观环境制订的。

2. 为客户提供参考的计划

这种计划所产生的作用非常大，如果制订得相当完善，那么销售也就成功了一半。

在制订销售计划的时候，销售人员通常要考虑两件事：一是总结销售工作中的共同点；二是由于销售对象不同，可能会出现不同的情况。

销售人员可以把自己设想成客户，做到因人而异、对症下药。如果销售人员的客户是某家企业，那么就要以企业的产品手册为参考，按照该企业的规模来制订销售计划。客户认可销售计划后，销售人员可以从该企业具体负责此项工作的员工的角度来考虑，制订一份供其在企业内部讨论时使用的会议草案或提案。怎样才能编写出合情合理并得到客户认可的销售计划呢？这需要销售人员有一定的创新能力。

行动指南

1. 销售人员要了解这两种计划，意识到制订计划是实现远大发展目标的前提。

2. 在日常工作中，销售人员要做到长计划、细步骤、精安排。

第 13 章

需求挖掘

第192天　销售是对客户需求的再创造

核心提示

从某种意义上讲，销售就是对客户需求的再创造。

理论指导

常常有这样一些销售人员，他们很少主动出击，也从不去挖掘客户的需求，只等着客户找上门来。在他们看来，如果客户真有需求的话，根本用不着自己过多介绍；如果客户没有需求时，那么就算自己费尽心思也难以说服他们。这样的销售人员早已在脑海里固定了自己的思维方式，他们很难再有所突破，更不可能创造出一流的业绩。

如果“需求”永远超过“供给”，那么销售人员就变成单纯的订单收集人了，只需坐等客户上门就行了，无需什么高超的销售技巧。有经验的销售人员不会把一次成交当成销售的终结，而是把它当成下一次销售的开始。

行动指南

1. 销售人员要经常进行市场调查，分析客户的需求，从而及时调整自己的销售思路。

2. 销售人员要从以前的“拼价格”转向做客户信赖的顾问，帮助客户分析问题、解决问题，从而获得超值的回报。

第193天　客户需求的三种类型

核心提示

销售人员要善于挖掘客户的需求，并对他们的需求进行适时引导和激发。

理论指导

客户的需求大致可以概括为如下几种类型。

1. 显性需求

当一个人有了明确的目标时，他便会自发地采取行动，这就是显性需求，即客户已经在心中对自己需要的产品有了明确的概念。客户的显性需求代表了他们强烈的购买欲望。

识别客户的显性需求十分容易，销售人员只要了解了客户的购买动机和目的，就能迅速发现他们的购买需求。客户的购买动机通常包括安全实用、方便省事、自我保护等。

2. 隐性需求

与显性需求相对的是隐性需求，这种需求一般表现为不满意、焦虑或抱怨。事实上，大部分初次购买产品的客户都无法确定自己真正的需求是什么。

销售人员在碰到这种客户时，关键就是帮助他们将隐性需求转变为显性需求。然而，准确地挖掘客户的隐性需求并使其得到满足通常是很困难的，它要求销售人员在善于观察的同时还要有足够的细心和耐心。

3. 未知需求

所谓未知需求，就是还没有被目标客户认可的需求。在未接受销售人员的产品之前，客户对自己目前的状况十分满意，他们没有一丝抱怨或不满，他们认为自己并不需要产品，也没有必要作出任何改变。

挖掘潜在的市场与客户的未知需求不

但需要智慧，而且需要具备独特的眼光。从未知需求到显性需求，客户的期望和现状之间存在着差距，也就是说客户的不满是他们产生需求的原动力，而销售的实质就是帮助他们解决不满。

行动指南

在销售过程中，销售人员要把产品特点与客户需求紧密地结合起来，努力满足客户的各种需求。

第194天　挖掘客户需求的四个原则

核心提示

在挖掘客户需求时，销售人员要遵循四个原则：尊重客户、对症下药、对待客户要厚道、抓住客户的购买心理。忽视了这四个原则中的任何一个，都有可能导致销售失败。

理论指导

挖掘客户需求有如下几个原则。

1. 尊重客户

挖掘客户需求的第一个原则就是一定要尊重客户。客户如同销售人员甚至企业的衣食父母，只有尊重客户，在客户感觉良好时，他们才可能购买产品。如果客户发现销售人员对他们不尊重，那么就不会购买产品。

因此，在挖掘客户需求时，销售人员一定不能说让客户反感的话，尽可能避免说出客户的缺点或弱点。即使需要表明，销售人员也要通过委婉的方式点到即可。

2. 对症下药

在挖掘客户需求时，销售人员一定要遵循对症下药的原则。因为盲目地挖掘客户需求，无异于将最新鲜的鱼给牛吃，把最嫩的草给猫吃。销售人员只有找出客户的利益点和关心点，了解客户在想什么，才能真正发现客户的需求。

3. 对待客户要厚道

做人最重要的品质是诚实，做销售更是如此。有位业绩卓越的销售人员曾说过这样一句话：“精明加厚道等于最精明，精明加欺骗等于最愚蠢。”所有的销售人员都应该牢记这句话。

4. 抓住客户的购买心理

抓住客户的购买心理、找到客户的需求点是成交的重要条件。要想取得良好的业绩，销售人员就必须准确地抓住客户的购买心理，把客户真正的需求挖掘出来。之后，销售人员还要把客户潜在的需求尽快转化为外在的需求。

行动指南

销售人员要掌握挖掘客户需求的基本原则，并以此来指导自己的销售工作。

第195天　激发客户潜在需求的特殊技巧

核心提示

销售的关键就在于进一步挖掘客户的隐性需求，并将这种隐性需求转变为显性需求，最终使客户需求得到满足。

理论指导

很多时候，客户的需求都不是很明显。

这些需求要么被销售人员忽略，要么因为种种原因，被客户刻意回避或隐藏。挖掘客户潜在需求的方法有以下几种。

1. 危机提醒

在销售产品的时候，销售人员可以通过危机提醒来激发客户的潜在需求。危机提醒就是要告诉客户如果没有购买产品，那么将会发生哪些严重的后果，或者失去哪些利益，从而引导客户购买产品或服务。

2. 展望前景

让客户想象购买产品后获得的利益和喜悦是唤醒客户潜在需求的重要技巧之一。通过展望前景，客户不仅不会有丝毫购买的心理压力，而且会获得一种愉悦的享受。

3. 先尝后买

这是一种先让客户免费体验产品，然后再与其洽谈购买意向的技巧。先尝后买能够有效地激发客户的潜在需求。但先尝后买只适用于特定产品的销售，而且使用这个技巧常常要受到产品成本的限制，销售人员和企业会承担很大的风险。

4. 循循善诱

使用循循善诱的技巧可以帮助销售人员把小订单变成大订单。它的秘诀在于：通过启发、询问、对比等方法，引导客户放大潜在需求，从潜在需求转变为显性需求。

行动指南

根据客户的具体情况，销售人员要灵活使用上述几种特殊技巧，充分激发客户的购买欲望。

第196天　挖掘客户的真正需求

核心提示

准确地挖掘客户的真正需求是销售制胜的关键因素之一。

理论指导

有一些销售人员，他们有明确的业绩目标，每天用大量的时间学习产品知识和销售技巧。然而，他们如此努力地付出却始终得不到客户的认同。其实，客户不认同他们的原因很简单，他们根本不了解客户的真正需求，在客户面前总是讲一些千篇一律的话。而优秀的销售人员总是能顺应形势，面对不同的客户采取不同的销售方式，针对客户的需求，为他们提供合适的产品或服务。

对销售人员来说，最重要的工作就是挖掘客户的真正需求。找到客户的真正需求后，销售人员应及时调整自己的销售方式和产品介绍流程，让客户明确感受到这种产品完全符合自己的购买需求。

如果销售人员不了解客户的真正需求，只是抱着碰运气的心态，那么只会处处碰壁。

行动指南

向客户销售产品之前，销售人员一定要先掌握客户的实际情况，然后再挖掘客户的真正需求。

第197天 提问在销售中的八个作用

核心提示

提问在销售中所起的作用是十分巨大的。

理论指导

提问在销售中的作用主要表现在以下几个方面。

1. 利用提问引起客户的注意

很多销售人员一见到客户，就直接向客户推销产品，结果往往还没把产品介绍完就被客户“逐”出门外了。为了避免这种情况的发生，销售人员可以利用提问的方式介绍产品，吸引客户的注意，引起客户交流的兴趣后，再转入销售主题。

2. 利用提问巧妙地获得自己需要的信息

有时，销售人员直接询问客户是否需要某种产品，一般不会得到自己想要的答案。销售人员可以采用旁敲侧击的提问方式，比如“对于这一点，您怎么看呢?”或“您为什么要这样说呢?”，多问几个“为什么”，然后根据客户的回答，获取自己需要的信息。

3. 利用提问巧妙地向客户介绍产品

得到客户的相关信息后，销售人员一般不要直截了当地向客户介绍产品，可以利用提问的方式引导客户主动咨询产品。

4. 利用提问巧妙地引发客户思考

通过提问的方式，销售人员可以引发客户思考自己的需求到底是什么。

5. 利用提问巧妙地赢得“进攻”时间

在客户思考的过程中，销售人员可以通过察言观色，从细微处捕捉客户的心理变化，及时制定新的销售策略，为下一次销售赢得宝贵时间。

6. 利用提问巧妙地探测客户的态度

当销售人员非常耐心地向客户做完产品介绍后，肯定很迫切地想知道客户听懂了多少或他们到底买不买？普通的销售人员通常都会在滔滔不绝地介绍完产品之后，以自己的产品是多么的好做结尾，然后便没了下文。这个时候客户通常会说“好，我知道了，改天再谈吧”或“我考虑考虑再说”等。如果销售人员在介绍完产品后，紧接着问一句“您觉得产品怎么样”或“您还需要了解更详细些吗”，那么效果就会好很多，客户至少不会冷冰冰地拒绝，因为提问给了客户阐述想法的机会。

7. 利用提问巧妙地掌控沟通进程

沟通进程决定了销售的方向。如果销售人员善于提问，那么从一开始就能有效掌控沟通进程，使整个销售过程符合自己预想的状态。

8. 利用提问巧妙地处理异议

提问是处理异议的最好方式。一般来说，异议的产生有两个原因：一是客户出于好奇；二是由于销售人员没有解释到位，导致客户没有完全听明白。如果销售人员不善于提问，只会一味地解释，那么将会一直处于被动地位。客户提出一个问题时，销售人员可以反问他“您为什么要这样问呢”，这样销售人员就可以转守为攻，处于主动地位。

行动指南

销售人员要了解提问在销售过程中的重大作用，重视提问的技巧，通过提问来挖掘客户的需求。

第198天　产品销售三部曲

核心提示

第一是销售自己，第二是销售产品的功能，第三才是销售产品本身。

理论指导

根据现代销售观念，结合销售的实际过程，一些成功的销售人员提出了非常有趣又非常重要的“产品销售三部曲”：第一是销售自己，第二是销售产品的功能，第三才是销售产品本身。

第一是销售自己。其实，销售是一个人与人直接打交道的过程，要想让客户接受产品，销售人员就要先被客户所接受。试想，面对一个形象不佳、说话没分寸的销售人员，客户怎么可能接受他的产品呢？

第二是销售产品的功能。客户接受销售人员以后，销售人员要避免直接介绍产品，过分强调产品本身，比如产品的质量、外观等。客户之所以购买产品，主要是因为他有需求。这时销售人员应该重点介绍产品的核心部分，也就是产品的功能，强调客户购买产品后能够得到多大程度的满足。

第三是销售产品本身。在销售过程中，销售人员要实事求是地向客户介绍产品的性能、质量，让客户充分地了解产品的优势所在。

行动指南

1. 要想成功销售自己的产品，销售人员就一定要先让客户接受自己。

2. 引起客户的注意和兴趣，激发客户的购买欲望，为最后的成交奠定基础。

3. 销售人员对产品要有深入的了解，并将它们完全地展示在客户面前，让客户信服。

第199天　提问能力决定销售能力

核心提示

提问能力的高低将直接决定销售人员销售能力的高低。

理论指导

销售专家认为，提问能力的高低决定了销售人员销售能力的高低。提问的好处有哪些？我们不妨从以下两个方面来探讨。

1. 通过提问了解客户

在沟通过程中，有些销售人员为什么总是觉得自己很被动呢？原因就在于他们总是在回答，而客户总是在提问。有些销售人员虽然感觉这样很累，但是却非常开心，因为他们认为自己把客户的疑问都解答清楚了，接下来成交就会水到渠成。然而事实并非如此，如果销售人员一直在说，那么给客户的感觉就是销售人员在对他进行强迫式销售，不断给他施加购买压力。客户之所以愿意和销售人员沟通，主要是因为销售人员可以给出专业的建议。

2. 通过提问掌控沟通进程

沟通进程决定了销售进程。通常来说，在以客户为中心的提问式销售中，包含了两个相辅相成的循环，分别是客户的心理决策循环与销售人员的销售行为循环，如下所示。

A　　　B

满意——事前准备

认识——寒暄开场

标准——确认需求

评价——阐述观点

购买——谈判成交

使用——售后服务

A 列表示了客户的心理决策循环，B 列表示了销售人员的销售行为循环。

在每个阶段，提问都推动着沟通的进程。

在寒暄开场阶段，销售人员可以通过请教的提问方式开头，比如“我可以请教您一个问题吗”或“您是怎样进入这个行业的呢”。

在确认需求阶段，销售人员可以通过诊断性的提问方式建立信任关系，比如“您是需要大型的服务器还是小型的办公电脑设备”。销售人员还可以利用聚焦性的提问方式确认具体细节，比如“在某方面，您最担心的是什么呢”。

在阐述观点阶段，提问的作用在于确认反馈和增强说服力，比如“您觉得怎么样呢”。

在谈判成交阶段，提问的作用在于处理异议和为成交作铺垫，销售人员通常可用假设性的提问方式试探，比如“如果没有其他问题的话，您什么时候可以接受我们的服务呢”。这是一个进可攻、退可守的提问方式。提问之后，销售人员要注意停顿，适时保持沉默，把压力抛给客户，直到客户说出自己的想法。切记，提问之后，销售人员不要先开口或自问自答。

行动指南

销售人员要牢记：没有固定的提问模式，只有一定的提问原则，具体的提问方式还是要根据特定的对象来定。

第 200 天　用发展的眼光为客户创造需求

核心提示

如果销售人员能为客户创造需求，那么就一定会取得销售成功。

理论指导

销售人员要用发展的眼光为客户创造需求。

下面来看一个案例。

许多年前，IBM 公司从行业发展的角度提出了电子商务理念，并预言它将给企业运行模式带来巨大的变革。当时我国电子商务还未普及，因此，IBM 公司决定开发这个市场。他们派出了包括 6 位诺贝尔奖获得者在内的工作小组来到中国进行市场开发。

一天，IBM 公司的工作小组在北京某会议中心召开了一个大型会议，其中一位诺贝尔奖获得者说了这样一番话：“5 年内，假如你们不应用电子商务的话，你们的公司可能就将不复存在了。人类自古以来经历了三次革命。第一次是人类学会了使用工具；第二次是人类发明了语言和文字；第三次则是人类发明并应用了电子商务。”

从那以后，电子商务这个新概念就像风一样吹遍了我国的大江南北，IBM 公司让所有的人开始了解和关注电子商务。但是当时没有太多的人敢付诸行动去应用电子商务，只有中国电信公司表示出强烈的兴趣。随后，IBM 公司专门派人来到中国，为中国电信公司做了详细的介绍和说明。接着，他们又出资邀请中国电信公司的代表去美国学习电子商务课程。后来，中国电信公司与IBM公司合作，共同创造了几百亿元的市场价值。IBM公司因为善于为客户创造需求，所以大获全胜。

行动指南

销售人员一定要站在客户的角度，为客户创造需求，激发客户的购买欲望。

第201天　销售思路决定销售业绩

核心提示

不管销售什么产品，只要有创新的思路，就会有喜人的回报。

理论指导

下面来看一个故事。

在美国的一个小镇上，有两名卖同一种报纸的报童。

第一个报童是非常勤奋的人，他每天沿街叫卖，声音也很洪亮，可是他每天卖出去的报纸并不多，而且还有逐渐减少的趋势。

第二个报童是个肯动脑筋的人，他除了沿街叫卖，每天还坚持去一些固定的场所卖报，他总是先把报纸发给客户，过一会儿再返回来收钱。慢慢地，第二个报童卖出的报纸越多，第一个报童卖出的报纸就越少，后来不得不另谋出路。

为什么会这样？第二个报童的做法大有深意：由于两名报童所卖报纸相同，谁先将报纸发出去，谁就先占领了市场。这是因为客户拿到第二个报童发的报纸后，肯定就不会再买第一个报童的报纸了。这样一来，第二个报童发的报纸越多，第一个报童的市场就越小。而且常看报纸的人大部分都是相对富裕、有文化的人，不会贪图这几角钱的便宜。

销售思路决定了销售业绩。对销售人员来说，创新的思路永远是最可贵的。

行动指南

销售人员要利用空闲时间，多思考一下自己的销售方式有无可创新之处。

第202天　运气提高不了业绩，找准需求点才是关键

核心提示

需求是产品的生命力，所有的销售人员都应该研究自己产品的卖点，只有从产品的卖点出发进行销售，才能开发更多的客户和市场。

理论指导

优秀的销售人员对自己所销售的产品、提供的服务都有着清晰的认识，他们知道产品在市场上的需求情况，也明白什么样的客户需要自己的产品与服务。他们知道向谁去推销产品和服务，以及应该采取什么样的方法与策略。但遗憾的是，在现实生活中，很多销售人员并没有认识到这一点，认为销售全靠运气，运气好就能创造出好业绩。

要知道，只有看准市场的需求点，并由此找到自己所销售产品的卖点，然后再结合客户的需求，才能真正提高业绩。

销售人员应该怎么做呢？具体来说有

以下两点。

1. 了解市场

要想成为优秀的销售人员，就必须要有“眼观六路，耳听八方”的本领。除了专心销售自家产品之外，还要注意观察市场当前的状况及未来的发展趋势。如果销售人员所销售的产品不具有垄断性，那么就会面临激烈的市场竞争。因此，销售人员要收集同行的相关信息，了解竞争对手的报价，研究竞争对手产品的功能、信誉等情况，然后通过清晰的利弊对照，让客户选择自己的产品。

2. 尽量突出产品的个性

销售人员一定要想方设法从不同方面突出自己所销售产品的特性，这是抓住市场需求点的有效方法。产品特性有些是明显的，可以一眼看到，如尺码和颜色；也有一些是不太明显的，一下子很难认清，如原材料等。通常来说，产品的特性有尺码、体积、颜色、款式、型号、价格、生产日期、原料以及生产厂家等。销售人员只有清楚自己所销售产品的特性，并将其告知客户，才有可能提高销售业绩。

行动指南

销售人员不要再抱有销售业绩全靠运气的想法。

第203天　客户购买需求的五个层次

核心提示

客户的购买需求包括生理需求、安全需求、社会需求、尊重需求以及自我实现需求。

理论指导

我们都知道，客户购买决策的有效性会随着客户的特点及其消费心理的变化而变化。因此，销售人员应随时洞察客户的各种需求，利用品牌形象、面对面交流、客户参与等机会，引发客户对产品的关心与注意，激发那些已存于客户身上的潜在需求，并促使他们作出最终的购买决定。

美国心理学家马斯洛认为，人们的需求是有层次的，从低级需求开始逐渐向上发展为高级需求；低级需求得到满足后，人们就开始追求更高层次的需求，这样就形成了一个“金字塔”式的人类需求模型。客户的购买需求也可以按照这一“金字塔”模型从低到高划分为以下几个层次。

1. 生理需求

生理需求是人们的第一需求，也是人们最基本的需求，包括衣、食、住、行等与生理有关的各种需求。通常来说，只有先满足了这个最基本的生理需求，人们才会有其他更高层次的需求。

2. 安全需求

安全需求是指人们保护自己免受生理、心理侵害的需求，包括人身安全、经济稳定、社会环境安全等。这是人们在生理需求相对得到满足的基础上产生的需求。

3. 社会需求

社会需求属于更高层次的需求，它是指人们通过社会交往获得归宿感和认同感，即人们希望自己归属于某个团体，从而作为团体的一员得到别人的友谊、忠诚、信任、爱情、理解、交往的机会等。

4. 尊重需求

尊重需求包括自尊和被人尊重，是人们在上述三种需求得到基本满足之后出现的更高层次的需求，比如受到别人尊敬和赞美、有一定的社会地位和权力、有一定的影响力和号召力等。这种需求可以使人们获得某种心理上的满足和安慰。

5. 自我实现需求

自我实现需求是人类最高层次的需求，包括使命感、成就感等。这一层次的需求促使人们为了实现理想和抱负而充分发挥自己的潜能。

如果销售人员能将需求层次理论运用到销售活动中，那么就会有利于发现客户的购买需求，从而有针对性地开展销售活动，提高工作效率。

行动指南

1. 在向客户销售产品之前，销售人员要搞清楚客户最有可能处于哪一个需求层次上。

2. 销售人员要根据客户的购买需求，有针对性地制定销售策略。

第204天　客户购买的理智动机

核心提示

理智动机是客户在对某种产品比较熟悉的基础上进行的理性选择。

理论指导

理智动机是客户在对某种产品比较熟悉的基础上进行的理性选择。拥有理智动机的大都是那些生活阅历丰富、文化修养较高、思想比较成熟的中年人，他们都有爱思考的习惯，并常常把这种习惯转化到产品的购买当中。

客户在理智动机的驱使下会产生以下几种消费心理。

1. 求实心理

客户在选购产品时，首先看重的是产品的最基本功能，即耐用性与实用性，其次再考虑产品的外观、价格、品牌等。一般来说，拥有这种心理的客户往往对时尚类产品不感兴趣。

2. 求廉心理

拥有这种心理的客户以追求低廉价格为目标，即在产品的类型、功能、外观、质量相似的情况下，会选择价格最低的那种。优惠券、大减价之所以能牵动人们的心，主要是因为求廉心理。而且客户多受支付能力的限制。销售人员在推荐产品时，要考虑客户的经济承受能力，使他们有限的资金能被充分地利用，切忌华而不实的消费。

3. 求美心理

拥有这种心理的客户在选购产品时，不仅关注产品的价格、性能、质量、服务等，而且关注产品的包装、款式、颜色、造型等，强调产品的艺术美。客户对美的要求比较高，他们往往以产品是否符合个人的审美标准为出发点。因此，销售人员在推荐产品时，一定要从审美的角度出发让客户更自主地选择和比较。

4. 安全心理

拥有这种心理的客户的自我保护意识和环境保护意识很强，对产品安全性的考虑成为其最主要的购买动机。例如，绿色产品因为符合客户的消费心理而具有十分广阔的前景。

5. 方便心理

省时省力是人们天生的购买需求。因此，使用方便、购买方便的产品将更多地受到客户的青睐。例如，平板电脑、微单相机正好符合客户的这一消费心理。

6. 保障心理

对很多客户来说，产品有无良好的售后保障已经成为左右其购买行为的条件之一。因此，销售人员应提供详尽的产品说明资料，承诺进行现场指导、及时提供免费维修服务，以解除客户的后顾之忧。

行动指南

销售人员要了解客户的理智动机，把握客户的消费心理。

第205天　客户购买的感情动机

核心提示

感情动机是由人的感情需要而引发的购买欲望。

理论指导

感情动机可以分为情绪动机和情感动机。

1. 情绪动机

情绪动机大都是由人们的好奇、好胜心理引起的，这种动机一般带有某种冲动性，具有不稳定的特点。针对这种购买动机，销售人员在销售时要营造一种客户可以接受的氛围。

2. 情感动机

情感动机大都是由荣誉感、集体感、道德感、美感等因素引起的，例如，人们为了维护与别人的关系而购买礼品。这种购买动机的特点具有较大的稳定性和深刻性，购买行为往往可以反映出购买者的精神面貌。

在感情动机的驱使下，人们会产生以下几种消费心理。

1. 求名心理

这是一种以显示自己的地位和威望为主要目的的购买心理，也是以追求名优产品或特殊产品为特征的购买心理。客户的购买行为多倾向于高档化、名贵化、复古化，比如高档汽车、名牌手表等。

拥有这种心理的客户，其购买力很强，对品牌要求较高，对品牌的售后服务要求也较高，因此，销售人员应注重名牌产品的售后问题。

2. 攀比心理

这是一种带有争强好胜的冲动情感的消费心理，以追求产品的时髦与新颖为特征。客户在选购产品时，特别关心产品是否时尚，而对产品的实用性、耐用性以及价格并不在意。客户的经济条件比较好，他们往往是高级时装、珠宝首饰的主要购买者。销售人员应对时尚产品的知识有所了解，这样才能成为时尚型客户的好参谋。

3. 从众心理

受这种消费心理支配的客户常常会受周围人的影响而跟风购买产品。这是一个相当庞大的客户群体，并以女性为主。

4. 尊重心理

如果销售人员真诚地为客户服务，尊

重客户的购买行为，那么即使产品的价格、质量有不尽如人意之处，客户在感到盛情难却后，也会乐于购买，甚至还会产生再次光顾的念头。

5. 爱好心理

一些客户尤其是老年客户往往会根据自己的生活习惯和业余爱好来选购产品。客户的购买倾向比较集中，行为比较理智，并具有经常性和持续性的特点。

6. 猎奇心理

这是一种以追求产品的奇特为主要目的的消费心理。客户喜欢追求新的享受、乐趣和刺激。

行动指南

销售人员要摸清客户的感情动机，根据感情动机制定相应的销售策略。

第206天 男性客户购买心理分析

核心提示

男性常常把购买行为当做一件必须完成的工作。

理论指导

不同客户的购买心理是不同的。下面我们就来逐一分析。

不同性别的人对事物的看法、态度都有很大的不同，在购买行为方面同样存在非常大的差异。男性常常把购买行为当做一件必须完成的工作。因此，男性客户的购买心理具有以下几种。

1. 分析处理问题冷静、果断

男性客户大都十分理智，而且善于控制情绪，分析处理问题时能从大局着想，冷静权衡利弊。这些特点将直接影响其购买行为。

销售人员向男性客户推荐产品时，需要及时说明产品的性能、质量、价格、价值等带来的实际效果，为他们作决策提供参考。

2. 购买动机相对被动

男性客户的购买活动远远没有女性客户频繁，购买动机也没有女性客户强烈。在大部分情况下，男性客户的购买动机由外界因素激发，比如工作需要、家人嘱咐、同事和朋友委托等。

销售人员向男性客户推荐产品时，必须保证产品的特点与客户的心理定位相契合，否则就很难销售成功。

3. 感情色彩比较淡薄

通常而言，男性客户在购买过程中的心理变化没有女性客户大，不爱联想，感情色彩较为淡薄。

销售人员不妨考虑为客户提供实物参照，事先赠送样品或图册等。

需要提醒的是，由于男性客户和女性客户的审美观存在差异，男性客户购买产品时，往往对具有明显男性特征的产品感兴趣。

行动指南

销售人员要了解男性客户的购买心理。

第207天 女性客户购买心理分析

核心提示

女性客户的购买心理通常会更复杂一些，追求时尚、注重美观、喜欢炫耀、较易从众四种心理是最常见的。

理论指导

女性客户的购买心理具有以下几种。

1. 追求时尚

虽然不同年龄段的女性具有不同的购买心理，但是在购买某种产品的时候，大部分女性客户首先想到的就是这种产品是不是能够提升自己的形象。因此，她们常常喜欢造型别致、包装精美、气味芬芳的产品。

销售人员可以说明产品的包装设计等时尚特色以满足女性客户的时尚需求，比如，“这套饰品结合了异国设计元素，使您在举手投足间流露着波西米亚风情”。

2. 注重美观

女性客户特别注重产品的外观，把外观和产品的质量、价格视为同等重要的因素来看待。因此，在挑选产品时，她们会十分注重产品的色彩和式样。

销售人员可着重强调产品的感观效果，比如“这款外套的主色是今年的流行色，而且黄色与黑色的搭配看上去十分大气、尊贵……”等。

3. 喜欢炫耀

很多女性客户购买产品时除了满足基本需求之外，还为了向别人炫耀自己的品位与众不同。在这种心理的驱使下，她们会追求高档产品，而不太注重产品的实用性。

销售人员不妨抓住客户的这种心理，向客户强调产品的独特之处，满足客户追求与众不同的心理要求。

4. 较易从众

女性客户大都具有强烈的情感特征，这种心理特征表现在产品消费中，主要是用情感支配购买动机与购买行为。同时，她们容易受到别人的影响，喜欢购买与别人一样的物品。

销售人员可以采用第三者效应。销售人员可以说“您的朋友王女士也购买了这款产品，使用效果相当好……”或“某著名电影明星平时用的就是这款产品”。

行动指南

销售人员要了解女性客户的购买心理。

第208天 年轻客户购买心理分析

核心提示

大部分年轻客户的购物心理都有明显的特征，销售人员要牢牢地抓住他们的心理。

理论指导

一般来说，年轻客户的购买心理有以下几种。

1. 自我意识很强

年轻客户的自我意识很强，他们追求独立自主，积极展现个性，这种心理特征反映在购买行为上就是：喜欢购买有特色、能体现自己个性的产品，对大众化、不能展现个性的产品则不感兴趣。

2. 追求时尚

年轻客户具有富于幻想、思想活跃、热情奔放、喜欢冒险的特点，这种心理特征反映在购买行为上就是：喜欢购买时尚与新颖的产品，引领消费时尚。

3. 容易冲动

通常来说，年轻客户对事物的分析判断能力尚未完全成熟，易感情用事。这种心理特征表现在购买行为上就是：易产生冲动购买行为，只要是自己喜欢的东西，就一定会迅速作出购买决定。

销售人员可以对产品独有的特点进行重点阐述，注重激发年轻客户的某一情感愿望，让他们知道该产品能够满足其情感需求。

行动指南

销售人员要了解年轻客户的购买心理。

第209天　中年客户购买心理分析

核心提示

大致来说，中年客户的心理成熟，能理智分析并解决问题。

理论指导

一般来说，中年客户的购买心理有以下几种。

1. 有理智，不冲动

中年客户的情绪往往趋于平稳，他们总是用理智来支配自己的购买行为。在选购产品时，他们很少受产品外观因素的影响，而关注产品的质量、性能等方面，经过反复分析与比较之后，才会作出购买决定。

2. 有计划，不盲目

因为生活负担问题，中年客户在购买时通常会量力而行，极少出现盲目购买行为。中年客户在购买前往往会对产品的品牌、价格、性能要求等进行细致的比较，绝不购买自己不需要或不合适的产品。

3. 有主见，极少会受外界影响

中年客户的购买行为具有理智性与计划性，做事有主见，经验丰富，对产品的鉴别能力较强，对销售人员的推荐和介绍具有一定的判断与分析能力。

4. 随俗求稳，注重便利

大部分中年客户都会关注其他人对该产品的看法，宁愿压抑个人喜好而表现得随俗，喜欢购买大众化的、易于被别人接受的产品。

由于工作、生活负担较重，中年客户特别喜欢能给生活带来便利的产品。

销售人员可以针对产品的质量、性能等方面进行说明，从而满足中年客户重视产品实用价值的心理特点。

行动指南

销售人员要了解中年客户的购买心理。

第210天　老年客户购买心理分析

核心提示

老年客户常常成为企业最忠诚的客户。销售人员必须注重分析老年客户的心理特征。

理论指导

一般来说，老年客户的购买心理有以下几种。

1. 精打细算

大部分老年客户都会按照自己的实际需求购买产品，十分节俭，会对产品的质量、价格、用途等进行详细了解，极少盲目购买。

2. 方便易行

老年客户体力欠佳、行动不便，常常希望购物便利。销售人员可以强调送货上门的便利性，从而激发他们的购买欲。

3. 有理智，不冲动

老年客户的生活经验非常丰富，情绪比较稳定，较少感情用事，大都能理智地支配自己的购买行为。他们在消费时比较仔细，很少产生冲动的购买行为。

4. 坚持已见

在购买产品的时候，老年客户通常会特别相信自己的经验，即使听别人介绍，也会先分析，然后判断自己是否需要这种产品。销售人员向老年客户推荐产品时，应尊重并认真听取他们的意见。

5. 怀旧

通常来说，老年客户已形成固定的生活习惯，很难作出较大的改变。在购物时具有保守、怀旧心理，对曾经使用过的产品及品牌十分信任。

销售人员需要根据老年客户的这种心理，向老年客户阐述产品的历史，通过回顾历史帮助老年客户回忆以前的生活，或者强调产品的性能与服务等，让老年客户感觉买了该产品生活会很便利。

行动指南

销售人员要了解老年客户的购买心理。

第 14 章

产品展示

第211天　销售人员应该成为产品专家

核心提示

销售人员应该成为产品专家，因为客户喜欢从专家那里买东西。

理论指导

了解自己所销售产品的各种知识是每一位销售人员都必须做到的。要知道，产品的技术含量越高，了解产品知识的重要性就越大。

怎样才能成为产品专家呢？途径主要有：听——听开发人员介绍产品知识；看——亲自观察产品；用——亲自使用产品；问——找到题的答案；感受——仔细体会产品的优缺点；讲——自己明白和让别人明白是两个概念。

销售人员还要在了解产品的基础上做到以下几点。

1. 找出产品的卖点及独特之处

独特的卖点是客户购买产品的理由。如果销售人员不能说出三个以上让客户购买产品的理由，那么就无法打动客户。

2. 找出产品的优点和缺点

销售人员不仅要找出产品的优点，而且要找出产品的缺点，从而考虑将缺点转化为优点，或者在客户指出产品的缺点时给出一个合理的解释。

3. 对有关产品方面的专业数据倒背如流

销售人员一定要让客户感觉到站在他面前的人不仅是销售人员，而且是熟悉此类产品的专家。这样一来，销售人员所讲的一切都会变得意义非凡了。如果销售人员销售的产品是高档耐用品，那么掌握各种专业数据也是必不可少的。同时，对于产品的一些抽象、细微的特点的了解也是至关重要的。一些细节上的模糊可能会导致客户认识上的错误，进而产生对产品的误解。

作为出色的销售人员，一定要有能力解决客户的任何一个疑虑。

行动指南

1. 销售人员应该成为产品专家，对客户提出的各种问题都能够妥善解决。

2. 销售人员应从了解产品的特点、功能以及产品所在行业等方面来提高自己对产品的认识。

第212天　成功销售从了解品牌开始

核心提示

对客户来说，品牌效应至关重要。

理论指导

1953—1980年，约翰·菲利普·琼斯教授一直在广告领域工作。在此期间，他为很多客户工作过，其中大部分涉及的是一些知名品牌公司，如联合利华公司、吉列公司、雀巢公司、百事可乐公司等。

约翰告诉所有的销售人员，不管销售什么产品，都要对它进行了解和研究。如果销售人员不了解自己的产品，那么客户就会对销售人员的介绍感到疑惑。

要想走向成功，就让我们从了解产品的品牌开始吧。品牌的含义包括以下几个方面。

1. 品牌的界定

美国市场销售学会对品牌的定义是：

品牌是一种名称、术语、标记、符号或设计，或者是它们的组合运用，其目的是借以辨认某一位销售人员或某些销售人员的产品与服务，并使之与竞争对手的产品和服务区别开来。

2. 品牌的内容

属性，即一个品牌所属的类型；利益，即属性要能转换为功能和情感收益；价值，即品牌能提供一定的增值；文化，即品牌可能附加或象征了一种文化；个性，即品牌所具有的独特性格；使用者，即品牌体现了购买或使用这种产品的客户类别。

3. 品牌的销售内涵

曾任庄臣公司董事长的杰姆斯·莱汉说："如果你心中有一个了解并信任的品牌，那么它将有助于你在购物时更轻松、快捷地作出选择。"对客户来说，品牌是一个整体概念，它代表着产品的品质、特色、服务以及成为客户心中优秀产品的标志。在生活节奏日益加快的时代，人们购买品牌产品无疑可以减少挑选的时间，同时也可以省去不少精力。

行动指南

1. 销售人员要了解自己所销售产品的品牌及其附加属性、价值、利益、文化等知识。

2. 销售人员要了解自己所销售产品的客户定位及其特征、喜好、个性等信息。

第 213 天　认清产品，消除客户疑虑

核心提示

销售人员必须遵循这样一个基本原则——不打无准备之仗。

理论指导

在向客户介绍产品时，如果销售人员不能说出产品的优缺点、具体有何用途，那么客户就肯定不会接受这种产品。因此，在向客户介绍产品之前，销售人员一定要做好充分的准备。

下面来看一个案例。

某空调厂新研发了一款节能空调，这款空调可以比普通空调节省 35% 的用电量。一天，空调厂的销售人员赵强正在为一位客户做产品演示，客户注意到这款空调的安装高度比普通空调要高一些，便说："先生，这恐怕不行吧，我们家预留的安装位置不适合这款空调，如果进行调整，那么就太麻烦了。"

"这个……你们……"

赵强感到特别尴尬，不知如何是好，因为他从来没有考虑过空调安装要注意的细节，他一向认为那是产品卖出之后的事情，跟他没关系，他也从不去了解这方面的知识。

赵强的尴尬说明了做好销售准备的重要性。对销售人员来说，成功始于准备，好的开始是成功的一半；如果准备不充分，那么就会错失良机。

销售人员必须深入了解自己所销售产品的各项功能，即使客户没有问到，也应该给客户讲解清楚。如果销售人员自己都不清楚产品的情况，那么客户又怎么会购买呢？

行动指南

1. 销售人员要站在客户的角度，深入了解自己所销售的产品。

2. 在销售之前，销售人员要深入了解所有客户可能会问到的问题，包括产品的

特点、使用、保养、安装、维修等。

3. 如果有些问题自己不知道，那么销售人员就要虚心地请教相关方面的专家或资深同事。

第214天　不要过分夸大产品的功效

核心提示

过分夸大产品的功效会让客户产生一种被骗的感觉，从而放弃购买。

理论指导

很多时候，销售人员为了让客户接受自己的产品，常常会在不同程度上对产品的功效进行夸大。他们原以为这样会让客户对自己的产品更感兴趣，但是结果恰恰相反，客户不仅不会更感兴趣，而且会在心里筑起一道防线，最终放弃购买。

下面来看一个案例。

刘逸清有一家规模很大的诊所，近几年来诊所都在使用某制药厂的药品。突然有一天，他决定不再向那家制药厂进货了，原因是那家制药厂的销售人员对他说："这是治愈哮喘病最好的药。"

刘逸清生气地说："你太夸大其词了，一些病人已经使用过了，可是也没有彻底治愈啊！"

之后，有人问刘逸清："这种药的疗效真的很差吗？"

刘逸清说："说实话，这种药品的功效还算不错，但哮喘是一种很难根治的病，有太多的因素会导致它发作。只是那位销售人员的口气太大，很难让我信任他。如果他对我说'根据实验报告显示，该药品能有效减轻80%的哮喘病患者的症状'，那么我就会适当增加进货量。"

在向客户介绍产品时，很多销售人员往往喜欢把产品说得十全十美。如果销售人员对产品的介绍超出了它本身所能达到的功效，那么就会引起客户的反感，从此失去客户的信任。

优秀的销售人员应当以诚信为本，向客户说明产品的优点和缺点。要知道，客户有知情权，他们也有自己的判断标准，只要这个产品是他们所需要的，销售人员还有什么好顾虑的呢？

行动指南

1. 销售人员介绍产品要实事求是，不能胡乱吹嘘产品功效。

2. 销售人员一定要相信自己产品的优点大于产品的不足，而且要让客户也相信这一点，并引导客户作出购买决定。

第215天　你对产品有信心，客户才会有信心

核心提示

产品是销售人员和客户联系的纽带，销售人员只有对产品充满信心，才能引导客户去购买。

理论指导

销售人员要对自己所销售的产品充满信心，否则就无法发现产品的优点，当客户对产品提出意见时，也找不出充分的理由去说服客户，从而很难打动客户的心。

销售人员应当从以下几个方面来培养自己对产品的信心。

1. 熟悉并喜欢自己所销售的产品

如果销售人员仅仅了解一些关于产品的基本知识，那么就会影响销售时的信心。在销售过程中，客户多提几个问题就会将销售人员“问”住，很多客户常常由于未得到满意的回答，而打消了购买的念头。更为严重的是，久而久之，许多销售人员就会有意无意地将影响业绩的原因归咎于产品本身，进而对产品丧失信心。所以，为了消除自我意识在日常销售活动中的负面影响，销售人员必须对产品建立充足的信心，应该充分了解产品情况，掌握有关产品的丰富知识，从而提高自己的销售业绩。

在熟知产品情况的基础上，销售人员还要喜爱自己所销售的产品。喜爱作为一种积极的心理倾向与态度倾向，能激发人们的热情，从而产生积极的行动，有利于增强人们对所喜爱事物的信心。

2. 相信自己所销售产品的价格是具有竞争力的

因为客户在心理上总是觉得销售人员会故意报高价，所以常常会说价格太高，希望销售人员降价出售。此时，销售人员必须要坚信自己产品价格的合理性。尽管自己的报价中包含着打算在讨价还价时让利给客户的那一部分，但是绝对不能轻易让价，否则会给客户留下随意定价的印象。特别是当客户以其他同类产品的较低价格作对比要求降价时，销售人员必须坚定信念，坚持“一分钱一分货”的道理，只有这样才能给予客户购买的信心与勇气。当然，相信自己所销售产品的价格是具有竞争力的前提条件是对这种产品要有充分的了解。对于那些质量值得怀疑或自己也觉得客户不需要的产品，销售人员就不要推荐给客户。

3. 关注客户的需求，推动产品的改进

产品改进的动力源于市场与客户，销售人员是距离市场与客户最近的人，他们可以将客户的意见和市场竞争的形势及时反馈给生产部门，也可以把客户的要求进行归纳，将产品改进的建设性方案提交给企业领导。这样一来，改进后或重新推出的产品不仅更优良、更适应市场需要，而且还凝聚着销售人员的劳动与智慧，销售人员也就更有信心向客户销售了。

行动指南

销售人员要充分了解并相信自己所销售的产品，挖掘产品的闪光点，着重向客户介绍产品的优势。

第216天　掌握产品的相关知识

核心提示

销售人员不但要对产品的类型、功能、价格进行深入了解，而且要对产品的使用说明一清二楚，只有这样销售人员才能流利地介绍产品，从而赢得客户的信任。

理论指导

只要是能够促进产品销售的知识，销售人员就要力求掌握。一般情况下，销售人员必须掌握以下几个方面的产品知识。

1. 了解产品和客户需求之间的关系

产品和客户密切相关，客户购买产品是为了满足自己的需要。销售人员要对客户有一定的了解，了解他们的需求、愿望以及购买动机。因此，销售人员必须根据客户的不同需要，销售不同的产品，只有这样才能提高业绩。

2. 熟悉产品的质量与价格

产品的质量与价格是客户最关心的问题，他们总是努力寻找质量和价格的最佳契合点，追求物美价廉的产品。因此，销售人员必须了解产品的质量与价格。另外，产品的定价要与产品的品质、客户定位相符，否则定价太离谱，产品就没人买了。

由于购买产品的动机不一样，不同的客户会购买不同型号或不同价格的产品。有的客户购买产品是因为其价格低廉，有的客户是考虑到经久耐用，还有的客户是为了追求奢华。因此，销售人员要充分了解产品，针对不同的客户销售不同价位和品质的产品。

3. 熟悉产品的优缺点

销售人员应十分了解自己所销售产品的优缺点，做到在向客户介绍产品优点的同时，指出产品的不足，让客户通过对比作出购买决定。

4. 熟悉产品的保养方法

客户在购买产品的时候，会向销售人员询问产品各个方面的情况，尤其是产品的保养方法。因此，销售人员必须事先了解产品的保养方法，从而在面对客户的询问时对答如流。

行动指南

1. 销售人员必须对自己所销售的产品有足够的了解，否则就不适合直接面对客户。

2. 在销售时，销售人员不要不懂装懂，对客户应当诚实，对于自己不能解决的问题要请教同事或专家。

第217天　产品展示的三种方法

核心提示

在销售过程中，产品展示是关键环节。

理论指导

产品展示的根本目的并不是做产品说明，而是要激发客户的购买欲望。因此，销售人员要用客户喜欢的方式去做产品展示。

下面就来介绍一下产品展示的三种方法。

1. FABE法

“FABE”是指特征、优势、利益与证据。

F（Features）：特征。特征指的是产品的特质和特性等方面的功能，以及它是如何满足客户的各种需要的。首先，销售人员应该把产品的特征（F）详细地列出来，针对其属性，写出具有优势的特点，然后再把这些特点列表进行比较。

A（Advantages）：优势。也就是（F）所列的产品特征发挥了怎样的功能，能够给客户提供哪些好处，并且向客户证明：这个产品比其他同类产品好，因此你应当购买这个产品。

B（Benefits）：利益。也就是说，产品的优势（A）是否能够真正为客户带来利益（B）。利益销售已经成为销售的主流理念，因此一切要以客户利益为中心。销售人员通过强调客户可以获得的利益和好处，将客户的购买欲望激发出来。

E（Evidence）：证据。证据指的是一切可以用于证明所销售产品的特性、优势以及利益等方面真实性的东西。因为证据具有足够的权威性、可见证性、客观性以及可靠性，比如证书、样品、产品展示说明以及录音、视频等。

2. 构图讲解法

当人们听到或看到某件事时，常常会在潜意识里为这件事勾勒出一幅图画，然后按照这幅图画作出判断。在产品销售活动中，销售人员也可以利用这种构图的方法来达到有效激发客户购买欲望的目的。采用构图讲解法的好处有：给客户留下深刻的印象、提高客户的参与感、让客户容易明白以及吸引客户的注意力。

3. 道具演示法

在产品展示过程中，为了使解说更逼真、更生动，有时销售人员可以利用一些道具来达到锦上添花的效果。

行动指南

1. 销售人员应用FABE法要注意两个要点，一是“竞争力”，越能多列举产品的特性，就越能战胜竞争对手；其次是“销售力”，越能巧妙地阐述客户所能获得的利益，就越有销售能力。

2. 应用道具演示法进行产品展示时，销售人员要注意以下几个事项：演示道具未必要大，它可以是一块手帕、一支笔或者一把尺子等一切有利于产品展示的东西；通过道具演示激发客户的想象力，渲染销售气氛，从而引起客户的共鸣，获得客户的好感；进行道具演示时，销售人员的语言、动作和道具的使用必须要配合协调，表情要生动自然；道具演示法主要是在客户没有办法切实体会到产品特色的情况下使用，销售人员要依据自己所销售产品的特点来决定是否采用道具演示法或应该怎样使用演示道具。

第218天　产品展示的三个原则

核心提示

遵循产品展示的三个原则，销售人员可以赢得客户，顺利地卖出产品。

理论指导

产品展示有以下几个原则。

1. 了解客户的关注点

许多销售人员经常陷入一种销售误区，他们只是执著地强调产品的优质、价格的低廉以及服务的完善，却忽视了客户真正的关注点。销售人员在做产品展示时，必须比普通人更加懂得察言观色，从而抓住不同客户的购物心理，成功地将自己的产品销售出去。

2. 学会扬长避短

在做产品展示时，销售人员千万不要对产品的缺点做过多的解释，不然就会越描越黑。此时，销售人员应该采用摆事实、讲道理的办法，针对客户的需求，突出产品的优势，尽量回避产品的缺点，或者尽量用优点来弥补缺陷，让客户感到满意。

3. 用客户听得懂的语言来介绍

在做产品展示时，销售人员千万不要故弄玄虚，必须要让客户听懂自己所要表达的意思。一些专业术语、行话必须用通俗易懂的语言来代替。

行动指南

在向客户展示产品时，请销售人员牢记以上三个原则。

第219天　做好产品展示说明的七个要点

核心提示

展示产品时的声音及情景给客户带来的享受甚至要比产品本身更具有吸引力，这就是产品展示的魅力所在。

理论指导

美国销售专家韦勒有一句销售名言，“不要卖牛排，而要卖烧烤牛排时的声音”。一般情况下，看过或参与过产品展示的客户，都会产生购买欲望，而且很有可能成为销售人员忠实的客户。当然，正确有效的产品展示需要销售人员注意以下几个要点。

1. 动作规范标准

销售人员在进行产品展示的时候，演示步骤要清晰明了，动作要娴熟，同时还要注意语言和动作的规范化与标准化。

2. 留意客户的反应

销售人员在进行产品展示的时候，应该先解释展示的目的，并且证明该产品会满足客户的需求。在此过程中，销售人员要仔细询问并细心观察客户的反应，从而领会客户真正的购买动机。

3. 带动客户参与

邀请客户参与展示可以引起客户的兴趣。在征得客户同意的情况下，销售人员可以将产品直接用于客户身上。这样客户就会对产品留下更深刻的印象。

4. 把握时机

在产品展示过程中，销售人员要把握时机向客户充分展示产品的特点，从而引起他们对产品的兴趣。

5. 缓谈价格

产品的价格永远要放在最后说，因为在销售活动中，价格是最敏感的一个问题。销售人员应该在充分展示了产品的功能、有效激发客户的购买欲望后，再与客户谈论产品的价格。

6. 导向利益

销售人员要帮客户寻找最好的购买理由。有些产品可能客户事先也没有想到要买，不过一旦决定购买，总要有一些理由。而这些购买的理由就是客户最关心的利益问题。

7. 控制时间

销售人员应该充分展示产品以增强说明的效果。不过，产品的展示时间不宜太长，因为时间太长容易分散客户的注意力，通常以10分钟为宜。而且，在这段时间内，销售人员不宜急于向客户销售产品。

行动指南

在向客户做产品展示时，销售人员一定要牢记本节提示的产品展示的七个要点。

第220天　提炼卖点，增加产品的吸引力

核心提示

可以说，产品的独特卖点是企业通过产品向客户传递的一个主张、一个忠告或一种承诺。

理论指导

销售人员在对自己所要销售的产品有深刻了解之后，就要提炼产品的独特卖点，从而增加产品的吸引力。而一个绝妙的产品卖点能引起客户的强烈共鸣，激发他们

的购买欲望。

产品的卖点就是产品的独特销售主张，USP理论是由20世纪50年代著名的广告人雷斯提出的，该理论的基本要点是，每一则广告都必须向消费者讲述一个主张，必须让消费者明白购买广告中的产品可以获得什么具体利益，而这种利益是竞争产品所不具备的。

产品的卖点要具备以下几个特征：卖点是客户所需要的、卖点是客户所关注的、卖点是有差异性的。

提炼产品卖点可以从产品本身的优势出发。这种策略主要是建立在产品的与众不同之上的，强调实效的承诺。例如，当所有的洗发水都在强调“去屑”时，飘影提出了“去屑不伤发”的卖点，独树一帜；当所有的保暖内衣都在宣传如何保暖时，婷美提出了“美体修形”的卖点，令人耳目一新。

在产品日趋同质化的今天，我们经常听到有人抱怨“好产品越来越少了”。如果销售人员能提炼一个让客户眼前一亮的独特卖点，那么销售成功的概率就会大增。

行动指南

1. 销售人员应从产品本身的优势出发，试着提炼产品的核心卖点。如果在实践中证明确实可行，那么销售人员可向领导建议在全公司推广。

2. 如果销售人员能将某些流行的观念与产品的卖点结合，那么会更吸引客户。

第221天　用独特的卖点打动客户

核心提示

聪明的销售人员总是善于利用客户的心理需求进行销售。当然，不同类型的客户会看重产品不同的卖点，销售人员应用敏锐的眼光洞悉客户的内心更倾向于哪个卖点，从而采取相应的销售策略，对客户所看重的卖点进行重点展示。

理论指导

有经验的销售人员都明白这样一个道理，如果自己所销售产品的卖点与其他产品的卖点一样，那么就会给客户一个选择的余地，客户有可能在两种甚至更多的同类产品之间进行比较，最后选择一个自己觉得最适合的；相反，如果自己所销售的产品具有别的产品所没有的优势，那么客户便不会犹豫，他们会因为这个独特的卖点而果断地决定购买。因此，在向客户介绍产品时，优秀的销售人员一般都会将产品的以下几种独特优势着重强调。

1. 物美价廉

销售人员可以说，或许这种产品的性能不是最好的，但价格是最低的，能为客户省钱。

2. 省时省力

时间就是生命，就是效益，就是金钱，很多人都很看重时间的价值。如果几种产品的功能类似，而其中的一种可以帮客户节省更多的时间，那么就算贵一些，客户也愿意购买。大家都知道，飞机票要比火车票贵很多，不过还是有不少人宁肯选择飞机而不选择火车，他们可能仅仅是为了节省更多的时间。

3. 安全可靠

客户大都会选择安全系数较高的产品

以求获得更大的保障。

4. 营养价值

绿色食品广受人们欢迎的主要原因就在于它的营养价值较高，有益于人们的身体健康。各种保健品也正是因为迎合了人们对身体健康较为重视的心理才广受欢迎的。

5. 名贵不凡

有些客户购买产品不仅关心它是否实用，而且非常重视其品牌与象征意义。产品要名贵，牌子要有名，客户会以此来显示自己的身份与地位，炫耀自己的才华与能力。当然，客户选择名牌产品也是出于对品牌的信赖感，信任名牌的质量。

行动指南

销售人员要挖掘自己所销售产品的独特卖点，并以此来吸引客户。

第222天　为产品提炼一个让人难忘的卖点

核心提示

如果销售人员只说一个独特的卖点，那么客户就能记住一个；如果说三个，那么能勉强记住一个；如果说五个，那么就会全都记不住。

理论指导

也许产品本身会具有很多不同的卖点，但在特定阶段，销售人员提炼与传递的独特卖点只能是一个。因为优点说得太多，客户根本就不会相信。提炼一个让人难忘的卖点有以下几种方法。

1. 以品质设卖点

有的客户认为，只有拥有卓越品质的产品才是最值得信赖的。因此，销售人员要充分认识到产品品质的重要性。

2. 以功效炒卖点

任何一个产品都具有一定的功效，比如传真机有记忆装置，能够自动传递到设定的对象那里；生发水可以让人长出头发。如果产品既拥有稳定的品质，又具有显著的功效，那么客户就会很容易接受这种产品。

3. 以品牌造卖点

以品牌而闻名的产品也许不是高科技产品，但肯定是质量过硬的产品，是能带给客户更多利益的产品，还是能带给客户一种心理上的满足感或荣誉感的产品。因此，销售人员应把品牌当做一个卖点。

4. 提炼卖点的其他方法

除了用品质、功效、品牌作为产品的独特卖点之外，产品较高的性价比、完善的售后服务以及为客户带来的特殊利益等，也可以当做产品的卖点提炼出来，并向客户展示。

所谓较高的性价比，就是以更少的钱买到更好的产品。大部分客户都希望花最少的钱买到最好的产品，因此性价比高的产品自然就会受到客户的青睐。

如今，人们的消费观念日益理性，人们已将产品的售后服务当做产品必不可少的一部分。对需要维修保养的产品来说，售后服务的完善程度将会对人们的购买行为产生直接影响。

特殊利益也是打动客户的重要卖点之一。产品的特殊利益是指产品能够满足客户的特殊要求，或者能给客户带来别的产品所不能带来的特殊利益。

行动指南

销售人员要根据本节的提示，提炼恰当的产品卖点，并在实际工作中合理应用。

第223天　产品报价有技巧

核心提示

不要让客户因为价格不能接受而止住购买的脚步。

理论指导

很多客户的确对产品有需求，也愿意购买，但往往因为价格不能接受而止步。

下面介绍几种对销售人员有帮助的报价技巧。

1. 先效用、后价格法

销售人员要先以介绍产品的功能、特点和质量等为主，等客户最后决定购买时再报价，这样客户通常就不会提出价格异议了。

2. 先发制人法

如果销售人员感觉客户会提出价格异议，那么不如在客户还没有提出之前就主动报价，并且实事求是地对这一报价进行说明。

3. 比较法

如果有同类产品，那么销售人员可以把两种产品甚至多种产品的价格做一下比较，向客户证明自己所销售产品的价格并不算高。如果没有同类产品，那么销售人员也可以运用这一方法，比如说明这种产品在国内卖多少钱、在国外卖多少钱。

4. 强调特色法

对于报价高的产品，销售人员干脆承认价格比较高，同时解释为何会这么高。

5. 巧妙解释法

销售人员可以运用迂回分析来解释产品价格高的原因。比如，一张磁性床垫的价格要几万元，确实太贵了，但是如果此床垫具有保健功能，既能防病又能治疗失眠的话，那么将治病的医药费、因失眠造成的肉体与精神上的损失一折算，还是值得购买的。

6. “挡箭牌”法

在解释价格的时候，销售人员可以推出若干个“挡箭牌”，比如明码实价、有报价单、同类产品的价格相同、公司的全国统一规定等。

7. 寻找补救法

销售人员要强调客户的特殊性（比如买的数量少或初次购买等），指出价格是不能随意改变的，但是可以免费提供其他服务。

8. 巧用期限法

在不欺骗客户的前提下，销售人员可以告诉客户，这种产品再过几天就要涨价了，从而给客户造成一定的心理压力，促使其作出购买决定。

行动指南

销售人员要掌握以上几种报价技巧，针对客户存在的价格疑虑给予有效劝导。

第224天　根据客户心理“价”驭产品

核心提示

产品价格上升将会使产品的销量下降，事实上并非如此。

理论指导

下面来看一个案例。

罗斯是美国一个著名的商人，当他看到自己的许多产品积压时，想到了一个绝妙的办法。罗斯在电视上做了一个广告，声称他的商店正在搞一个特别的优惠活动：产品在上架后的前10天，按全价出售；第11天至第20天，降价10%；第21天至第30天，降价40%；第31天至第40天，降价80%；第41天至第50天，如果仍无人购买，那么这些产品就会捐给慈善机构。

广告播出后，大家讨论的话题都是罗斯的商店，大家都想去这家商店看一看。有很多人预言：“罗斯不久就会倾家荡产！”因为大家都会等到产品价格降到最低的时候再买。

但实际情况却正好相反，罗斯的产品非常畅销。因为今天不买，明天就会被别人买走，还是先买下为好，这就是客户的购买心理。

行动指南

销售人员应借鉴故事中的销售理念，学会揣测客户的心理，让客户顺着自己的销售思路思考。

第225天　即使胜券在握，也不要向客户唐突报价

核心提示

如果客户感觉销售人员的报价难以接受，那么交易通常就很难达成。

理论指导

下面来看一个案例。

曾有一家公司急需引进一套自动生产线设备，刚好张先生的公司有这种设备，于是张先生带上产品资料去拜访那家公司的老板陈斌。

“陈老板，您好！听说您急需一套自动生产线设备。这是本公司的设备介绍，请您过目。”

“哦，张先生。我们现在非常需要这种设备。你们公司竟然有，真是太好了……”

张先生一听非常高兴。他知道在这个地区拥有这种设备的公司只有自己一家，而对方又急需进货，看来这桩生意十有八九会成交了。因此，他得意地说：“我们这套设备的售价是300万元……”

陈斌一听大吃一惊：“什么？你们的价格也太离谱了吧！赶紧走、赶紧走！”边说边把张先生推出门外。

销售人员在销售过程中应该讲究循序渐进的报价过程。企图一步到位，常常不会成功。在案例中，张先生没有进行必要的铺垫与引导就急于报价，当然会让陈老板难以接受。

行动指南

如果自己所销售产品的价格比同类产品高，那么销售人员在向客户报价前要做必要的铺垫与引导。

第 226 天　乔·吉拉德的报价技巧

核心提示

销售人员要在充分展示产品的价值后再报价。

理论指导

报价是销售过程中最令人头痛的问题，销售人员既担心价格太高客户接受不了，又害怕价格太低使利润减少。如何处理这个问题呢？让我们来看看推销大师乔·吉拉德是怎样报价的。

“吉拉德，你说这种款式需要多少钱？”这是客户第二次询价。

“请等一会儿，我马上就会谈到价格的问题。”然后吉拉德继续介绍他的产品。

没多久，客户就向吉拉德第三次询价。吉拉德这样说：“我很快就会谈到价格，现在我想让您多了解一些产品的详情，这样您就会发现这是一笔多么划算的交易了。”然后吉拉德用一种友好的口气说：“您不要担心，先听我解释，可以吗？”

最后，当吉拉德准备报价的时候，他又制造出一种悬念，说：“好了，我知道您现在已经开始喜欢这种产品了。我相信等您发现这笔交易真是物有所值的时候，您肯定会非常激动。”稍作停顿以后，吉拉德又说：“好吧，您等了这么长时间，我现在就告诉您产品的售价……”

在客户开口以前，吉拉德又满面笑容地补充说：“您看，我为您提供的服务是否周到呢？”这时，客户就同意将他的产品买下了。

在没有做好准备以前，没有哪一位销售人员愿意被客户问及产品的价格。非常明显，销售人员不想报价，除非他已经充分展示了产品的价值。另外，只有当客户了解了产品的价值以后，才能判断这笔钱花得值不值。因此，吉拉德觉得一个简单的做法便是忽视客户的询价，当什么都没发生过，继续介绍产品。

在销售过程中，报价的提出和实现并非是孤立与一厢情愿的，而是综合了多方面因素与双方条件的结果。因此，销售人员在报价问题上必须采取认真和谨慎的态度，做好各种准备。

行动指南

1. 销售人员要知道何时报价最合适，灵活掌握报价的时机。

2. 报价要明确，而且不能过于草率和匆忙。

第15章 产品劝购

第227天 只有找准对象，才不会白费口舌

核心提示

没找准销售对象，就等于什么都没做。

理论指导

没有人会在大雪纷飞时卖空调，也没有人会在炎炎夏日里销售羽绒服。虽然这听起来像是笑话，但在现实中有许许多多的销售人员正是以上这类笑话的主角。如果销售人员搞不清客户真正的需求，那么无论他再怎样努力，最终都是白白浪费时间，毫无成效可言。

下面来看一个案例。

曾有一位销售人员向一位先生推销领带，他说：“我们的领带本周大减价，以前100元一条，今天我可以60元卖给您。它配您的西装很合适。”

客户说：“我并不需要领带。我的家里大约有40条了。而我一下班就想将它取下来，换上牛仔裤与T恤衫，去打一个小时的棒球放松一下。”

要知道，沟通是销售人员与客户交流的一种重要方式，掌握良好的沟通技巧对销售人员的业绩提升有很大的帮助。而案例中的销售人员在和客户沟通中未能掌握客户的需求，从而导致沟通无效。其实，客户并非不需要领带，而是因为使用频率过高，导致了厌烦的心理。如果销售人员能掌握一些沟通技巧，以同情者的身份出现的话，那么将会有不同的效果。

行动指南

在销售过程中，销售人员要了解客户的心理状态，然后依据客户的具体情况调整自己的销售策略，与客户进行有效沟通。

第228天 找准购买决策人

核心提示

慧眼识珠，找准购买决策人是销售成功的关键。

理论指导

作为销售人员，千万不可以“从门缝里看人”，对每一位客户都要客气、有礼貌。有时候，一个看似其貌不扬的人，也许就是老板，或者是购买决策人。因此，优秀的销售人员必须善于观察，不被表面现象所迷惑，重视身边的每一位客户。

下面来看一个案例。

王建是一家保健品公司的销售人员，为了得到一张大订单，他多次对一位客户进行拜访，可就是没有成交。当王建最后一次来到客户的公司时，他在公司的走廊上听见一位老太太用沉重的语气对另外一个人说：“说实话，我不同意。前几天他来的时候，看见我连声招呼都不打，根本没有将我放在眼里。我活了这么多年，从来没有用过这种产品，不是也过得很好吗？更何况它还那么贵，我可没钱买。”王建大吃一惊，恍然大悟，他从没拿正眼瞧过的老太太竟然是决定购买的人。

当销售人员与一对夫妇或一群人进行洽谈时，必须要仔细观察并快速判断出谁才是购买决策人，这是很关键的。如果销售人员看错了目标，那么不仅浪费时间，而且还会让对方轻视自己的能力，从而轻视产品，这对销售是非常不利的。

那些对产品询问最多，同时表现出很大兴趣的人未必就是购买决策人，因为常常是最终不承担购买责任的人才会自由地表达自己的看法，而真正的购买决策人一开始通常会谨慎行事，不想过早地暴露强烈的购买意愿。

行动指南

如何看出谁才是购买决策人呢？通常来说，参与谈判的大都是购买决策人，但是为了以防万一，销售人员不要光盯着一个人，要知道购买决策人身边的任何一个人都有可能对他产生一定的影响。

第 229 天　直奔主题不可取

核心提示

开门见山或直奔主题是最不明智的见面语。

理论指导

刚与客户接触时，销售人员就直奔主题、直接要求客户购买自己的产品是不明智的。许多业绩平平的销售人员就是因为常这样，所以一开口便被客户拒绝，甚至连再次拜访的机会都没有了。

下面来看一个案例。

一次，某多功能食品搅拌机公司的销售人员去一个小区推销产品。当一位住户打开门时，销售人员鼓足勇气说："请问您需要一台食品搅拌机吗？"这位住户立刻冷冷地说："对不起，我不需要！"说完"砰"地一声就关上了门。

案例中，如果销售人员一开始这样说："先生，请问您家里有多功能食品搅拌机吗？"那么住户听完一定会想一想，他可能会转身去问他的太太，然后回答："我们家是有一台食品搅拌机，但不是多功能的。"这个时候，销售人员就可以说："我带来了一台多功能食品搅拌机，您看一下。"如果这位住户承认他家的食品搅拌机确实需要更换，那么销售人员的成交时机就到了。

采用这样一句话开头，至少可以为销售人员争取一个与客户商谈的机会，促使客户与销售人员达成交易，避免他们一句"不需要"就将销售人员拒之门外。

行动指南

1. 在与客户初次面谈时，销售人员可以通过隐约的暗示渐渐转入销售正题。

2. 在拜访客户之前，销售人员一定要掌握一些与客户有关的资料，从中找出一些引题来慢慢转入销售正题。

第 230 天　别让你的努力付诸东流

核心提示

销售人员之所以会失去客户，主要是因为他们没有注重那些看起来无关紧要的细节。

理论指导

在销售工作中，销售人员可能会忽视一些细节，在无意中得罪客户。要知道，尊重客户是销售的前提，尊重客户就必须从每一个细节、每一件小事做起。

下面来看一个案例。

泰盛公司要添置 100 万元的办公家具，

李总决定向一家大型家具公司订购。这一天，家具公司的销售经理打电话来说要拜访李总，李总心想：既然对方来了就顺便把订单签了。

没想到销售经理提前来访，原来他打听到泰盛公司的职工宿舍楼也即将落成，希望宿舍的家具设备也能够向他们公司订购，所以家具公司的销售经理带来了一大堆资料，在桌子上摆了一片。当时李总正好有急事需要处理，就让秘书请销售经理等一下。于是，销售经理想趁此空闲把资料再整理一下。在整理资料时，他将李总递给他的名片掉到了地上，一不小心还踩了一脚，而这一幕正好被办完事提早返回的李总看到了。

就因为这个小小的失误，让李总觉得这位销售经理很没礼貌，也不够专业，于是取消了与该家具公司的合作。可以说，轻轻的一脚踩没了100万元的大订单。

行动指南

销售人员要提高专业修养和素质，注重与客户接触的每一个细节。

第231天　给客户一定的考虑时间

核心提示

销售人员要牢记“欲速则不达”的道理。

理论指导

很多销售人员都想迅速成交，但往往忽略了客户在作出购买决定前需要一个思考过程，结果导致销售失败。

下面来看一个案例。

赵强是一家计算机公司的销售人员。一天，他正在向一位女士推荐一款计算机，他说：“如今，孩子在学校都是借助计算机来学习的，您家有吗?”

女士说：“还没有，所以我考虑买一台。”

赵强说：“太好了，我们公司的计算机不仅功能强大、质量可靠，而且价格适中，非常适合全家使用。”

女士看完计算机之后很满意，但是她想打电话与丈夫商量一下。赵强一听心里有些着急，担心一商量生意就泡汤了，于是便催促女士购买。女士一听不由心中生疑，想了想，决定还是到别处再看看。

其实，对于销售人员推荐的产品，客户通常都会有一个认识和接纳的过程，任何人都不会草率地购买一件产品，或者作出一项投资决策。在此过程中，销售人员的耐心将起到很重要的作用，销售人员只有一步步赢得客户的认可与信任，销售才会成功。

行动指南

销售人员要有一步步引导客户成交的耐心，给客户充分的考虑时间，不能催促客户。

第232天　客户拒绝的典型借口：价格太高，我买不起

核心提示

在销售过程中，销售人员要避开价格这一敏感问题，重点介绍产品在性能、品质以及售后服务等方面的优点。

理论指导

其实，在客户的拒绝理由当中，有很大一部分只不过是借口而已，客户这么做可能是出于各种不同的考虑，如果销售人员找不出客户真正的异议点，那么便无法说服他们，即使费尽口舌，他们也不会改变自己的主意。

在销售活动中，销售人员听到次数最多的拒绝借口就是“价格太高，我买不起”。此时，销售人员最好先避开价格这一敏感问题，重点介绍产品在性能、品质以及售后服务等方面的优点，让客户获得足够的产品信息。例如，销售人员可以这样说：“女士，对于您提出的这个问题，等会儿我们可以专门讨论。现在我介绍一下这种产品的特色。”

如果遇到客户过早地讨论价格问题，那么销售人员可以分解产品的价格。由于很多产品都是由各种零部件组装而成的，比如电冰箱有压缩机、外壳和冷冻室等部分，销售人员可以分别就每个零部件的性能、生产厂家和类似产品进行比较，然后加以汇总，给客户一个满意的答案。

不管怎样，在和“没钱购买”的客户打交道的时候，销售人员不要听见“没钱”两个字就转身离开，而应坐下来和客户充分沟通，着重介绍产品的优越性能与相对低廉的价格。然后，销售人员要从各方面去充分展示并证明产品的质量，抓住有利时机向客户进行说明，购买产品最关键的就是质量，一分价钱一分货。最后，销售人员要让客户在了解了产品的优点以后得出该产品的价格与类似产品的价格相比还比较划算的结论。

此外，销售人员千万别忽略产品的售后服务问题，因为周到的服务、遍布各地的维修网点以及良好的信誉会给客户一种可信感和安全感，从而产生购买这种产品会物超所值的想法。

行动指南

销售人员要根据自己所销售产品的特点，拟订几套消除客户借口的方案。

第233天　客户拒绝的典型借口：过段时间再来吧

核心提示

客户总是会出于各种原因，不愿讲出自己不想购买的真正理由。

理论指导

“过段时间再来吧！”是一句典型的客户拒绝购买的借口。这是一种较为礼貌的拒绝方式，它真正的意思就是“不”。要想消除客户的这个借口，销售人员就必须弄明白问题到底出在哪里，客户真的不需要这种产品或服务吗？有其他竞争对手吗？价格太高了吗？客户有购买能力吗？有经验的销售人员都知道，如果客户说下次再

买，那么他今天就应该买。

如果客户告诉销售人员自己现在不需要这种产品，并且计划在将来适当的时候再谈论这个问题，那么销售人员可以这样说：“我只不过是想向您说明一些情况而已，让您有一个大致的了解。当您使用这种产品的时候，可以节省许多开支。”销售人员也可以这样说：“这是为您提供的一些资料，您可以将这些资料存档，需要的时候再查阅。”销售人员在业务洽谈开始的时候，不要随意反驳客户的反对意见，也不要对客户提出的问题应付和搪塞。

此外，销售人员还可以这样问客户：“您现在不买是有什么特别的原因吗？”无论客户说什么，销售人员都要表示赞同，并确定一个再次见面的时间。

如果销售人员听了客户的推托之词便退缩了，那么在销售人员轻易离开以后，这笔交易也许就会被竞争对手夺去。因此，销售人员应该努力去查明客户拒绝的真相，设法留住客户。

有经验的销售人员不相信客户许诺的“以后再买”，因为他们知道，口头协议不如书面协议可靠、有保证。

通常来说，使用这种借口的客户比较优柔寡断、不愿意给予明确答复。对此，销售人员可以这样说：“冒昧打扰您了，真是很抱歉，我改天再来拜访吧。”或“也难怪，现在物价上涨这么快，谁买东西都要先考虑一下。”

行动指南

销售人员要根据实际情况，或者坚持到底，或者适时告辞。当然，最保险的办法就是先将产品说明书交给客户，过两天再去拜访。

第234天　客户拒绝的典型借口：以前用过，但不好用

核心提示

尽快弄清楚客户拒绝的真正原因，消除让客户排斥的因素。

理论指导

很多时候，销售人员刚向客户发出销售信息，有些客户就开口拒绝：“以前用过，但不好用。”可以想象，遇到这种客户是一件多么尴尬的事。销售人员必须冷静地应付这种比较棘手的客户。销售人员可以说：“听上去您好像曾经在一种类似的产品上有过不愉快的使用经历，能跟我说说吗？造成这种不愉快的原因是什么？是产品还是服务？”让客户把不愉快的情绪发泄出来，然后再认真地帮客户分析其中的原因。销售人员可以这样对客户说：“这方面的情况在很短的时间内已经有了非常大的改进，所以，您看是否应当将购买的决定建立在今天的基础上，而非昨天的经历？”这是从专业的角度来消除客户疑虑的好办法。

这时，客户也许会提出许多问题，销售人员在回答时要沉着冷静，让客户感觉回答是客观的，这样不但能缓和气氛，而且会给客户一种稳重感和安全感。然后销售人员应征询客户的意见，比如“还有什么不满意的地方”，如果客户没有异议，那

么销售人员就不要老纠缠这类问题。

不管客户提出什么反对意见，都没有恶意。客户愿意和销售人员说话，愿意拿起产品看一看，然后再提一些反对意见，这些行为都表明客户对销售人员及其产品颇有兴趣，甚至有购买意图。

现如今，客户对销售服务的要求越来越高，各个厂家也争相在服务方面展开竞争。如果销售人员不能提供比竞争对手更好和更多的服务，那么客户提出异议也是正常的。

面对客户的拒绝时，如果销售人员能以一种真诚的态度帮助客户解决问题，然后再以乐观的个性感染客户，那么成交就指日可待了。

行动指南

如果客户找借口不买，那么销售人员要设法弄清楚客户为什么会有反对意见，是由某种误解造成的，还是由日积月累的偏见造成的，以便进行适当处理。

第235天　客户拒绝的典型借口：我要考虑考虑

核心提示

有经验的销售人员在听到客户说“考虑考虑”时，都不会急于离开，而是通过与客户的进一步交流找到成交的突破口。

理论指导

在销售人员介绍完产品的质量、价格和售后服务等情况以后，也许有的客户会说：“我要考虑考虑！”虽然这种拖延之词听起来的确很合理，但其实只是一个打发销售人员离开而又不失礼貌的借口而已。

因为“我要考虑考虑”而导致销售失败是不能全怪客户的，只能怪销售人员的经验不足。客户早就有了暗示，只是销售人员私底下打错了如意算盘，太天真了一点儿。客户说“让我考虑一下”，表示客户有拒绝购买的意思，在这个反对意见刚刚萌生之际，销售人员必须马上把话头打住，任其滋长下去的话，客户的购买欲会越来越淡，生意就做不成了。

例如，销售人员可以说一句：“实在是对不起。”客户问：“有什么对不起啊？”销售人员回答：“请原谅我不怎么会讲话，肯定是我刚才说的有让您不明白的地方，否则您就不至于说‘我要考虑考虑’了。你可以将考虑的事情跟我说说吗？”

此外，销售人员还可以用以下几种方法应对客户的借口。

1. 优惠法

给客户一个优惠，让他们不能再拖延下去，比如以节假日优惠、店庆优惠等条件，给客户“回扣”或者“折价”，以促成交易。

2. 比较法

销售人员运用这种方法将客户拖延下去的好处与坏处进行比较，这样客户就会清楚拖延的得与失，自然就不愿意再拖延了。

3. 过期作废法

销售人员可以陈述拖延下去的坏处，如供应也许会中断，价格也许会上涨，型号也许会有所改变，交货期也许无法保证等。很多有经验的销售人员都会诚恳地对客户说：“对不起，我们无法保证日后还能向您提供和这次一样的产品与条件，请您考虑一下再作决定吧。”这样一来，客户因为担心将来无法再以这么优惠的条件买到产品，所以就不会再拖延了。

行动指南

1. 遇到本节提到的这种借口时，销售人员不要任由客户再“考虑下去”，要以积极热情的语气继续探询对方的心理。

2. 除了提供优质的服务之外，销售人员还要以一定的优惠条件激发客户的购买欲望。

第236天　客户拒绝的典型借口：不想更换新产品

核心提示

销售人员可以用产品的品质来打消客户不想更换新产品的想法。

理论指导

很多客户都会说：“我对现在使用的产品非常满意，没有理由更换。”这表示什么意思呢？这表示客户有使用该产品的需求。

销售人员可以说：“是的，我能理解你们现在的关系很好。但是我肯定您不想错过增加一条产品线（或者另一个原材料供应来源）的机会，它每个月会使您增加（具体金额）额外利润。”专业的销售人员要向客户强调，这并非要客户与当前的供应商切断关系，只不过是建议客户把生意分出来一些而已，这样对客户会更有好处。销售人员也可以这样说：“多几家供应商不好吗？您还可以有比较的机会，比如在价格或品质方面进行比较。”

确实，客户的使用习惯不容易改变，要想达成交易，销售人员就必须遵循循序渐进的原则。具体做法是这样的：首先，依照人际关系策略，销售人员应该对客户的这种忠诚态度表示敬意，同时也应该争取客户对自己的产品产生兴趣；其次，销售人员可以询问客户对他的原供应商的看法，也可以询问有关产品品质、服务、可靠程度以及交货情形，从而发现其中的漏洞；接下来，销售人员要针对这些漏洞，列举出很多的反驳理由，促使客户改变主张。也就是说，让客户相信，如果向销售人员订货，那么可以得到更大的利益。

另外，销售人员也可以采用折中方案，劝说客户先采购一部分产品，让客户相信分开采购的利益有很多。如果客户答应交易，那么销售人员可以再慢慢争取其所有的订单。

行动指南

销售人员必须设法让客户相信，使用了新的产品之后，会收到很好的效果。

第237天　应对“挑三拣四”的客户要讲究技巧

核心提示

事出有因，销售人员要通过观察找出原因，思考对策和办法。

理论指导

在销售过程中，有些客户会对销售人员说“我要这种，那种不好”“你们生产的东西总是不注意这一点”“谁会花钱买不好的东西啊”等。

为什么客户会有这些反对意见呢？基本上都是因为误会。有可能是客户有意妄下结论，比如客户曾和某位销售人员发生过争执，从而导致对产品心生反感；还有可能是客户听到了别人对产品的抱怨，从而留下先入为主的坏印象。这时，销售人员应当找出客户厌烦的原因，消除客户脑海中的坏印象，解除误会，然后再进行销售。

有的客户说：“我想再比较一下别家的产品。”销售人员可以说：“您这样做其实很有道理，俗话说得好‘货比三家不吃亏’。只有经过比较，你才会发现我们公司生产的产品是多么好。”

有的客户说：“我现在没有足够的现金，没法买。”销售人员可以说：“我并不是让您立刻就买，而且我也不急着要现金，只是希望您能暂时试一下这个产品，您只需付少许定金，剩下的钱可以办理分期付款。我知道您非常喜欢我们公司的产品，您再考虑一下。我们可以先谈一谈有关合同签订的问题，如果您同意合同的条款，那么您就可以按今天的优惠价购买产品了。”

如果客户提及过去使用这种产品出现过问题，那么销售人员应该表示诚恳的歉意，然后再强调现在跟过去不一样了，让客户知道产品已经改进了。

如果客户说“这个好，那个差点”，那么销售人员不妨先谈谈客户喜欢的话题。如果客户说“这种机器也许不太好用”，那么销售人员就应当手把手教客户操作，使客户心有所得。

行动指南

1. 销售的过程是艰难的，无论客户抱有什么想法，对产品有多大的怨气，销售人员都要平和相待。

2. 嫌货才是买货人，销售人员要把客户的反对和拒绝当成是客户对产品感兴趣，并用最好的态度和最优惠的条件打动客户。

第 238 天　产品介绍：有效展示产品的技巧

核心提示

在产品展示的时候，有一个永远不变的真理，销售人员必须绝对尊重并欣赏自己的产品。

理论指导

例如，卖鞋的销售人员在把鞋交给客户试穿以前，应该小心地将鞋面上的尘土掸掉，再轻轻地放好；卖布的销售人员在触摸布料的时候，应该表现出真心欣赏其优良质地的样子；卖衣服的销售人员在整理衣服的时候绝对不能随便一扔了事。销售人员必须保持对产品的赞赏态度。如果销售人员自己都不喜欢这种产品，那么又怎么说服客户购买呢？

很多销售人员发现，要想做好生意，就必须允许客户用手去触摸产品。例如，销售人员要想推销自己的吸尘器，不必说太多话，只需让客户亲自使用一下就行了。

演示是一种有效展示产品的手段。销售人员可以利用夸张的手法来展示自己产品的特点，从而达到销售的目的。曾有一位消防用品销售人员，在和客户见面之后，他并没有急于开口说话，而是从提包内拿出一件防火衣，把它装进一个大纸袋中，然后用火点燃纸袋，等纸袋烧完之后，纸袋内的衣服仍然完好如初。这个夸张的演示让客户产生了非常大的兴趣，没有费多少口舌，这位销售人员就将订单拿到手了。

行动指南

如果产品适合做现场演示，那么销售人员就充分地演示一番吧！不过，千万不要拿质量不过关的产品做演示，否则一切就都前功尽弃了。

第239天　产品介绍：介绍产品时切忌画蛇添足

核心提示

向客户介绍产品时，宜简明扼要，忌画蛇添足。

理论指导

人人都明白画蛇添足、多此一举的道理。一位优秀的销售人员绝对不会在介绍产品的时候，不顾客户的需求与反应，把产品的所有功能进行反复的演示和说明。

下面来看一个案例。

有这样一位销售人员，他在产品演示方面做得非常棒，但是从未卖出过任何东西。这是为什么呢？问题就在于，他在做产品演示时，虽然演示技术纯熟，但是从来不会与客户进行很好的互动，也不会察言观色，更别提为客户着想了。有一次，他去见一位客户，客户已明确表示自己要买下产品了，但他执意要求给客户演示一下，因为这是他的拿手好戏。最后，还没等他演示完，客户就把他赶了出去。

其实，这位销售人员只要事先有礼貌地向客户打听一下对产品有什么疑问或特殊要求，然后针对这些疑问与要求来做演示就可以了。这样一来，销售人员不必多费口舌，客户便会心悦诚服地买下产品。切记，在介绍产品的时候，千万不要画蛇添足。

行动指南

在做产品介绍时，销售人员一定要审时度势、因人而异，千万不可自作聪明、画蛇添足。

第240天　尊重客户，多为客户想一想

核心提示

销售人员最易犯的错误就是太强调自我利益而忽视了客户利益。

理论指导

在沃尔玛连锁超市创始人山姆·沃尔顿看来，企业的经营必须秉承这样两条原则：一是客户永远都是对的；二是如果客

户错了，那么请看第一条。对销售人员来说，客户永远都是对的。因此，请销售人员把客户的利益放在首位。

下面来看一个案例。

有一位汽车销售人员在向一位客户介绍某种型号的汽车，实际上这位客户并不想买，只不过是因为自己已经麻烦了这位销售人员很久，心里十分过意不去。因此，他谎称自己手上资金不足。销售人员看出了客户的为难，便恭敬地递上了一张自己的名片，对客户说："如果您决定购买，那么请给我打电话，我会再与您细谈的。"

客户释然一笑。几周之后，这位客户给销售人员打了一个电话，他说自己的几个朋友想买车，并表示越快越好。

结果，销售人员一次就做成了几笔大生意。

行动指南

1. 在客户左右为难时，销售人员要充分理解客户的难处，千万不要给客户施加压力。

2. 如果客户无意购买而又不好意思拒绝，那么销售人员就要为客户找一个台阶，从而为下一次销售埋下伏笔。

第 241 天　产品劝购的四个技巧

核心提示

在劝购时，销售人员要让客户拿主意，满足客户渴望被尊重的需求。

理论指导

在劝购过程中，销售人员应注意自己的语气与用词，话既不能说得太多，也不能说得太快，更不能漫不经心地说。

产品劝购有以下几个技巧。

1. 将产品的优点与客户的利益结合起来

在劝购时，销售人员要把产品的优点与客户的利益有效地结合起来，从而赢得客户的好感和信任。

2. 说一个恰当的比喻

有时冗长的产品介绍不仅起不到劝购的作用，反而会让客户产生反感。因此，销售人员可以适当运用形象、生动的比喻来加深客户对产品的印象。

3. 把缺点"和盘托出"

美国成功学大师博恩 · 崔西表示："说尽优点，不如暴露一点儿缺点真实。"任何产品都会有一些不足，这些不足对销售人员有很多不利影响，它们往往是销售失败的罪魁祸首。但是，永远别将产品的不足视为一项秘密，因为这是一种欺骗行为，一旦客户发现销售人员在刻意隐瞒，就会立刻拒绝购买产品。

4. 让客户参与其中

在销售过程中，最巧妙的办法就是提供一个不完整的方案，给客户留下调整的余地或者提供一个不完美的产品，赋予客户修改的权力。当客户参与了"让方案或产品更完美的工作"以后，对于销售人员的建议，客户就会更乐于接受。

行动指南

销售人员要牢记以上四个劝购技巧，并在实际工作中合理运用。

第242天　处理客户抱怨要遵循的三个原则

核心提示

重视客户的抱怨，平息客户的怒气，快速处理客户的抱怨。

理论指导

在销售过程中，客户常常会向销售人员提出很多抱怨。销售人员应当谨记，此时正是考验自己的耐性与销售能力的时候，不可轻易与客户对抗，处理方法稍有不妥，就有可能引发一场“战争”。

一般来说，处理客户抱怨要遵循以下几个原则。

1. 对客户的抱怨要给予足够的重视

客户向销售人员提出抱怨，其用意是：我提出抱怨必定能促使产品得到各种改进。这说明，客户是依赖销售人员的，销售人员应当欣然接受。如果销售人员能将抱怨处理好，那么客户必定会逢人就夸，无形之中为产品做了很好的宣传。

2. 平息客户的怒气

在处理抱怨时，诚心诚意地道歉必定是销售人员最先要做的事；然后，销售人员应虚心地聆听客户的抱怨，等客户的怒气得以宣泄之后，销售人员再快速地整理客户抱怨的重点；接下来，销售人员还要探究客户抱怨的原因，从而进行适当的处理。通常，客户抱怨的原因主要有：销售人员的说明不够详细、公司的错误（比如产品存在缺陷）、客户的错误（比如操作顺序有误）、发生意外事故（比如运送途中的事故）、客户的误解（比如听错了销售人员的说明）。无论什么原因，销售人员都要耐心地进行解释。销售人员只有处理得当，才会给客户留下好印象。

3. 处理速度要快

马上处理是化解客户抱怨的最好方式。例如，客户抱怨的原因是因为产品存在缺陷，如果销售人员对客户说：“因为周六下午不上班，紧接着又是周日，因此我们只能在下周一中午之前将新产品送给您……”那么客户肯定会想：“还要拖到周一？你们光考虑自己的情况，丝毫不为我考虑。这种产品，我今后再买才怪呢。”如果销售人员听完客户的抱怨后，当天就迅速地将新产品送到他的手中，那么结果就大不一样了。

行动指南

在劝购时，难免会遇到客户的各种不满，销售人员要把处理客户的不满视为赢得客户信任的契机。

第243天　关照客户，为他找一个拒绝的理由

核心提示

销售人员要为客户着想，在必要的时候，为客户找一个不买的借口或理由。

理论指导

下面来看一个案例。

有一位销售人员在向客户推销化妆品，

客户已经决定购买，然而在最后付款时，她却突然想起家里已经有了这种化妆品，于是想反悔不买了。销售人员见状，非常热情地说："可能这种化妆品不适合您，我今天带来的品种不多，实在很抱歉，下次我再多带几个品种供您挑选。"销售人员把责任全都揽到了自己的身上，让客户感到十分欣慰。最后，客户还是买下了这套化妆品，并成为销售人员忠实的客户。可以想象，如果销售人员不主动给客户找一个拒绝的理由，那么这笔交易只会以失败告终。

在客户不想购买或反悔时，销售人员主动为客户寻找借口或理由，其实这是一种攻心战术，是一种将心比心的做法，这样做通常能赢得客户的尊重，并最终达成交易。客户说"不"肯定有他的理由，如果销售人员无法让客户主动说出真实理由，那么最好的办法就是为客户寻找借口或理由，不要让客户丢面子。

在销售工作中，销售人员遵循"客户永远都是对的"这一原则，为客户寻找借口或理由，能够最大程度地赢得客户的好感；而那种强卖态度只会让客户觉得气愤难忍，更别说什么主动购买产品了。

行动指南

1. 销售人员应为客户着想，不能只想着尽快将产品卖出去。

2. 只要客户对销售人员有好感，即使当时没有成交，以后也会有机会。

第16章

排除异议

第244天　利用客户的逆反心理促进销售

核心提示

正话可以反说，反话也可以正说，关键是能不能说到客户的心里去。

理论指导

在销售过程中，常常有一些客户与销售人员“对着干”，以此来显示自己的“高明”与“非凡”。客户的逆反心理有多种表现，比如对产品性能的不认同、对正面宣传的不信任、对销售人员无端的怀疑与蔑视等。

客户的逆反心理是由两个方面的原因引起的，一是客户的自尊心使然，客户反感销售人员把自己当外行，为表示自己见多识广，便对任何事物都持批判态度；二是销售人员的介绍方法不恰当，让客户心生反感。

下面这个案例也许会给销售人员一些启示。

某地产公司销售人员正在销售甲、乙两套房子，销售人员想先卖出甲房子，于是他对客户说：“甲房子在前两天被别人相中了，要我帮他留着，您还是看看乙房子吧，它的户型也非常好。”这时，客户当然要两套房子都看，而销售人员的话使客户产生了一种“甲房子更好”的感觉，因此认为乙房子不如甲房子，只得遗憾地离开了。

几天之后，销售人员给这位客户打电话，说：“您真是很幸运，订购甲房子的客户觉得房子有点儿小，想另找一套大点儿的房子，您现在可以考虑买甲房子了。”听到这里，客户也认为自己很幸运，因此很快就与销售人员成交了。

行动指南

在销售过程中，如果“顺着”不通，那么不妨“逆着”试试，关键在于抓住客户的心理，让客户对产品产生购买欲望。

第245天　巧妙化解客户的不满情绪

核心提示

要想有效化解客户的不满情绪，销售人员就必须站在客户的立场上看问题。

理论指导

为了化解客户的不满情绪，销售人员应当采取以下几项措施分散客户的注意力。

1. 安静倾听

为了让情绪激动的客户尽快平静下来，销售人员应亲切地招呼他们坐下来诉说抱怨，而自己则在一旁认真倾听、记录，这样有助于销售人员营造一种友好的交谈气氛，让客户觉得自己的意见受到了重视，没必要再继续抱怨下去。一份完整而详细的抱怨记录能让销售人员更好地接近客户。

2. 以诚相待

以诚相待是销售人员拜访客户应有的礼节。在处理客户的抱怨时，正确的握手姿势和适当的力度可以有效缓解客户的不满情绪，使现场气氛变得融洽。在条件允许的情况下，销售人员可以对正在抱怨的客户略施恩惠，以表安慰。

3. 转移情绪

上门抱怨的客户一般都喜欢争取旁观

者的支持，现场人越多，他们的指责就越苛刻、离谱。一旦碰到这种客户，销售人员应该迅速把当事人带离现场，千万不要在公众面前和客户争辩。销售人员可以当面向客户表示歉意，这是和客户联络感情的有效方法。如果销售人员无法表示完全认同，那么最起码也应当在某个观点上持谅解态度，比如“感谢您对这个问题的提醒……”“多亏有您的指点……”“对于这个问题我也有同感……”等。

4. 适当拖延

对于有些客户提出的抱怨，一时之间难以找出抱怨的真正原因，销售人员应暂缓处理或转移话题，目的是让客户平心静气地提出意见。例如，销售人员可以说：“我立即去调查一下情况，明天给您回复。”遇到情绪激动的客户，销售人员千万不要急于处理抱怨，以免草率行事。此时，销售人员可以停顿一下，先和客户谈论其他的话题，比如天气、社会新闻等。

行动指南

1. 面对客户的不满情绪，销售人员要保持冷静的头脑与宽容的心态。

2. 销售人员千万不可以与抱怨的客户斗气。

第246天　不要当面反驳客户的抱怨

核心提示

面对客户的抱怨，最佳的方法就是积极解决问题，而不是追究谁的责任，更不要直接反击客户的抱怨。

理论指导

很多销售人员在无意中都会犯这样一个错误，在客户抱怨的时候，急于追究是谁的责任。事实上，这是极不明智的做法。

下面来看一个案例。

“服务员！你过来！”客人高声喊，并指着面前的一个杯子，一脸不悦地说，“看看！你们的牛奶是坏的，把我的柠檬都糟蹋了！”

“真是对不起！”服务员尽管嘴上说着道歉的话，但是满脸的不屑，“如果您放柠檬，那么就不要加牛奶，难道您不知道柠檬会导致牛奶结块吗?”

客人的脸一下子红了，生气地说：“明明是你们的牛奶有问题，怎么反倒成了我的问题了？把你们的经理叫过来……”

直接反击客户的抱怨会激怒对方，让事情变得更糟。即使是客户的错，销售人员也要先向他道歉，就算有理由也不能立即反驳，否则只会制造更多的麻烦。这是在应对客户投诉时应遵循的一个重要原则。

总而言之，对待有抱怨的客户，销售人员要以礼相待，耐心听取客户的意见，尽量让他们满意而归。

行动指南

1. 在处理客户抱怨的时候，无论客户是否有理，销售人员都必须保持诚恳的态度。

2. 对于客户的抱怨，销售人员要采取宽容的态度，这样有助于继续获得客户的订单。

3. 对于情绪特别激动的客户，销售人员要先稳定他们的情绪，然后再采取相应的措施来分散他们的注意力，避免冲突升级。

第247天　以静制动，息事宁人

核心提示

销售人员要从大局出发，不妨自己吃点儿小亏，退一步是为了进两步。

理论指导

以静制动是处理抱怨的一个好方法。首先，销售人员要谨慎询问事由，然后再给出合情合理的答复，变抱怨为答问。

在客户抱怨的时候，特别是正当客户情绪激动之时，销售人员要保持冷静，认真倾听客户诉说，千万别贸然打断他们的叙述。俗话说得好，冲动的客户在火中，冷静的销售人员在水中，冷可以抵热，水能够克火。客户情绪激动，一是为了从气势上将销售人员压倒，尽快将心中的不满发泄出来；二是为了将销售人员激怒，展开辩论战，尽量捞回损失。如果销售人员采取以怒制怒、以动克动的方式对待客户，那么就会导致双方的矛盾激化。

以静制动并非要求销售人员一味地沉默，因为有时沉默反而会让客户陷入不安的境地中，甚至让抱怨的客户感到愤怒。销售人员在使用以静制动的方法时，一定要适当保持沉默，有的时候还要做到“不妨自己吃点小亏”。客户对销售人员抱怨，有时候还会要求给予退赔、退换或补偿，这些都是销售过程中较为棘手的问题。碰到这样的客户，销售人员要仔细研究、妥善处理，不然会造成更大的损失，从而失去一位常客或一笔交易。

对于客户过分的要求，销售人员常常不愿意接受，如果当面表示拒绝，那么就会造成双方情绪对立，最终受损的还是销售人员。因此，销售人员不要急着表明自己的“清白”，更不要立即指出责任在客户的身上，而是要细心地进行引导，循循善诱，想办法让客户自己得出结论，将问题解决。

一个精明的销售人员总是回避直接与客户讨论退或赔等问题，而是先从分析入手，逐步明确双方各自的责任，将客户夸大的因素剔除，最后提出双方都能接受的条件。其实，客户之所以会提出过分的要求，主要是因为他们不了解具体情况，而非有意敲竹杠。如果销售人员接受客户的某些不合理要求，那么客户就有可能因为心中有愧转而采取合作态度。一旦退换或赔偿要求得到满足，客户就会从感情与行动上更贴近销售人员。

行动指南

销售人员要充分接受客户提出的合理要求。如果迫不得已要拒绝客户的某些合理要求，那么销售人员要注意措辞和态度，否则会给客户一种不通情理、吝啬小气的感觉，非常不利于销售。

第248天　将客户投诉看成珍贵的礼物

核心提示

客户投诉能让销售人员发现产品的问题，进而促使产品得以改进。

理论指导

对于客户投诉，如果销售人员处理不当，那么就会导致客户的不满，进而产生纠纷。所以，一定要认识到，客户的投诉是最好的产品情报，销售人员不仅不应该逃避，反而应该欣然接受才是。

调查发现，在赶跑客户的行为中，最常见的有两种：一是不理睬客户的投诉，二是草率处理投诉。与此相反的是，圆满解决客户的投诉有助于销售人员与客户建立良好的关系。

如果客户沉默不语，那么是否就表示他们没有怨言了呢？绝对不是。客户没有直接向销售人员抱怨，并不表示他们不会向别人抱怨。心怀不满的客户会将自己遇到的糟糕服务告诉身边的所有人。

作为销售人员，应该将客户投诉当成珍贵的礼物。如果销售人员能像接受别人的礼物一样看待客户的投诉，那么隐藏在投诉背后的价值就会显现——赢得新的商机。

行动指南

1. 销售人员要站在客户的角度，设身处地去理解客户的不满和意见，最大限度地帮助客户排除异议。

2. 销售人员要站在公司的角度，将客户的投诉看成改进的机会，积极改进产品，鼓励客户再次消费。

第249天　不能只会说“对不起”

核心提示

研究显示，1次负面的影响需要12次正面的影响才能弥补。

理论指导

要知道，处理客户投诉不仅仅是说一句“对不起”那么简单，销售人员要找到问题的关键所在，想办法弥补客户的损失，努力恢复客户对产品的信任。研究显示，1次负面的影响需要12次正面的影响才能弥补。

当客户有异议时，销售人员应该怎样处理呢？

1. 销售人员要虚心接受客户的意见，抓住客户意见的重点，搞清楚客户到底有什么要求。

2. 销售人员要仔细调查原因，掌握客户的心理。

3. 为了避免类似的错误再次发生，销售人员应当果断采取应对措施。

4. 销售人员要诚恳地向客户道歉。

5. 销售人员要以客户的不满为契机寻找差距，甚至可以成立专门的委员会来调查投诉的原因，以期达到改善的目的。

6. 为了恢复公司的信用与名誉，除了赔偿客户物质、精神上的损失之外，销售人员还要加强对客户的后续服务，让客户对产品重新产生好感。

行动指南

处理客户异议时，首先，销售人员要真诚地向客户表示歉意，表示公司一定会严肃处理此事，并尽量满足客户的索赔要求；然后，根据事件的严重程度按照上述步骤去执行。

第250天　典型的客户异议及解决方案

核心提示

客户关心的是钱、利益、损失等，而不是销售人员的处境、销售人员的理由或是销售人员对发生的事情有何感想。

理论指导

案例一：“新买的车就有毛病”

客户心理：（1）花了那么多钱，却买到有毛病的车；（2）这样的车开起来缺乏安全感，想另换一辆。

注意要点：（1）认真听取原因，以便缓和客户的情绪；（2）判断客户的操作是否正确；（3）陪同客户一起将出现的问题传达给技术人员；（4）强调不可能换车。

销售人员：“真是太抱歉了！当初我们满怀信心地将这辆车推荐给您，我们肯定会对您负责。我陪您一起把车送到修理厂好好检查一下吧。您什么时间方便呢？”

“我十分理解您的心情，但是不可能换车。一辆车是由很多的零件组装而成的，发生故障的应该只是某个零件，不可能所有的零件都有毛病。我一定会对您负责，直到让您满意为止，我们到修理厂检修一下好吗？”

案例二：“让我在你们的修理厂等了那么久”

客户心理：（1）浪费时间；（2）不高兴。

注意要点：（1）首先应该道歉，从而消除客户的不满；（2）向客户说明修理厂的工作流程。

销售人员：“我们的工作宗旨就是‘客户至上’，如今让您感觉到我们的服务不周真是太抱歉了。如果我是您的话，那么也会有同样的心情。为了改善今后的工作，请您为我们提供一些改善服务质量的意见。”

“真是对不起，给您添了这么多麻烦！由于最近客户的安全意识都提高了，送到修理厂检查的车也大大增加了。我们肯定会不断提高检查的效率，但是希望您尽量遵守预约制度，如果能早一点儿联系我们，那么就不会有这种困扰了。”

行动指南

出现问题时，销售人员一定要及时表达歉意，尽快提出解决方案。

第251天　编写一个标准的客户异议应答语

核心提示

面对客户的各种异议，编写异议应答语是一个不错的方法。

理论指导

客户投诉是多种多样的，一味地道歉也许不能解决什么问题。这就需要销售人员针对各种各样的客户投诉，编制一套标准的应答语。

编写标准应答语的具体程序如下：

1. 写下大家每日遇到的客户异议；

2. 进行分类统计，按照每种异议出现次数的多少排列顺序，将出现频率最高的异议排在首位；

3. 采用集体讨论的方式编写恰当的应

答语；

4. 每个人都要记熟这些应答语；

5. 由经验丰富的销售人员扮演客户，大家轮流练习标准应答语；

6. 对于练习过程中发现的缺陷，通过讨论进行修改与完善；

7. 将修改过的应答语印成小册子发给大家，以便随时翻阅。

行动指南

销售人员要按照本节提示的方法，结合所在公司的具体情况编写应答语，然后积极地将其应用到销售实践中去。

第252天　以一颗宽容的心来处理异议

核心提示

在处理异议时，态度是第一位的。

理论指导

对销售人员来说，异议不一定都是坏事，也许它会为销售人员甚至所在公司指明前进的方向。在处理异议时，态度是第一位的。治水之道在于疏导，处理异议也是如此。销售人员在处理异议时应注意以下几点。

1. 倾听重于辩解

客户提出异议后，销售人员应表示真诚的欢迎，并聚精会神地倾听，千万不可干扰。

2. 换位思考，审慎回答

对于客户提出的异议，销售人员必须审慎回答。一般来说，销售人员应以沉着、坦白以及直爽的态度，将有关事实、数据、资料以口述或书面方式传递给客户。措辞必须恰当，语调必须温和，在和谐友好的气氛中与客户进行洽谈。如果不能解答，那么销售人员只好承认，不可胡乱吹嘘。

3. 以退为进，韬光养晦

如果销售人员认为一时不能与客户达成共识，那么就暂时将其放在一边，以后有机会再去讨论这些问题。

行动指南

1. 无论客户提出何种异议，销售人员都要用良好的态度来对待。

2. 销售人员要以一颗宽容的心来看待并处理客户的异议。

第253天　针对产品的七种异议

核心提示

针对产品或服务本身，销售人员要区别对待七种异议。

理论指导

从产品的角度出发，我们可以将客户的异议分为以下七种。

1. 需求异议

对于这种异议，客户使用的比较多。例如，有的女性客户会表示“这种产品我已经有了”“我的皮肤非常好，根本就不需要用护肤品”“这种产品我用不上”等。这种异议有真也有假，是成交的直接障碍。如果销售人员发现客户真的不需要自己所销售的产品，那么就应当马上停止介绍。不过，如果客户只是推托的话，那么还是有可能成交的。销售人员应该仔细判断异议的真假，对于借口推托的客户，要想办法让客户感觉到产品提供的利益与服务符合需求，让客户动心，然后再进行销售。

2. 财力异议

这是指客户觉得缺乏货币支付能力的异议。例如，“产品真不错，可惜我没钱买”“最近资金周转困难，根本没钱进货”等。通常来说，对于客户的支付能力，销售人员在寻找客户的阶段就已经进行过严格的审查了，因此在销售过程中能够准确辨别真伪。真实的财力异议处置比较复杂，销售人员可以根据具体情况，协助客户解决支付问题，比如答应延期付款，或者通过说服使客户认为购买机会难得而贷款购买等。对于作为借口的财力异议，销售人员应当在了解了真实原因之后再想办法处理。

3. 价格异议

这是指客户以产品售价太高为由而拒绝购买的异议。不管产品的价格如何，总是会有客户说价格太高、不合理或高于其他同类产品的价格。例如“太贵了，我买不起”“我想等降价再买”“我不准备投资这么多，我只使用很短的时间”等。当客户提出价格异议时，说明他们对产品有购买意向，只不过是对产品的价格不满意而与销售人员进行讨价还价而已。在实际的销售工作中，客户提出价格异议是最常见的现象，如果销售人员没有办法处理这些异议，那么就很难销售成功。

4. 质量异议

这是指客户觉得产品本身无法满足自己的需要而形成的一种反对意见。比如“新产品质量不过关”“这个产品造型太古板”“我不喜欢这种颜色”等，此外还有客户对产品的样式、设计、型号、结构以及功能等提出异议。当客户提出质量异议时，说明他们对产品有了一定的认识，可是了解还不够，他们担心这种产品不能真正满足自己的需要。因此，销售人员必须充分掌握产品知识，只有准确、详细地向客户介绍产品的使用办法，才能消除客户对产品的异议。

5. 购买时间异议

这是指客户故意拖延购买时间的异议。通常情况下，客户总是不愿意立即作出购买决定。其实，有不少客户以拖延来代替说“不”。销售人员经常会听到客户说“让我想想，过几天再答复你”“将材料留下，我日后再答复你”等。显然，这些拒绝表示客户尚未完全下定决心购买，而他们拖延的真正原因也许是因为价格、产品本身或别的方面不合适。有的客户还利用这种异议来拒绝销售人员的接近与面谈。因此，销售人员要具体问题具体分析。

6. 无权购买异议

有时，客户会以缺乏购买决策权为借口提出反对意见。例如“我可做不了主”“领导不在”等。销售人员在寻找目标客户的时候，必须找准决策人。对无购买决策权的客户大力推销产品是销售工作的一种严重失误。不过，如果是决策人以无权为由拒绝时，那么销售人员不可以轻易放弃努力，要根据自己掌握的相关情况，认真分析并妥善处理。

7. 服务异议

这也是销售过程中销售人员经常会遇到的客户异议。所谓服务异议，是指客户在接受服务时表现出的不满行为。客户这么做可能是出于对销售人员的不满，也可能是出于对产品的不满。一旦出现服务异议，销售人员作为直接与客户打交道的人，要在第一时间设法解决客户的问题。

行动指南

销售人员要牢记以上七种异议特征，灵活处理各种异议。

第254天 针对客户心理的五种异议

核心提示

针对客户的不同心理，销售人员要区别对待五种异议。

理论指导

从客户心理的角度出发，我们可以将客户的异议分为以下几种。

1. 防卫型异议

曾有人对376名销售人员进行过一次调查，调查的问题是“在进行销售访问的时候，你是怎样被拒绝的”。调查结果显示，被客户以无明确理由拒绝的占70.9%。这表明，有七成的客户仅仅是想随便找一个借口把销售人员打发走。这种异议通常被叫做防卫型异议。

对于销售人员的到来，客户的本能反应通常是保护自己，不受别人意志的支配。这种异议往往是不真实的，只要销售人员耐心说服客户，消除他们心理上的障碍，销售活动就会顺利进行下去。

2. 不信任型异议

这种异议并非是拒绝销售行为本身，而是拒绝它的主体——销售人员。人们通常认为，产品的优劣程度决定着销售的成败。但是，同样的产品让不同的销售人员来卖，销售业绩也是大不一样的。大量的证据表明，在其他因素相同的情况下，客户更愿意从自己信任的销售人员那里购买产品。因此，销售人员必须在怎样得到客户的信任上动脑筋。

3. 无帮助型异议

在客户还没有认识到产品的好处之前，如果销售人员试图去达成交易，那么得到的回答很可能是“不”。在很多场合，客户是因为没有足够的依据才说“不”的，因为他们不愿意因贸然购买而被人嘲笑。在这种情况下，客户缺少的并非是销售人员苦口婆心的劝说，而是诚心实意的帮助。销售人员应当向客户伸出援助之手，帮助他们发现产品的价值、实现他们的最大利益，从而让他们作出购买决定。

4. 货源异议

这是指客户对产品进货渠道方面的异议，即对产品的来源提出反对意见。在销售过程中，客户经常会说“你们的产品质量不行，我宁肯去买另外一家企业的产品”。消除这种异议的技巧有两个，一是要靠销售人员劝说；二是销售人员要和企业沟通好，加大产品的宣传力度。

5. 不急需型异议

这是客户拖延购买的一种方式。通常来说，当客户提出推迟购买时间时，说明客户有一定的购买意愿，不过这种意愿还没有达到促使其马上购买的程度。客户经常会想：我非要今天买吗？下个月再买也是一样的。消除这种异议的最佳方法是，让客户意识到马上购买可获得的利益与延误购买将会带来的损失。

总之，以上这些异议不过是客户的一些借口而已，销售人员千万别将借口当成真正的拒绝。

行动指南

当正题谈不下去的时候，销售人员可以采用迂回战术，等聊到双方都眉开眼笑的时候，成交就有希望了。

第255天 处理异议要选对时机

核心提示

处理客户异议时，销售人员一定要把握最佳时机。

理论指导

处理客户异议的时机主要包括以下几种。

1. 预先处理客户异议

这是指在客户提出异议之前，销售人员要先克服已知的异议。

下面来看一个案例。

在做产品展示之前，销售人员就知道张小姐是一位有特殊需求的客户，她希望在60天之后付款，而销售人员所在公司规定的付款期限是30天。在洽谈时，为防止张小姐提出付款期限的异议，销售人员就说："张小姐，我们的产品质量好，价格也很合理。您也知道我们之所以能维持合理的价格，就是因为高效率，比如请求客户在30天内付清货款。尽管您可能对这项规定略有抱怨，但是这会使您获得更多的利益。"

2. 马上处理客户异议

通常来说，客户都希望销售人员能够尊重并听取自己的意见，之后马上作出满意的答复。在销售过程中，对于直接影响客户购买决策的异议，销售人员要及时作出答复，不然客户就会觉得销售人员解决不了这些问题，进而怀疑销售人员提供的产品信息的真实程度。

3. 推迟处理客户异议

销售人员推迟处理客户异议的目的是避免马上回答而导致客户强烈的抗拒。例如，销售人员可以说："李先生，您是说价格吗？它远远超出了您的意料，先让我告诉您这种产品的特性，然后我再介绍一下如何帮您降低经营成本。"

当遇到以下几种情况时，销售人员需要采取推迟处理的方法。

（1）无法立即给出满意答复。如果无法马上给客户一个满意的答复或没有足够的资料进行说服性的回答时，那么销售人员应该暂时搁下客户的异议，等时机成熟时再回答。

（2）立即答复不利于洽谈。如果销售人员马上答复客户异议，那么可能会不利于销售洽谈的进行，从而影响销售计划的实施。

（3）离题太远。如果客户异议远离销售主题，那么销售人员可以不立即回答。

行动指南

对于客户异议，销售人员要有提前预防的意识，针对已经发生的异议，看情况选择最佳时机予以有效解决。

第256天　处理客户投诉的六个步骤

核心提示

客户投诉显示了产品的缺点所在，销售人员要及时解决问题，不要让类似的错误再次发生。

理论指导

处理客户投诉的过程分为以下几个步骤。

第一步：听客户抱怨。销售人员不要与客户争论，要以诚恳的态度来倾听客户的抱怨。

第二步：分析原因。听完客户的抱怨以后，销售人员一定要冷静地分析原因，不要让事态扩大。

第三步：找到解决方案。一般情况下，客户的投诉内容大都是“刚买几天就坏了”等。此时，销售人员要冷静地判断这件事情自己能否处理，是否必须由公司斡旋才能解决。如果属于职权之外的，那么销售人员应该立即将这件事转移到其他部门处理。

第四步：将解决方案传达给客户。关于问题的解决方案，销售人员应尽快让客户知道。当然，在客户理解这个方案之前，销售人员必须费一番工夫加以说明，以便取得客户的理解和信任。

第五步：尽快处理。在客户同意解决方案后，销售人员应尽快着手处理。处理太慢，不仅没有效果，而且会使问题进一步恶化。

第六步：检讨工作。为了避免类似的事情再次发生，销售人员必须分析原因、反省失误、吸取教训，让类似的投诉得以减少。

行动指南

1. 面对客户的投诉，销售人员要按照上述六个步骤来处理。

2. 销售人员要根据所在公司的实际情况，总结投诉处理经验，细化处理步骤。

第 17 章 促进交易

第257天　不要过早亮出自己的底牌

核心提示

对方知道得越少，对自己越有利。

理论指导

可以说，谈判是销售工作中的关键程序，是促使生意成交的一个重要环节。销售人员要慎重对待，以最大的耐心与高超的技巧去面对。只可惜在很多时候，由于销售人员急于达成交易，沉不住气，把自己的底牌和盘托出，最终丧失主动权，被对方掌控。

下面来看一个案例。

一位销售人员承担了一项很艰巨的任务，他所销售的那块土地尽管距离城区很近，交通也很便利，但由于紧邻一家木材加工厂，所以会有电动锯木的噪音。刚好有一位客户想买一块土地，他要求的价格标准与地理位置与这块土地的条件非常相符，而且这位客户也住在一家工厂附近，整天噪音不绝于耳。因此，销售人员联系了这位客户，对方表示非常感兴趣，愿意面谈。

销售人员说："这块土地位置优越，交通便利，比附近的土地价格便宜很多。当然，便宜是有原因的，因为它紧邻一家木材加工厂，会有噪音。如果您能容忍噪音，那么它的交通条件、价格条件都与您希望的非常符合，您购买这块土地是再合适不过了。"销售人员如实地介绍了这块土地的情况。

客户听完之后立刻摇头道："那不太好，我已饱受噪音之苦，想清静一下。"

"事实上，噪音也没您想的那么大。"销售人员急忙补充道。

"不好意思，我不会考虑这种地方。"

谈判是销售工作中的重要一环，生意能否成交与谈判是否成功密切相关。因此，谈判应该掌握一定的技巧，别过早泄露自己的秘密就是其中之一。销售人员在确认客户不反感产品的某种缺陷之后，应该委婉地表述，而非直言泄露自己的实力，不然销售人员就会像《皇帝的新装》里的皇帝那样，被客户一览无余。

行动指南

在了解客户的同时，销售人员还有一件非常重要的工作要做，就是在不对客户构成欺骗的情况下，保守自己的某些秘密，别让它泄露或过早泄露，以免让客户知道自己的全部实力，从而处于被动地位，甚至造成销售失败。

第258天　紧迫感可以促进成交

核心提示

制造紧迫感是促使客户快速成交的一种有效手段。

理论指导

在销售过程中，当客户表示对产品或服务感兴趣时，销售人员应当适时给客户制造紧迫感，以便尽快达成交易。此时，销售人员的态度必须诚恳，措辞必须准确，别让客户觉得掉入了圈套。要记住，销售人员是在将事实真相阐述给客户。

制造紧迫感的方法有以下几种。

1. 在涨价以前购买

在销售活动中，有些产品的价格经常会涨，销售人员可以利用这一点刺激客户作出购买决定。例如，销售人员可以说："我们打算在本月底提高这款车的标价，因此，我建议您今天就买下来。"当然，说话以前，销售人员必须确信公司已宣布涨价。因为信口胡说的做法是一种非常愚蠢的短视行为，它会给销售人员带来麻烦。

2. 竞价出售

销售人员不妨想象一下拍卖会的情景，当许多竞拍者在拍卖会上激烈竞价的时候，卖方以最高价出售产品的有利氛围便出现了。竞拍者之所以会被迫快速作出购买决定，主要是因为有竞争购买的压力存在。从销售的角度来看，这是一种制造紧迫感的最佳方式。

3. 限时报价

这是一种最常见的销售方法。例如，销售人员可以告诉客户："这种产品的报价只在某段规定时间内有效，如果您错过的话，那么就会失去好机会。"机不可失，时不再来，销售人员可以运用这种方法促使客户抓紧时间购买。

4. "争分夺秒"的交易

在销售过程中，销售人员要提醒客户"争分夺秒"的重要性，如果客户行动（付款）缓慢，那么就会损失很多利益。例如，一位售楼人员会这样强调，如果客户不购买而是租赁房屋，那么花费的钱将会更多。

行动指南

当客户已经对产品表示出极大的兴趣时，销售人员一定要趁热打铁，制造紧迫感，以便最快达成交易。

第259天　促进快速成交的六种技巧

核心提示

当捕捉到客户的购买信号时，销售人员必须抓住机会，给予适当提示，从而坚定客户的购买决心。

理论指导

怎样促使客户尽快成交是所有销售人员最关心的问题。以下这些成交技巧可以帮助销售人员在最短的时间内达成交易。

1. 多选一成交法或选择提问成交法

当客户有购买意向却犹豫不定时，销售人员可以给客户提供两种或两种以上的选择方案，然后任客户自选一种。这种方法是用来帮助那些无决定能力的客户下定购买决心的。采用这种方法时，销售人员可以这样询问客户："小姐，您是打算用自备款购买，还是贷款购买呢?""这种款式有两种颜色，您喜欢哪种呢?"只要客户回答销售人员的询问，无论他的选择是什么，总能达成交易。也就是说，不管他怎样选择，购买已成定局。

2. 帮助挑选法

很多客户就算有意购买，也不喜欢立刻作出决定，他们总是挑三拣四，在产品的式样、颜色、规格以及售后服务等问题上反复考虑。此时，聪明的销售人员暂时不会谈成交问题，而是热情地帮助客户挑选产品，并向他们说明产品的付款方式、交货日期、保修以及日常维护等问题。只要解决了以上问题，销售人员就会实现成功销售。

3. 利弊分析法

有时候，客户会因为产品存在的某些优点或缺点而产生既不舍得放弃，又担心买了后悔的心理。其实，这种客户常常有极强的购买欲望。此时，销售人员应该利用自己熟悉产品、懂得行情的优势，帮助客户权衡利弊，但讲述的重点要突出产品带给客户的利益与好处，从而促进成交。

在运用这种技巧时，销售人员还要考虑到客户的特点。如果客户很有主见，那么销售人员就要说明产品的利弊；如果客户犹豫不定，那么销售人员就要提供相对较多的参考建议。

在劝说客户购买的时候，销售人员不能只看重产品的利益而不提弊端。如果客户已清楚地知道了产品的弊端，而销售人员却避而不谈的话，那么客户便会怀疑销售人员的诚意。

4. 赞美法

赞美客户是成功交易的重要原则。在和客户交流时，销售人员要在最短的时间内找到客户可以被赞美的地方，并恰当地进行赞美，从而加快成交的进程。例如，销售人员可以说：“您的公司效益真好，如果使用我们公司的产品，那么效益会更好。”

5. 试买一些法

在客户想要购买产品，但是对产品又没有足够信心的时候，销售人员可以建议客户先买一些试试看。使用这种成交技巧时，尽管客户刚开始购买的数量有限，但是试用满意以后，就有可能给销售人员带来大量的订单。

6. 心理暗示成交法

销售人员可以先在客户的心中散播一些想象与暗示的“种子”，让客户通过自我暗示，享受这种产品所带来的乐趣。例如，在开始谈话的时候，销售人员就要向客户做有意的产品暗示：“先生，如果您在家中摆上我们的装饰品，那么您的家就会是附近最漂亮的。”想象与暗示的“种子”既可以让洽谈顺利进行，又可以让客户变得更积极，产生想要尽快达成交易的想法。

行动指南

促进成交的技巧要因人而异。

第260天　利用稀缺性概念巧营销

核心提示

物以稀为贵，对于客户喜欢的商品，销售人员要营造出机会难得的氛围。

理论指导

所谓物以稀为贵，意思是事物因稀少而觉得珍贵，实际上这是供求关系变化所造成的。

要知道，商品越是稀有，越容易卖。优秀的销售人员总是在销售中巧妙地为商品制造稀缺的气氛。

例如，销售人员可以说：“我们促销的时间就是这三天，过期就没有优惠了，所以现在购买是最划算的时候……”或“先生，我们这件衣服是德国设计师最新设计的，为了保证款式的唯一性，这款衣服在国内是限量发售的，建议您赶快购买。”

行动指南

强调产品的价值也是销售产品的一个策略。

第 261 天　不要让客户看出你追切成交的心理

核心提示

销售人员迫切成交的心理会让客户缺乏信任感和安全感。

理论指导

信任是销售的基础，让客户产生信任感有助于销售人员维护与客户的关系，进而促进成交。然而，有些销售人员总是意识不到这一点，常犯的一个错误就是让客户看出迫切成交的心理，从而失去客户的信任，最终导致销售失败。

下面来看一个案例。

李阳是一家大型企业的销售人员，偶然听说某公司对现在的供应商很不满意。李阳在分析了该公司的运作模式与购买程序后，确认自己的产品能为对方节省几十万元的费用。因此，他立即找到该公司的采购员王辉，试图说服他使用自己的产品。遗憾的是，李阳还没有谈到正题，王辉就结束了谈话。

李阳觉得很意外，回到公司后，他对部门经理说："在我试图向王辉说明产品的特点时，他不停地问我曾在什么地方上学、是不是想喝咖啡、感觉销售工作怎么样这些无关的问题。我不想谈论这些，我只想谈和产品有关的事情，我到底在什么地方出了问题呢？"

经理告诉他："王辉只愿意和自己比较了解的人做生意，他问了你那么多问题，不过是想多了解你，可是你一点儿也不配合，他自然不愿意和你做生意了。"

销售人员最重要的工作就是赢得客户的信任，不要把成交建立在毫无信任的关系之上。如果销售人员对客户流露出迫切成交的心理，那么会让客户觉得销售人员太急功近利。要知道，客户更愿意和一个值得他信赖的人打交道，因为只有熟人才能给自己安全感。

行动指南

1. 在客户面前，销售人员绝不能表现得急功近利。

2. 销售人员不要让客户看出迫切成交的心理，这样是无法取得客户的信任的。

第 262 天　尽量不让客户说"不"

核心提示

在与客户交流时，销售人员要设法让客户给出肯定的回答，这样能大大提高成交的可能性。

理论指导

一些销售新手总是不知道怎样跟客户搭话，好不容易敲开客户的门，却冷冰冰地问一句："请问您对某产品感兴趣吗？"或"有没有打算购买某产品？"客户的回答显然是一句非常简单的"不"或"没有"，然后便关上门。

究竟有没有让客户不说"不"的方法呢？当然有。有一种科学催眠术，在开始催眠的时候，催眠师提出一些让人只能回答"是"的问题，这样经过多次问答就可以在真正催眠的时候让人形成一种回答"是"的心理状态。

销售人员的开场白也是如此，要先提出一些接近事实的问题，让客户只能回答“是”，这是和客户结缘的最佳方法，有利于销售的成功。

如果遇到的客户是一位爱犬人士，那么有经验的销售人员就会说：“好可爱的小狗啊，是蝴蝶犬吗？”客户回答：“是啊。”销售人员可以接着说：“小狗的毛色真好，您照顾它一定很累吧？”客户说：“是啊，不过我很喜欢养狗，也就不觉得累了。”这样的一问一答，会让客户对销售人员产生好感，然后销售人员再慢慢转移话题，回到销售主题上来。

行动指南

1. 在和客户交谈时，销售人员要尽量挑客户喜欢的话说，让客户多说“是”，少说“不”。

2. 在销售过程中，销售人员不能操之过急，要慢慢来，由远及近，从轻松的闲聊到严肃的交易，逐步深入，直至成功。

第263天　准确判断客户的购买力

核心提示

购买力是客户消费的基础。

理论指导

销售人员必须明白“MAN法则”，即M（Money）——金钱，也就是购买力；A（Authority）——购买决定权；N（Need）——需求。其中，后两个可以说是有弹性的，只有购买力——钱，是实实在在，没有丝毫的虚假。客户没钱就是没钱，销售人员的一切努力都毫无用处。因此，看清客户的购买力是比较重要的工作。

下面介绍几种推测客户购买力的方法。

1. 从衣着、装饰和家具的好坏或多少来推测客户的经济实力。当然，现如今，人们对穿衣的水准普遍提高，因此衣着并非是推测经济实力的唯一标准。装饰与家具也是一项重要的判断依据，有钱人花在装修上的钱也许比房子本身还多，家用电器多不仅表示购买力强，而且表示购买欲望强烈。

2. 如果从衣着、装饰和家具等方面都看不出来的话，那么销售人员可以试问：“您喜欢哪些业余活动？”问话要尽可能在轻松的聊天氛围中提出，别让客户察觉销售人员的意图。只要客户诚实地回答，销售人员就可以大概掌握其经济状况。

3. 如果客户强调自己有钱，那么销售人员要警惕客户兜里也许并没有多少钱。可能这种人对产品赞不绝口，实际上却无力购买，如果销售人员不及早发现，那么就会白费工夫。

行动指南

1. 销售人员要认识到探询客户的购买力并不是势利的表现，而是为成功销售做准备，为引导客户理性消费做铺垫。

2. 看穿客户的腰包是有诀窍的，销售人员要不断总结经验，慢慢从实践中去体会。

第264天　激发客户的购买欲望

核心提示

激发客户的购买欲望是成功销售的关键所在。

理论指导

一些销售人员认为，客户既然说了“不需要”，就没有必要再去劝说了。实际上，这种想法是错误的。许多人都有这样的经历，原本不打算买的东西，却在销售人员的劝说下买了很多。作为销售人员，要能洞悉客户真正的想法，激发客户的购买欲望。

如何激发客户的购买欲望呢？

1. 让客户接受和信任销售人员

身穿职业装，有礼貌地打招呼，言谈要充满自信，举止要有分寸，这样销售人员就会给客户留下一个好印象。虽然客户说了“不想买”，但是也绝不会反感和销售人员再次接触。这次的铺垫会让销售人员有机会去说服客户，激发客户的购买欲望。销售专家强调，建立客户对销售人员和产品的信任是激发客户购买欲望的前提。

很多人一听到“销售人员”这个词，第一个反应就是不诚实、花言巧语。正因为如此，销售人员要花费一定的时间与精力去改变这种现状。古语有云，“言必信，信必行，行必果”。话虽然老套，但是销售人员应时刻用它来鞭策自己。

2. 全面介绍并展示产品的优势

有时，如果客户不打算购买产品，那么销售人员必须想办法将话题转移到介绍与展示产品上来，让客户意识到在生活或工作中缺少这个产品还真是有点儿不方便，或者对正在使用的产品感到不满意。

通过示范，客户对产品产生了浓厚的兴趣，此时，销售人员应该及时检验客户对产品的认知程度，比如询问客户是否有不明白的地方，是否需要进一步示范和说明等，如果有，那么销售人员应该马上进行再示范和再说明，直到客户表示明白并留下良好的印象为止。

3. 有效满足客户的购买欲望

当客户出现购买意向时，有效地满足客户的购买欲望就是销售人员的工作重点了。

行动指南

在做产品劝购时，请销售人员参照以上方法进行。

第265天　坚持不懈，不急不躁

核心提示

在销售人员的字典里，没有“失败”这个词，只有“放弃”这个词。

理论指导

有一位从事保险工作的业务员曾统计，在保险行业内，一位业务员每打50个电话，就有15个人有意洽谈，在这15个人中就会有一人购买保单。到底谁是那个购买保单的人呢？如果没有坚持不懈的精神，那么业务员永远都不知道这位客户在哪里。从事销售工作的人必须要清楚这一点，否则就很容易半途而废。

下面来看一个案例。

有一位广告业务员，他有着十分坚韧的性格，常常能说服在别人看来根本无法说服的客户。有一次，他帮一家电视台拉广告，碰上了一位很难“对付”的客户，他对这位客户做了一番调查后发现，这是一位很有广告潜力的客户。于是，他针对这位客户的情况精心做了一个广告策划，然后带着这个构想去拜访客户，可得到的回答是“我根本就不喜欢你的构想，我不打算花这笔钱”。

这样的回答在业务员看来太正常了，他面对的是一位很有主见的客户。之后，他每周都去拜访这位客户一次，每一次都带着一个更为完美的构想。这位业务员坚持了整整一年，凭着坚持不懈的毅力和不急不躁的态度，他最终得到了这位客户的认可，并签下了这个价格不菲的广告合同。

出色的销售人员都能做到这一点，就算碰到客户说“出去，出去”也不会立即放弃。不管面对多么“蛮不讲理”的客户，他们都能坚持到底，并最终打动对方，完成自己的预期目标。正是因为这样，销售才成就了那些有毅力的人。

行动指南

1. 销售人员要有坚持不懈的信念，敢于面对失败，勇于挑战拒绝。

2. 销售人员要把每一次失败都当作成功的开始。

第266天　老实的销售人员更容易成功

核心提示

老实的销售人员更容易获得客户的好感和信赖。

理论指导

很多人都认为销售人员是能言善辩的，老实人干不了这一行。事实上，根据调查，为人老实和言语不多的销售人员更容易被客户接受，因为他们极易让人放松警惕。老实人一般会比较勤劳，虽然他们说的很少，但是懂得用实际行动去感化客户。

下面来看一个案例。

王明是一个不太会说话的老实人，他销售的是一种玻璃清洁器，虽然言语不多，但是他很懂得用行动来打动客户。

有一天，王明来到一间办公室，询问屋里的人是否要清洗一下玻璃窗，并表示“买不买都没关系”。结果，人们拒绝了他，但他并没有放弃。几天之后，王明又去了那间办公室，说的还是同样的话。这一次人们没有拒绝，于是王明拿出自己包里的东西干了起来。这一天十分寒冷，但是他并不在意，照样认真地清洗玻璃窗。这时，人们好像有些于心不忍了，就问他：“小伙子，你究竟是图什么呢？”王明只是笑笑，继续埋头苦干，只字不提销售的事情。后来，人们终于沉不住气了，便主动询问：“你的玻璃清洁器怎么卖？”就这样，王明顺利地将玻璃清洁器卖了出去。

行动指南

1. 销售人员应做一位“老实人”，努力表现出自己的真诚。

2. 情感销售要用真情。如果销售人员运用不当，那么会让客户产生被欺骗和被利用的感觉，使他们心生厌恶。

第 267 天　让热情的服务成为你的金字招牌

核心提示

服务态度的优劣直接关系到销售的成败。

理论指导

如果销售人员只看重销售业绩而不顾及服务态度，那么就不会有很大成就。

在市场上，大多数企业的产品都是大同小异的，不管在品质、效用还是外观上，这会让客户有一种眼花缭乱的感觉。要想成功吸引客户，销售人员就必须重视服务态度。正所谓“拳头不打笑脸人”，不管心里有多么不痛快，面对一位笑容可掬、努力推销产品的销售人员，客户也实在难以拂袖而去。

销售人员和售货员的不同之处就在于，前者肩负着向客户详细介绍产品的责任，并说服客户购买；后者仅仅是把陈列的货品进行整理，简单介绍货品的特色而已。而两者兼备，能够解答客户对产品的疑问，并以取得客户的欢迎与信任为己任，这样才算是一个出色的销售人员。

如果客户有诸多疑问，那么就表示他们对产品有兴趣。如果销售人员不加以解答，用一问三不知的态度对待客户，那么注定会失败；如果销售人员唠唠叨叨说个不停，那么也会被客户斥退。要想成功签单，销售人员就必须重视服务这块金字招牌，用热情的服务赢得客户的信任。

行动指南

不管是在店铺里还是出去拜访客户，销售人员都要面带笑容。

第 268 天　达成协议后，要争取更多的订单

核心提示

运用启发式销售时，销售人员要站在客户的角度，想客户之所想。

理论指导

在和客户达成销售协议以后，销售人员还应针对具体情况去争取更多的订单，从而创造更好的销售业绩。这在销售行业里叫做“启发式销售”。

所谓启发式销售，是指销售人员提醒客户购买与已经购买的产品有关的产品，即让客户购买更多的产品。

采用启发式销售的途径主要有以下几个。

1. 量大优惠

销售人员可以对客户说“如果您多买一些，那么我可以给予您某种优惠，比如价格折扣、免去部分服务的费用等。

2. 建议购买相关产品

很多产品都具有一定的关联，人们要想充分发挥所购买产品的功能，客观上还需要别的产品来辅助。销售人员可以将具有关联性的产品一起推荐给客户，比如卖电视机就可以向客户推荐电视天线等。

3. 建议购买足够的产品

有时候，客户自己也拿不定主意应该买多少。销售人员可以告诉客户在这种情况下通常买多少合适，这也是在帮助客户。

4. 建议购买新产品

当公司开发出了新产品，而且这种新产品可以更好地满足客户需要的时候，销售人员就要不失时机地将这种新产品推荐给客户。

5. 建议购买高档产品

当客户不在乎多花钱而在乎产品的质量、名气时，销售人员可以将高档产品推荐给客户。

行动指南

销售人员要站在客户的立场上进行启发式销售。推荐的产品必须是能让客户从中获益的。这就要求销售人员认真倾听客户的意见，把握客户的心理，以便向客户推荐能够满足其需要的产品，而非简单地为增加销量而推荐。

第269天 找到与客户的共同话题

核心提示

任何一位客户都不会轻易拒绝一个有共同话题的人。

理论指导

下面来看一个案例。

美国一家食品公司的销售人员乔治曾向一家大型旅馆推销蛋糕。

连续好几个星期，乔治都坚持不懈地去拜访这家大型旅馆的老板，甚至还在这家旅馆订了一间房，希望能得到这笔生意。但是旅馆老板很固执，就是不肯买乔治的蛋糕。

经过几次努力都毫无收获后，乔治决定改变自己的销售方式。乔治了解了一些这家旅馆老板的情况，他发现这家旅馆的老板是全美旅馆招待协会的会员，而且刚刚又被选为该协会会长。乔治还得知，旅馆老板非常注重个人名誉，每一次行业大会，无论在什么地方举行，他一定会积极报名参加。

了解到这些情况后，乔治又去拜访了这位旅馆老板。旅馆老板一见到乔治，就表现出了明显的不快，但是当乔治谈到关于旅馆招待协会的事情时，旅馆老板表现出了极大的兴趣。他兴致盎然地讲起关于旅馆招待协会的一些情况，并劝乔治也加入该组织。最后，旅馆老板还提议与乔治共进晚餐，显然他还没说尽兴，仍要继续下去。

在这次拜访过程中，乔治只字未提蛋糕的事，可以说纯粹是与旅馆老板闲聊。两天之后，奇迹出现了：旅馆的经理主动打来电话，请乔治将蛋糕的价目表送过去。他们竟然主动订货了！

行动指南

被客户拒绝后，销售人员不要气馁，要设法知道客户的兴趣所在。了解了客户的兴趣后，销售人员应迅速“充电”，以便在下次交谈时和客户有共同话题。

第 18 章
催款要账

第270天　收款高手的六个诀窍

核心提示

收款之道贵在拥有坚定的信心，有效洞悉客户的心理。

理论指导

以下是收款高手总结的六个诀窍。

1. 挤进“头班车”

如果没有抓住客户的进货规律和各种周期，那么销售人员收款自然就不会顺利。当货款回笼周期已到，销售人员向客户提出结款时，得到的回答往往是“这两天资金周转不灵，能不能过几天再说”。销售人员每次去客户公司收款，总是“不巧”，客户账上的钱刚好被别的公司拿走了。对于这种情况，有效的解决策略是：尽可能全面了解客户的经营状况，包括进货周期、结账周期等。关键是销售人员每次要比其他公司抢先一步拿到货款。因为大多数客户的资金周转都不会十分宽松，如果销售人员能挤进“头班车”，那么其他公司的销售人员就只能等“下一班车”了。

2. 提前催款

对于很多支付货款不及时的客户，如果销售人员只是在约定的收款日去收款，那么通常是很难收回货款的。因此，销售人员很有必要提前催收。提前催收时，销售人员要确认客户所欠金额，并告诉客户收款日，请客户事先准备好这些款项。这样一定比收款日当天来催款要有效得多。

如果距离比较远，那么销售人员不妨提前打电话催收，确认客户所欠金额，并告知收款日前来的准确时间，或者把催款单寄给客户，请客户签字确认后再寄回。

3. 次数多点儿，金额小点儿

对于新客户或没有把握的老客户，无论是代销或赊销，交易的金额都不宜过大。销售人员宁可多结几次账，也不能图方便省事。要知道，欠款越多越难收回。很多销售人员都有这样的经验，有些新客户一开口就要大量货物，而且不问质量如何，不问价格高低，也不提任何附加条件，对销售人员提出的所有要求都满口应承，这样的客户是销售人员最需要留心的。

4. 不许诺权限以外的条件

无论如何，销售人员都不要向客户许诺自己权限以外的条件。如果销售人员擅自答应客户一些条件，事后再向客户表示拒绝，那么就很容易失去客户的信赖，造成结款困难，客户甚至会停止与销售人员的交易，使销售人员进退两难。因此，销售人员千万不要为了博得客户欢心，而随意答应客户自己权限以外的条件。

5. 不要急于销售

很多销售人员为了取得好业绩，就采取导致回款困难的强迫式销售，这样就会被客户抓住弱点，在回款时，客户会说：“我本来不愿意进货，是被你强迫的，不得已才进货。如果你急于收款，反正产品还没有卖出去，那么你现在带回去好了。”这样一来，销售人员就会变得非常被动。

6. 让第三者帮忙催款

在上门催款时，销售人员不要一看到客户屋里有其他客人就走开，一定要说明来意，然后在旁边等候，这本身就是一种很有效的催款方式。因为客户不希望他的客人看到债主登门，这样有可能搞砸别的生意，或者在亲朋好友面前丢面子。在这种情况下，如果客户所欠不多，那么通常都会赶快还款。在旁边等候的时候，销售人员可以听听客户与其客人交谈的内容，或者观察客户公司的情况，找机会从公司员工的口中了解客户的现状，说不定会有一些意外的收获。

行动指南

销售人员要好好掌握本节提到的收款技巧，并灵活运用。

第271天 收款策略要因人而异

核心提示

收款时销售人员要因人而异，对不同的客户使用不同的方法。

理论指导

以下几种是比较常见的收款策略。

1. 对付故意欠债客户的策略

通常来说，销售人员与客户应以相互信任为基础进行公平交易。但在现实中，有些客户为了满足自身的利益与欲望，常常利用一些诡计或借口拖欠货款，甚至摆出一副“要钱没有，要命一条”的无赖样。下面介绍几种应对方法。

（1）反“车轮战”法。欠债客户经常会采用不断更换接待人员的方法来达到使销售人员筋疲力尽从而被迫作出某种让步的目的。对此，销售人员要及时揭穿客户的诡计，对更换的工作人员置之不理，可以听其陈述而不作表述，从而挫其锐气；对原经办人施加压力，从而促使其主动还款；紧随欠债单位的负责人，不给其躲避的机会。

（2）“兵临城下”法。销售人员可以对客户采取大胆逼迫的方法，看客户如何反应。采取这一策略虽然比较冒险，但是对于“阴谋型”的欠债客户很有效。因为欠债客户本身想占用资金，无故拖欠，一旦被识破诡计，一般情况下会改变态度。

2. 对付“强硬型”欠债客户的策略

这种欠债客户最突出的特点是态度傲慢，寄希望于客户的恩赐是枉费心机。要想取得较好的讨债效果，销售人员就必须保持沉默，避其锋芒，从而达到保护自己的利益的目的。

3. 对付“合作型”欠债客户的策略

对于“合作型”欠债客户，销售人员要采用互利互惠的办法。例如，向欠债客户提出一些使双方受益的条件。这种做法比较灵活，可以使讨债在轻松的气氛中进行，有利于销售人员与客户达成还款协议。

4. 对付“感情型”欠债客户的策略

在某种程度上，“感情型”欠债客户比“强硬型”欠债客户更难对付。“强硬型”欠债客户容易引起销售人员的警惕，而“感情型”欠债客户则容易被忽视。因为“感情型”欠债客户在谈话时表现得十分随和，富有同情心，对粗暴的态度一般是回避的。商谈时，销售人员要保持谦虚的态度，多说“我们公司很困难，请您支持”“我们面临停产的危机”“拖欠货款时间太长了，请您考虑解决”“能不能照顾我们一下”等。这些理由都会让“感情型”欠债客户考虑还款。

5. 对付“虚荣型”欠债客户的策略

对于“虚荣型”欠债客户，销售人员若以他们熟悉的事物作为话题，效果往往较好。这样做可以为他们提供自我表现的机会，同时还可以了解他们的爱好和有关资料，但要注意他们的种种表现可能有虚假性，切忌上当。关于催款的事，销售人员可以委婉地提出，在公共场合尽量不提催款，以便满足客户的虚荣心。销售人员不要相信激烈的言辞会使客户屈服，要多替客户着想，顾全客户的面子。

6. 对付“固执型”欠债客户的策略

“固执型”欠债客户往往对新的主张、建议很反感，喜欢照章办事。“固执型”欠债客户所坚持的观点不是不可以改变，而是不易改变。催款时，销售人员可用先前成功的收款案例去说服客户。例如，向欠债客户公司出示其他欠债客户早已接受的还款协议，或者法院为其执行完毕的判决书、调解书等。

行动指南

没有任何方法可以包打天下，灵活运用各种收款策略才是正确的应对之道。

第272天　尽量避免应收账款的增加

核心提示

收款是销售工作的重要组成部分，不管其他环节如何卓有成效，一旦在收款上出现问题，全部销售工作就都失去了意义。

理论指导

在实际的销售工作中，有许多销售人员因为货款催收不力，不仅造成销售的失败，而且导致企业应收账款增多、回款率降低、资金周转困难，甚至加重企业生产和经营的负担。

应收账款产生的原因主要有以下几个。

1. 产品售出之后，客户通常都会留有质量保证金，销售人员要一年以后才能收回这些保证金。

2. 有的客户对产品的质量不够信任，有意留下一部分货款，当出现质量问题的时候，就用此款抵消，其赊销额要比质量保证金多。

3. 客户的资金不充裕，有意赊购，导致欠款的发生。

4. 承担整套项目的建设单位在未取得足够资金以前，需要以分期付款的方式来订购配套设备。

5. 极少数的骗购单位以不正当的手段进行赊购，发生欠款。

6. 销售人员为了在竞争中获胜，主动放宽收款条件，允许客户分期付款，进行赊销，从而促使客户签订购货合约。

应收账款过多会直接影响企业的经营，具体影响包括：（1）挤占流动资金；（2）制约企业的发展；（3）增加企业成本，降低企业效益；（4）增加企业的财务风险。

行动指南

销售人员要认识到应收账款过多造成的巨大损失，需合理控制应收账款的数量。

第273天　控制与加强应收账款的回收

核心提示

让应收账款变为到账现金的重点有：高度重视、加大力度、承担责任、永不放弃。

理论指导

如今，一手交钱一手交货的交易，除了小额的之外，几乎很难做成，企业几乎不可能杜绝应收账款的产生。因此，销售人员必须加强应收账款的回收工作。在此，介绍几种应收账款的控制和回收方法。

1. 对应收账款发生额的控制

质量保证金越少越好，回收期越短越好。面临破产或产品流通不畅、无法正常开支的企业，不可以赊销。对于那些负债经营，但产品还有市场，能正常生产的企业，可以考虑部分赊销。

2. 应收账款的回收方法

（1）抓住收款时机，及时收回货款。

（2）在应收账款到期之前的两个星期，销售人员要发一份收款通知单，提醒欠款企业到期付款。

（3）按照合同规定，在付款到期之日，销售人员要主动上门收款。

（4）依据欠款单位的具体情况，组织有关人员不断上门催收，并且态度必须坚决。收款初期，不管客户提出任何理由，销售人员都别轻易放过，要向客户表明一种不达目的誓不罢休的态度，从而迫使客户付款。采用推、拖、躲、顶是许多欠款企业经常采取的手段，应对的方法有：注意态度、讲究方法、以理服人、找到关键、清除障碍、抓住不放、收回为止。销售人员要做到你推我止、你拖我拉、你躲我找、你顶我理，最后将欠款全部收回。

（5）对于欠款时间太久的客户，销售人员要马上和他们签订延续收款协议，或者通过法律手段将欠款收回。

行动指南

控制与收回账款时，请销售人员按照以上方式并结合公司制度执行。

第274天　预防呆账的有效措施

核心提示

销售人员要从源头上预防呆账的产生。

理论指导

呆账的产生有很大一部分原因是销售人员事前没有做好呆账预防措施，对客户的信用了解不够。销售人员应该怎样预防呆账的产生呢？

1. 做好信用调查工作

做好信用调查不仅可以挖掘出信用可靠、有市场潜力的客户，而且可以有效排除那些信用不良的客户。

2. 交易前后做好预防工作

对客户的信用调查不到位、盲目追求销售额是收款的致命伤。因此，在交易前后，销售人员应该多投入时间与精力做好预防工作。以下两个预防技巧可以帮助销售人员减少收款的困扰。

（1）展开“异常事态”的诚信调查。当听到客户被银行勒令立即还款等消息时，销售人员务必立即搜集信息来判断并加以证实，然后制定有效的应对措施。

（2）加强银行征信，防范空头支票。在与客户第一次往来时，销售人员除了要切实掌握客户的信用状况和设定信用额度之外，在交易后收回客户支付的票据交付公司之前，务必向银行查询该票据往来信用记录。

通常情况下，无论是支票还是汇票，其核查重点主要有以下几项：①有无退票或注销记录；②最近存款的实际数目；③最近有无其他的持票人查询；④开户日期；⑤曾开过的最高面额的数字；⑥有无挂失止付及撤销付款委托的记录；⑦营业性质；⑧来往频率。

空头支票具有以下几个明显的特征：①在信用培养阶段，票据回笼特别迅速；②查询征信电话大量增加；③信用情况太好，信用额度扩张快。

行动指南

1. 开发新客户时，销售人员要做好信用调查。

2. 在达成交易前后，销售人员要对客户信用进行严格把关。

第275天　电话催账的五个关键步骤

核心提示

打电话是催账工作中最关键、最常用、最简便、最有效的方式。

理论指导

电话催账可以使销售人员了解债务人的信用情况，加强双方的沟通，从而顺利收回欠款。需要注意的是，销售人员打电话的态度决定了欠款回收的效果，因此，掌握电话交谈的技巧是至关重要的。以下是电话催账的五个关键步骤。

1. 做好准备工作

在给客户打电话之前，销售人员要尽量多收集有关资料，并确认这是最新、最准确的资料。一般情况下，销售人员应该准备以下客户资料：客户的名称、地址与电话号码；付款期限和客户付款记录；订单号码与订货人姓名；购买的货品、批号、种类和数量；出货与交货日期；付款地址；代收的款项，如运费、快递费、保险费等；以前曾经采用的收款办法；成功的收款记录和不成功的收款经历；客户未守信的承诺有哪些；预先设想一些自己可以接受的情况；在什么情况下将采取法律行动。

2. 给关键联系人打电话

如果是管理规范的大型企业，那么销售人员应该与指定付款联系人或财务人员联系；如果是小企业，那么销售人员最好与负责人或老板联系。有时候，销售人员可以通过给赞助商、客户秘书、客户妻子打电话，对客户施加影响。

3. 选择最佳时间联系客户

大量实践证明，在欠款人最脆弱、最容易受外界影响的时间打电话，收款效果最好。通常，在早晨给客户打电话效果最好，这样能给客户一天的时间考虑怎样解决问题。

4. 谈话要讲究技巧

与客户谈话时，销售人员最好开门见山，先提收款数额，让客户做好心理准备，这样会给他一种无形的压力，同时表明自己对这笔债务很关注。在谈话过程中，销售人员不要让客户有拒绝付款或延迟付款的理由，而要保持一种冷静、坚决的态度，说话要保持前后一致。当然，对于付款困难的客户，销售人员要积极地提供帮助意见，要从双方长期合作的角度考虑问题。

5. 持续行动

经验丰富的销售人员常说“承诺并不代表付款”。因此，无论客户作出什么承诺，销售人员都要将其落实到书面上，打完电话后要用传真的方式进一步确认，跟踪落实情况，直到客户付款为止。

行动指南

使用电话催款时，请销售人员参考以上步骤与技巧。

第276天　四种有效的收款方式

核心提示

常见的收款方式有银行汇款、现金付款、现金支票、转账支票。

理论指导

现在的欺诈案件屡见不鲜，骗术不断翻新，下面介绍四种安全有效的收款方式。

1. 银行托收

银行托收是指银行根据收款人的委托，向付款人收取款项的结算方式。例如，当销售人员不方便直接收款或不愿意直接收款时，就可以通过银行托收的方式，委托银行向客户收款。

优点：销售人员不必直接接触现金，可以借助银行收回货款，同时由银行承担信息管理的工作。缺点：使用银行托收的门槛比较高，银行一般都要求使用这项业务的客户承担1%以下的托收费用，并且对服务的数量、范围也有具体的要求。

2. 银行承兑汇票

银行承兑汇票是由在承兑银行开立存款账户的存款人出票，向开户银行申请并经银行审查同意承兑的，保证在指定日期无条件支付确定的金额给收款人或持票人的票据。对出票人签发的商业汇票进行承兑是银行基于对出票人资信的认可而给予的信用支持。

优点：银行承兑汇票对供货方非常有利，因为银行承兑汇票基本上可以保证供货方100%收回货款。缺点：使用银行承兑汇票时，存款人必须签订银行承兑汇票协议，并按照贷款的操作程序与要求来办理。

3. 信用贷款

信用贷款是指以借款人的信誉发放的贷款，借款人不需要提供担保。其特征是债务人无需提供抵押品或第三方担保，仅凭自己的信誉就能取得贷款，并以借款人信用程度作为还款保证。

优点：如果代理商不能及时还贷，那么银行就会主动督促代理商。供货方最头疼的问题就是代理商推托，如果采用信用贷款的方式，那么供贷方就可以通过银行系统来追踪代理商。供贷方给代理商作担保之后，代理商能获得更多的资源，如果代理商诚心做生意，那么通常会考虑这种方式。缺点：耗费时间和精力。

4. 信用卡收款

信用卡收款是指终端客户或代理商在指定银行开设信用卡，货到后通过电话让银行立即划账。

优点：方便客户购物，增强销售人员的安全感；简化收款手续，节省人力；促进商品销售。在网络比较庞大、网络终端点比较多、代理商的信誉比较差且规模比较小的情况下，信用卡收款非常合适，而且行之有效。缺点：部分信用卡无信用担保且办卡条件较苛刻。

行动指南

请销售人员牢记以上四种收款方式的特点，针对不同的客户采取不同的收款方式。

第277天 学会用法律手段维护自身的合法权益

核心提示

如果客户欠债不还，那么销售人员要学会用法律手段维护自身合法权益。

理论指导

债权人通过法律手段保护自身的合法权益常用的手段有以下几种。

1. 选择管辖权法院

《中华人民共和国民事诉讼法》（以下简称《民事诉讼法》）第二十五条规定：合同的双方当事人可以在书面合同中协议选择被告住所地、合同履行地、合同签订地、标的物所在地人民法院管辖。即当事人可以按照这些原则，选择有利于自己的法院管辖有争议的案件。

2. 申请财产保全

我国《民事诉讼法》第九十二条规定：人民法院对于可能因当事人一方的行为或者其他原因，使判决不能执行或者难以执行的案件，可以裁定采取财产保全措施。

第九十三条规定：利害关系人因情况紧急，不立即申请财产保全将会使其合法权益受到难以弥补的损害的，可以在起诉前向人民法院申请采取财产保全措施。

当债务人拒不偿还欠款或进行经济诈骗时，债权人可以根据以上规定，在提出债务诉讼的同时，还要向人民法院递交一份财产保全申请书，并提供有关债务人的财产情况，便于法院采取查封、扣押、冻结银行账户或法律规定的其他方法，从而确保顺利地作出判决。

3. 申请支付令

我国《民事诉讼法》第一百九十一条规定：债权人请求债务人给付金钱、有价证券，符合下列条件的，可以向有管辖权的基层人民法院申请支付令：（一）债权人与债务人没有其他债务纠纷的；（二）支付令能送达债务人的。为确保支付令的执行，《民事诉讼法》第一百九十一条第二款规定：债务人应当自收到支付令之日起到十五日内清偿债务，或向人民法院提出书面异议。债务人在前款规定的时间没提出异议而又不履行支付令的，债权人可向人民法院申请执行。

为让申请支付令能够起到应有的作用，在向人民法院提出申请以前，债权人要做好如下准备工作：（1）理顺债权债务关系，提出书面债权文书（协议书）；（2）要有债务人出具的表明拖欠金钱或有价证券数额的书面凭证；（3）核实清楚债务人的名称、所在地等基本情况，以便支付令能够到达。

4. 申请法院执行

我国《民事诉讼法》第二百一十二条规定：发生法律效力的民事判决，裁定当事人必须履行，一方拒绝履行的，对方当事人可以向人民法院申请强制执行。

在第二百二十一条、第二百二十二条以及第二百二十三条中还规定：被执行人未按通知履行法律文书确定的义务，人民法院有权冻结、划拨被执行人的存款；有权扣留、提取被执行人应当履行义务部分的收入；有权查封、扣押、冻结、拍卖、变卖被执行人应当履行义务部分的财产。

为让申请法院执行能够及时得到批准与顺利执行，债权人应该积极搜集债务人关于存款、收入以及财产的证据，为法院提出执行措施提供可靠的依据。

5. 办理债权文书公证

我国《民事诉讼法》第二百一十八条规定：对公证机关依法赋予强制执行效力的债权文书，一方当事人不履行的，对方当事人可以向有管辖权的人民法院申请执行，接受申请的人民法院应当执行。

债权文书在现实经济生活中经常以双方协议的形式出现，这样的协议不具有法律效力，因此，在双方协商还债的过程中，债权人应该先争取办理债权文书公证，并在公证的文书里写明欠款总额、偿还债务的时限、抵押担保的财物或担保人以及计息办法等，到期的时候，对方当事人如果不履行义务，可以直接向法院提出申请执行，不用再经过诉讼程序。

6. 责任延伸

债务人是分公司的时候，分公司无力偿还的，所欠债务应该由母公司来承担；如果所欠债务的单位被其上级单位撤销了，所欠债务应该由宣布撤销的上级单位承担。

行动指南

销售人员要熟悉相关法律，用法律的手段保护企业与自己的利益。

第 278 天　依法讨债需要注意的问题

核心提示

讨债时，销售人员不能硬来，一定要注意技巧与方法。

理论指导

在依法讨债的过程中，销售人员要注意以下几点要求。

1. 明确主体

依法讨债的前提是确定被告，一般来说，在债务合同纠纷中，被告是确定的，可是在实际中，因为欠债企业的关停并转，可能引起诉讼主体的变化。在提起诉讼之前，债权人必须根据有关法律规定，弄清楚谁是民事法律关系的主体，不然也许会因为主体的要素不具备而中途被迫撤诉，悬空债务。

2. 重视时效

我国有关法律规定，民事诉讼时效是 2 年，诉讼时效一过，就不再受法律保护。债权人在催讨不成的时候，要一张债务人的还款承诺的纸条也是很有用的，证明债权人去催讨过，从而将催讨时效延长。

3. 收集证据

民事诉讼有一个重要的原则，即“谁主张，谁举证”。如果债权人对取证工作马虎，那么在法庭上辩护的时候，就会一问三不知，或者被对方驳得哑口无言，从主动变成被动，甚至导致败诉。

4. 善于调解

打官司与协商调解都是收回欠款的手段，因此，债权人要分析债务人的情况，对有还债意思但又有具体困难的，债权人应主动配合法庭调解；对一心想要逃债的，债权人就要采取果断的措施。

行动指南

依法讨债前，请销售人员遵循本节提示，做好相关的准备工作。

第19章

职业风范

第279天　不要在客户面前低三下四

核心提示

卑躬屈膝的销售会让销售人员的人格和产品同时贬值。

理论指导

不管面对什么类型的客户，销售人员都要牢记：你与客户是平等的关系。千万不要因客户的地位显赫而感到压力，在不知不觉中把自己放在低于客户的位置上。事实上，在客户面前低三下四并不能给成交带来丝毫益处，相反会影响销售。

下面来看一个案例。

薛彬刚进入销售行业，他平时是一个非常有能力的人，也很善于言辞。在推销产品的时候，他却完全变了一个人，在客户面前他总觉得自己低人一等，尤其是去见那些总经理级别的人物，无形中就觉得自己比他们矮半截。

要想销售成功，销售人员就必须多接触这些大人物才行。

薛彬面对的第一位大人物是一家合资公司的总经理。薛彬一走进装饰豪华的总经理办公室，便紧张得浑身发抖，甚至连话都说不出来。好不容易他才让自己不再发抖，但是仍然紧张得说不出一句完整的话。总经理看着他，感到十分惊讶。他佝偻着背，结结巴巴地说："总经理……嗯……我早就想来拜访您了……嗯……我是来推销的……"薛彬一副点头哈腰、低三下四的样子吓坏了总经理，让总经理以为他有什么不好的企图，可以想象这次推销有多么失败。

行动指南

销售人员要肯定自己的价值，改变自卑的心理，尽可能与客户平起平坐，心平气和地洽谈。

第280天　避免消极的销售方式

核心提示

销售人员应避免采用消极的销售方式。

理论指导

如果不能真正了解客户的心理，不为客户考虑，那么销售人员的毅力与坚持都将白费。

下面来看一个案例。

销售人员："高先生，我们现在有一项优惠活动，如果您购买了我们这款产品，那么就有机会享受免费旅游。"

客户："你们的这些优惠对我来说毫无意义，我主要考虑的问题是这款产品对我有没有实际用处。"

销售人员："这个问题您不必担心，我们公司拥有专业的咨询师，他们肯定会针对您的具体情况为您提供合适的产品。"

客户："我认为我不需要这款产品，也没必要搞什么咨询。"

销售人员："我可以向您保证这款产品的质量绝对没问题，而且购买产品还有机会免费旅游，这是一次多么难得的机会啊，错过良机是很可惜的。"

客户："我不需要，我不买。"

高先生坚决拒绝了这位销售人员，转身离开了。

在销售产品的时候，许多销售人员往往一厢情愿，自以为是，没有设身处地为客户考虑。他们总是抱着一种错误的心态：不知道客户为何要买自己的产品，只是认为让客户买了产品，自己就能获利。抱有这种心态的销售人员肯定不会拥有忠实的客户。只有积极地为客户考虑，以诚相待、以心换心，才是长久之计，这也是销售人员对待客户的基本原则。

销售人员只有站在客户的立场去思考问题，才能理解客户的观点，知道他们需要什么，不需要什么。

行动指南

在销售过程中，销售人员应该本着双赢的原则，在考虑自身利益的同时，还要考虑客户的利益，只有做到互惠互利，销售之路才会越走越宽。

第281天　自始至终保持你的热诚

核心提示

热诚是销售人员必备的特质。

理论指导

优秀的销售人员和伟大的销售人员之间的差别，其实就在于热诚二字。

美国思想家爱默生曾说：“缺少热诚，人就无法成就大事。”热诚是生命的源泉，一个热诚的人一定具备无私奉献、为人着想、热爱工作这三大特点。

1. 无私奉献

热诚的感染力非常强，它不仅可以驱散自己的恐惧与懦弱，而且可以化解对方的疑虑与畏惧，在不知不觉中让别人喜欢你。

美国保险推销大师巴哈常常将自己比喻成火炉，他认为销售成功的诀窍在于燃烧自己，散发充足的热量，让客户随时随地感到温暖。

2. 为人着想

一个充满热诚的人不仅爱自己也爱别人，他们不自私，处处为人着想。热诚的人总是在别人灰心时帮忙打气，在别人落难时主动帮忙，在别人生病时悉于照顾，在别人绝望时送来希望。一个人受欢迎的秘诀就在于凡事多为别人着想，尽量帮助别人。

一个热诚的销售人员总是设身处地为客户着想，把客户的事当做自己的事来处理。销售既不是强行推销，也不是求人购买，而是在帮客户作出正确的决定，使客户合理的需求得到满足。

3. 热爱工作

日本经营之神松下幸之助曾讲过一个在山上独居的老太太的故事。

一位老太太在人烟稀少的山上开了一间小茶馆，每天一大早她就准备好茶水供来往的游客饮用。无论晴天、雨天，她都始终如一。久而久之，大家都知道山上有一处茶馆，也都非常喜欢在茶馆休息喝茶。老太太把茶馆当做游客们共有的，她从不关门，永远笑容满面地为游客服务。推动老太太热情工作的动力就是热诚，因为她知道每天都会有游客来，永远不可以让他们失望，她和游客之间有一种无言的约定，她一定要兑现诺言。老太太用她的热诚赢得了人们的尊重。

行动指南

销售人员要培养自己对产品的浓厚兴趣，对待客户必须充满热情、自信和活力，以便消除他们对产品的疑问和排斥。

第282天　不为失败找借口，只为成功找方法

核心提示

聪明的销售人员懂得提升自己，平庸的销售人员只会怨天尤人。

理论指导

在遭到客户拒绝后，聪明的销售人员都会冷静地找出被客户拒绝的原因，然后改进工作方法，避免再犯类似的错误。而平庸的销售人员在遇到这种情况之后，总是将所有的问题与责任从自己身上推掉，从而永远无法得到提高。

下面来看一个案例。

经理："你怎么搞的，连续两个月业绩下滑，要知道这可是销售旺季啊。"

销售人员："这可不能怪我，今年的大环境不好，整个市场都处于疲软状态，我能有什么办法。"

经理："小林的业绩怎么提升了呢？"

销售人员："那是因为小林的表哥给他介绍了两位大客户。您知道，我俩的能力都差不多啊。"

经理："干销售工作都有困难，重要的是如何去对待和解决，要多从主观方面找原因，不要总是找借口，只找借口，不找方法，永远都干不好工作。"

销售人员："我……"

无论做任何事情，要想有所收获，就必须要勇敢，勇于承担风险，敢于面对失败。其实，要做到这一点并不难，只要不为自己找借口，从自己假想的美好世界中走出来，你就能认清现实并采取行动。

许多销售人员总是为自己的失败找理由，而正是这些借口使他们丧失了面对现实的勇气，从而也就无法提高自己的业绩。

如果销售人员因为害怕客户的拒绝而为自己找借口和理由推托，那么就永远都无法面对现实，无法大胆地向前迈出一步，更别提将产品销售出去了。

行动指南

遇到困难时销售人员要学会调整自己的心态，不要因为害怕失败而为自己找借口推托，而是要勇敢地面对现实。

第283天　要懂得放弃，别将固执当坚持

核心提示

销售人员要在坚持中学会放弃，少走不必要的弯路。

理论指导

许多人在谈论销售时都说销售是销售人员和客户之间的意志比拼，谁能坚持到最后谁就能取得胜利。然而，并非每一次的坚持都会取得好结果，适时放弃有助于销售人员取得更大的成功。对于想在销售行业取得成就的人来说，应该懂得适时放弃。

下面来看一个故事。

有两个年轻人在无意中发现了一个能把纯净水变成柴油的广告，他们在欣喜之余马上找到了广告上所谓的内部资料，并开始研究起其中的奥妙来。刚开始，他们都十分用心钻研，后来，其中一个人了解到，要想把这件事变成现实是不可能的。因此，他断然放弃了这项研究并转行做了

其他生意。在临走之前，他还劝说自己的同伴，希望他也放弃这项不符合自然常规的研究，因为继续研究下去毫无意义。但是，另外一个人不听劝告，并固执地说："只要坚持，我就一定能成功!"几年过去了，那位固执己见的人一无所获，而那位转行经商的人则早已在商界闯出了一片天地。

在销售过程中，放弃也是一种明智的选择，没有果断的放弃就没有辉煌的未来。只有进退从容、积极乐观，销售人员才会迎来成功的曙光。

行动指南

1. 面对诸多不可为之事，销售人员要认识到只有选择放弃，才会有新的发现与转机。

2. 放弃并不是一件容易的事，销售人员不要患得患失，该放弃时就放弃。

第284天　要有"吃亏是福"的精神

核心提示

只有放长线才能钓大鱼，一时的贪婪会断送销售人员的前途。

理论指导

要想工作出色，销售人员就必须把自己置于一个看似"吃亏"的位置，将"便宜"让给客户，只有这样才能获取源源不断的利益。

下面来看一个故事。

从前有一个小孩，家里特别穷。他沉默寡言，很多人甚至认为他是个傻孩子。因此，他常常被人捉弄。

例如，有人拿一枚一角的硬币和一枚五分的硬币放在他面前，告诉他只能拿其中的一枚。每次，这个小孩都会拿那枚五分的，他从来都不拿那枚一角的。

一天，有位妇女看他这么可怜，就问他："孩子，难道你真的不知道哪枚硬币更值钱吗?"

"我当然知道，夫人，"这个小孩悄悄地告诉妇女，"可是如果我拿了那枚一角的硬币，他们就再也不会将硬币摆在我面前，那么我就连那枚五分的硬币也得不到了。"

这个小孩就是美国的第九任总统——威廉·哈里逊。

行动指南

销售人员要认识到"吃亏是福"是一种大智若愚的境界，合理运用自己现有的资源，不要过分索取。

第285天　欺骗客户的唯一后果就是失败

核心提示

真诚地对待客户，这是成功的基石，如果没有这块基石，所有的业绩都只会是暂时的，成功也只会是暂时的。

理论指导

下面来看一个案例。

刘山从小就在一家鞋店学习制作手工皮鞋。他必须先把牛皮剪成鞋底的形状，再把剪下的牛皮鞋底用水浸透，然后取出来用特制的平头铁锤锤打，只有把鞋底的水分锤干之后，才能开始做缝线等制鞋工作。

一天，刘山到附近的一家鞋店办事，正好看到这家鞋店也在制作鞋底。刘山很快就发现，对方只是把牛皮从水中取出来，也没有将鞋底的水分锤打干，就直接把鞋面钉在那些湿淋淋的鞋底上。

刘山不解地问那位老板："鞋底的牛皮没有锤打干，这和那些锤打过的一样耐用吗?"

那位老板诡异地笑了笑，说："傻孩子，这种鞋耐用的程度当然会差很多。但是鞋子坏得快，那些客户就会提早上门修鞋，或者再买新鞋。"

刘山把这件事告诉了自己所在鞋店的老板，老板语重心长地说："孩子，他们店的生意之所以一直不如我们，就是因为他们一直这样做啊!"

这位投机取巧、蒙骗客户的老板虽然可以赚取一时的利润，但是只要客户上过一两次当，认识到他卖的鞋子质量不如别人时，就会选择那些品质优良的鞋店。实际上，这位老板是在用他的诚信作抵押，虽然赚得了蝇头小利，但是失去了诚信，更失去了赢得更多利润和发展的机会。

行动指南

1. 销售人员要诚实地说每一句话、做每一件事，绝不撒谎。

2. 销售人员要坦诚地向客户介绍自己的产品，不能有丝毫的虚假和隐瞒。

第286天　永远不要以"苦瓜脸"面对客户

核心提示

愁眉苦脸只会让原本想接近销售人员的客户望而却步。

理论指导

客户之所以会购买产品，除了产品能帮他们解决某些问题或给他们带来某些方面的享受之外，在很大程度上还在于销售人员能让他们感到愉悦和轻松。

下面来看一个案例。

赵瑞从事厨柜销售工作已经四年了，由于他聪明能干、勤奋努力，很受经理的赏识。正当赵瑞春风得意时，他在一份重要合同中出现了重大失误，被经理狠狠地批评了一顿。赵瑞心里非常沮丧，以前面对客户时脸上灿烂的微笑变成了如今的冷若冰霜，整天无精打采，对谁都爱答不理。

两个月后，赵瑞发现自己的业绩明显下滑，一个月的成交量还不到以前的一半，连那些平时不如自己的销售人员都超过了他。面对这种情况，赵瑞心急如焚，就更加笑不出来了，甚至有时还对老客户发脾气。渐渐地，以前的老客户都躲开他，更别说一些新客户了。

销售人员要想有所成就，就必须记住：在当今竞争激烈、充满压力的社会环境中，客户在购买产品的同时，也是在购买一种好心情。因此，在与客户沟通时，销售人员切忌表情凝重，让客户感到压力。在销售工作中，销售人员应该对客户展露自信的微笑，向他们表达心中的友善。

行动指南

1. 销售人员要保持乐观的心情，让每一位客户都感受到快乐。

2. 销售人员的微笑要发自内心，用真诚来打动客户。

第287天 细微之处见品质

核心提示

一个小细节足以提高销售人员的成交概率。

理论指导

下面来看一个案例。

有一位销售大师在外出工作时总会随身携带一个闹钟。每当他和客户开始谈话时，就会这样说："抱歉，打扰您十五分钟的时间。"然后把闹钟设置为十五分钟之后响起。

十五分钟一到，闹钟就发出声响。这个时候，他对客户说："实在抱歉，打扰您了，十五分钟到了，我应该告辞了。"

如果洽谈顺利的话，那么客户会建议再谈一会儿。这时，销售大师则会说："那么我再打扰您十五分钟。"于是又将闹钟设置了十五分钟。

大多数客户第一次听到闹钟的声音时会很惊讶。他总是耐心地解释："不好意思，是闹钟响了，我说好打扰您十五分钟，现在时间已经到了。"

对此，客户通常都会认为这个人办事相当认真，再跟他聊会儿吧。这样，他成功的机会就会大大增加了。

行动指南

1. 销售人员要认识到细节也能彰显职业素养。

2. 在平时的工作中，销售人员要对自己高标准、严要求。

第288天 永远都要做一个守约的销售人员

核心提示

信守承诺会让销售人员得到更多。

理论指导

下面来看一个案例。

日本商人藤田是信守承诺的典范。1968年，他曾接受美国油料公司定制300万副刀叉的订单，交货日期为9月1日，交货地点为芝加哥。他马上委托工厂生产。由于生产商的延误，这批餐具直到8月27日才出货。这样一来，除非空运，否则就不能如期交货了。从东京到芝加哥的空运费用约3万美元，对300万副刀叉来说绝不划算。然而，藤田还是租下了飞机发货。因为藤田知道，一旦失约，客户绝对不会再相信他。

第二年，美国油料公司又向藤田定制600万副刀叉。但是，这次又耽误了交货期，藤田无奈又只好租用飞机空运交货。

虽然藤田两度租用飞机空运交货，受到了不小的经济损失，可是换来了客户对他的信任。

大家都说"那个人是守约的日本人"。这一"情报"瞬间传遍了整个世界。

行动指南

"君子爱财，取之有道"，诚信不仅带来了"财富"，而且带来了"君子"的美誉。

第289天　一诺千金，准时交货

核心提示

信用是销售人员的立身之本，对销售人员来说，承诺无大小，一旦承诺就必须兑现。

理论指导

下面来看一个案例。

在我国广州举行的一次大型进出口商品交易会上，一位英国商人拿着一件毛绒玩具的样品四处寻找厂家复制。

他与一家公司的负责人聊了一会儿后，就问："你们什么时候可以交货？"

负责人拿起样品，仔细地研究了一下，回答："最少需要一个月吧。"

英国商人立即拿回样品，说："真遗憾，我想尽快，因为我明天就要离开广州了。"

这时，一直站在旁边观看情况的上海某玩具厂厂长走到英国商人面前，向他做了简单介绍后，说："这笔生意就由我们厂来做吧，明天上午10点钟，我保证拿出复制样品来。"

英国商人担心地问："不是我不相信你，你们的工厂远在上海，明天中午就能交出复制样品，这怎么可能呢？"

厂长胸有成竹地说："我以我们厂的信誉保证，明天上午准时交货。"

英国商人听后，仍然十分疑惑，由于没有更好的办法，也就答应了。

厂长回到住处，便和助手们忙了起来，设计人员忙着剪图纸、剪绒，制作人员赶紧加工制作，厂长则进行成本核算。

就这样，经过一个通宵的紧张工作，第二天上午10点钟，厂长准时带着五件复制样品出现在英国商人的面前。

仔细地检查完样品后，英国商人高兴地说："样品质量很好，更重要的是你们如此讲信用，在这么短的时间里完成了这项工作，真让人佩服。"

最后，英国商人当场向该厂订购了几万件这种玩具。在以后的几年中，英国商人又向该厂购买了几百万件玩具，成为该厂的一位大客户。

行动指南

1. 对于办不到或不好办的事，销售人员千万不要开口承诺。

2. 在承诺之前，销售人员一定要考虑到万一失败的后果，在事前就做好充分准备，防患于未然。

第290天　千万不能占客户的便宜

核心提示

有了便宜也不要是优秀销售人员防范风险的明智之举。

理论指导

在生活中，爱占小便宜的人比比皆是。有些人甚至认为，有便宜当然要占，不然就是傻瓜。但出色的销售人员不会这样，他们牢记"给自己便宜也不占"的原则。

不要有便宜就占，尤其是客户的小便宜更不能占。长时间做销售工作的人经常会遇到这样的情况，有的客户给销售人员一个单子，他报的价高出销售人员的报价，看起来是白拿的利润，但这个钱销售人员是不能赚的，有时可能是客户不小心弄错了，有时可能是客户不懂行情。这时，销售人员要把真实的价格告诉客户。如果销售人员贪图利润赚了这个钱，那么等以后客户弄清了行情或发现自己报错了，销售人员的将错就错就会大错特错。为了占一点儿小便宜，销售人员将失去一位大客户。

做人、做事都需要道德来支撑。不讲道德、丧失良心，就没有诚信可言，这样的人无论做什么都无法取得成功。

行动指南

销售人员要树立以诚信为本的职业风范，既不占客户便宜，也不坑害客户。

第291天　诚实会让你赢得更多的客户

核心提示

诚实是取信于人的法宝。

理论指导

不诚实的销售人员是不可能取得出色业绩的。销售大师原一平曾经说过："做人和做生意一样，第一要诀是诚实。诚实就像树木的根，如果没有根，那么树木也就没有了生命。"原一平的成功经历也证明了这一点。

下面来看一个案例。

原一平曾在一家机器公司当销售人员。有一次他在半个月内就与30位客户成交。后来，他发现自己卖的这种机器比其他公司生产的同类机器要贵。他想：客户要是知道了，一定会认为我是在欺骗他们，以后就不会再信任我了。

经过慎重思考，原一平带着合约书与订单逐一拜访客户，将事情和盘托出，请客户重新考虑他们的选择。这种诚实的态度让客户大为感动。结果，这30位客户没有一个解除合约，并在日后成为原一平忠实的回头客。

每个人都愿意与诚实守信的人交往。如果销售人员说话前后矛盾、言行不一，那么客户就无法产生信任感。在和客户交往的过程中，销售人员有必要让客户感觉到自己的辛苦与诚意，用真诚来感动客户。很多销售人员之所以能够取得成功，主要原因就是他们一心为客户着想。

行动指南

销售人员要认识到诚实对销售工作的重要性，并下决心做一个诚实的人。

第 20 章

售后服务

第292天　真正的服务始于成交之后

核心提示

达成交易并非意味着销售的结束，而意味着销售的开始。

理论指导

现在，人们的生活水平越来越高，对服务质量的要求也越来越高。具体来说，售后服务的重要性可以体现在以下几个方面。

1. 创造再销售

某研究报告表明，经常光顾的客户可以给企业多带来20%～85%的利润。吸引客户，让客户常来购买产品，让客户乐意使用并永久使用，这是销售的宗旨。提供周到的售后服务是客户持续购买的保证，只有这样才能与客户建立一种良好的合作关系。销售人员必须树立这样两种观念：第一，老客户是最好的客户；第二，让初次购买产品的人成为终生客户。

2. 节省销售时间与费用

有时，寻找一位新客户是很困难的，从众多潜在客户里找到一位新客户会消耗大量的时间与精力。而留住老客户是降低销售成本的最佳方法。因此，销售人员只有做好售后服务，才能维持与客户的良好关系，真正节省时间与精力。

3. 树立企业的良好形象

在客户心中，销售人员的形象就是企业的形象，销售人员的一举一动都会直接影响企业的声誉和利益。当客户有疑虑的时候，销售人员必须及时解决，直到客户满意为止。提供优良的售后服务可以在客户心中树立良好的企业形象。

4. 为客户与企业沟通信息

销售人员是企业和客户联系的纽带，因此，必须与客户保持密切联系，将企业的产品信息和服务信息传递给客户，让他们及时了解最新情况。与此同时，对于客户的一些要求和愿望，销售人员也要及时反馈给企业的领导者，不断提高产品或服务的质量，进而提高销售业绩。

行动指南

销售人员只有为客户提供周到的售后服务，多与客户联系，才能了解客户对产品的真正看法。了解了客户的想法后，销售人员还要把信息反馈给企业领导，帮助企业进一步改进产品质量，从而赢得更多的客户。

第293天　成交后的“一三七法则”

核心提示

与客户成交之后，真正的售后服务就开始了。

理论指导

究竟何为一三七法则呢？

“一”是指产品售出一天之后和客户取得联系。在售出产品的第二天，销售人员应该和客户及时取得联系并询问对方是否使用了该产品。如果已经使用，那么销售人员就应该用关怀的口吻询问是怎样使用的，此时，适当的称赞与鼓励可以增加客户的成就感。如果尚未使用，那么销售人员就应该弄清楚原因，有针对性地消除客户的疑虑。

“三”是指产品售出三天之后和客户取得联系。一般来说，在使用产品五天以后，有的客户已经对产品的使用有了一些感觉与体验。此时，销售人员应给客户打个电话，帮他分析使用中出现的问题。

“七”是指产品售出七天之后和客户取得联系。如果销售人员在产品售出七天之后对客户不理不睬，不去询问客户的感受和体会的话，那么就会失去许多了解客户想法的机会。正确的做法是，在客户使用产品七天至半个月以后，销售人员应当登门拜访客户，也可以带上另外一种产品。与客户见面时，销售人员应该以兴奋和肯定的口吻称赞客户，并找出客户使用该产品之后的变化与感受。如果客户使用的状况比较好，那么销售人员可以再向客户推荐另外一种产品，这时销售成功的可能性就比较大了。

当然，这个法则只是一个框架，销售人员在日常工作中还可能遇到很多意想不到的情况，无论怎样都应保持与客户的定期联系，继续关心客户及其家人，随时准备为他们提供力所能及的帮助。

行动指南

销售人员要认识到一三七法则的重要意义，并在实际工作中积极地运用这一法则。

第294天　售后服务的两个要点

核心提示

售后服务主要包括产品信誉的维护与产品资料的提供。

理论指导

销售人员不能等到产品出现了问题时再开展售后服务。任何产品一旦售出，销售人员就应该主动跟踪，一方面可以指导客户更好地使用和保养产品；另一方面可以调查客户对产品的意见与看法，让企业和客户之间的关系更加密切。

只要是和销售产品有关且有利于客户的服务，都属于售后服务。售后服务主要包括两个方面的内容：维护产品的信誉与提供产品的资料。

1. 维护产品的信誉

维护产品的信誉是售后服务最主要的目的。品质优良的产品总强调售后服务，在类似或相同产品销售的竞争条件里，售后服务也经常是促使客户作出购买决定的关键因素。一般来说，产品信誉的维护工作有以下几项。

（1）产品品质的保证。在产品售出以后，为了让客户充分获得“购买的利益”，销售人员要继续为客户提供服务，这是维护商誉的必要之举。

（2）服务承诺的履行。在说服客户购买的同时，销售人员必须先强调和产品有关甚至无直接关系的服务。这些服务承诺对成交非常重要，而切实履行承诺则更为关键。

（3）赔偿制度的制定。在销售过程中，因为生产和消费之间的矛盾及生产方面的原因，必定会产生售后退货现象。对此，销售人员要妥善处理退货，帮助企业将赔偿制度建立起来。

2. 提供产品的资料

提供产品的相关资料、让客户了解产品的变动情况是销售人员的工作之一。在说服客户的过程中，销售人员要把有关产品的简介、使用说明以及各项资料交给客户；在客户购买以后，销售人员要及时提供最新的资料。

行动指南

提供周到的售后服务除了可以提高销售人员的信誉度之外，还可以提高客户的忠诚度。

第295天　售后服务的常规内容

核心提示

销售人员必须将一些常规性的服务内容提供给客户。

理论指导

一般来说，售后服务的常规内容主要包括以下几项。

1. 送货时要核查客户的购货数量与品种

销售人员给客户送货时，如果弄错了产品的数量和品种，那么就会给客户留下非常不好的印象，客户会认为销售人员不重视他。

2. 向客户介绍产品的使用方法和注意事项

这是售后服务中最为重要的一部分。因为客户买了产品以后，很有可能不了解产品的正确使用方法。这时，销售人员必须耐心地向客户介绍产品的使用方法和注意事项。

3. 向客户介绍产品的使用效果

销售人员应当向客户介绍产品的使用效果，这样可以使产品更具吸引力。当然，销售人员在向客户介绍产品的时候，不能仅仅为了销售产品而夸大使用效果。

4. 把退换货须知告诉客户

销售人员要把退换货的注意事项说清楚，让客户感到销售人员的服务是非常周到和专业的。

5. 邀请客户参加活动，分享产品的使用心得

客户在使用产品之后必定会有一些心得。如果销售人员邀请客户参加一些分享使用心得的活动，那么就会让客户与客户产生共鸣，从而坚定使用信心。

行动指南

销售人员要参考以上售后服务内容，归纳出一套适合自己的售后服务方法。

第296天　通过建立客户档案做好售后服务

核心提示

建立客户档案是售后服务的一部分。

理论指导

销售人员要将购买自己产品的客户进行整理和归类，建立一个客户资料库。通过建立客户档案，销售人员可以全面了解客户的需求，有针对性地向客户介绍自己的产品。这样做的好处包括以下几个方面。

1. 销售人员可以清楚地知道客户下次购买产品的时间

客户购买产品几天之后，销售人员可以再次和客户联系，了解客户使用产品之后的效果。这样客户就会觉得销售人员是在真正关心自己，而绝非仅仅为了赚钱，从而对销售人员产生好感，留下一个好印象。之后，客户极有可能主动帮销售人员宣传，让销售人员提高销售业绩。

2. 销售人员可以清楚地了解客户喜欢哪些产品

当有新产品上市时，销售人员可以马上告诉客户这个信息，这样做也有助于提高销售业绩，而且还可以针对不同的客户介绍不同的新产品。有的销售人员卖出产品之后既未留下联系方式也没有建立客户档案，当客户想再次找他购买产品时却联系不到他，白白将赚钱的机会弄丢了。

3. 销售人员可以了解客户的一些其他信息

在销售过程中，销售人员极有可能会与客户谈到一些其他情况，比如客户的生日和爱好等。如果销售人员能建立一个客户档案，那么就可以把这些信息记下来，在一些特殊的日子给客户送去意外惊喜，使客户增加对销售人员及产品的好感。

行动指南

销售人员可以通过“消费者卡片”建立客户资料库，了解客户的购买能力、购买意图等，判断哪些客户能够发展为长期客户或重点客户，归纳客户的意见与要求，以便及时采取对策来加强售后服务。

第297天　将成交看作另一次销售的开始

核心提示

销售人员应该想方设法与客户保持紧密联系。

理论指导

推销大师乔·吉拉德认为，销售活动真正的开始在成交以后，而不是销售阶段。“成交以后仍然要继续销售”，这种观念让吉拉德将成交视为另一次销售的开始。与客户成交后，他从来不会将客户置于脑后，而是继续关心客户，并且恰当地表示出来。要知道，销售是一个连续的过程，成交既是这次销售活动的结束，同时又是下一次销售活动的开始。销售人员在成交以后要继续关心客户，这样才会既赢得老客户又吸引新客户，让生意越做越大，客户越来越多。

吉拉德每个月都要给自己的13 000多位客户寄去一张贺卡。一月祝贺新年，二月纪念华盛顿诞辰，三月祝贺圣帕特里克日……只要是在他那里买了汽车的人，就会收到他的贺卡。

正是因为吉拉德从未忘记自己的客户，客户也不会忘记他。就像他在哈佛大学演讲时所说的：“当客户要求保修时，我竭力让他满意；当客户有了抱怨时，我去他家中聆听；当汽车出现毛病时，我要像医生一样为它诊断和治疗。”

行动指南

与客户保持联系的方式有：电话沟通、书信往来和登门拜访。销售人员要利用这些方式随时与客户交流各种想法，了解他们使用产品的情况，并适时把新产品推荐给他们。

第298天　用出色的服务赢得回头客

核心提示

能否留住老客户取决于售后服务的好坏。

理论指导

优秀的销售人员之所以优秀，主要是因为他们懂得留住老客户，让老客户不断重复购买，并通过老客户去影响身边的人，从而形成一个固定的、忠诚的客户群。但是，有一些销售人员却并没有注意到这一点，虽然他们利用各种手段去开发新客户，但是一切服务在与新客户成交那一刻就停止了，不仅让新客户白白流失，而且损害了公司与自己的形象。

下面来看一个案例。

林凯最近买了一辆汽车，这辆车让他生了一肚子气。在他未下订单以前，销售人员服务亲切、关怀备至，让林凯相当感动。提车以后，林凯和销售人员联络，起初对方还和他谈论一番，后来就爱答不理，甚至连人都找不到。林凯大呼上当，并将自己的遭遇告诉了其他人。从此以后，林凯和他身边的人都不相信那位销售人员和公司了。

那位销售人员太过急功近利，这和销售服务理念背道而驰。售后服务应该是连续不断且无微不至的，它不会因为成交而自动终止，反而会因为成交而继续强化。

行动指南

1. 销售人员应当明白，销售绝对不会在成交时自动终止，而是在成交后积极地展开，只有这样才有机会去争取一位“缘定三生，白头偕老”的忠实客户。

2. 销售人员可以通过售前、售中、售后的出色服务，让客户满意，积累客户资源，实现循环销售。

第299天　卖货就如同嫁姑娘

核心提示

谁的服务好，谁得到的评价高，谁就能争取到更多的客户。

理论指导

销售人员要想销售更多的产品，只有两条路可以走：一是产品的很多优点是其他同类产品不可比的，二是用完善的售后服务去争取客户的喜爱。

现在，企业间的竞争越来越激烈，不只在产品质量、技术创新以及价格上展开竞争，在服务方面也存在着激烈的竞争，谁的服务好，谁得到的评价高，谁就能争取到更多的客户，从而稳固市场地位。

IBM公司销售部经理本杰逊·罗斯认为，得到客户的订单是一件容易的事，而售后服务是非常重要的事。周到的售后服务是IBM公司成功的保证，其广告很明确地表示：IBM意味着最佳服务。IBM有一项过硬的服务项目，那就是公司保证在24小时之内对每位客户的意见与要求作出答复，如果有人买了IBM的产品，那么无论他在什么地方，公司都保证在48小时之内将更换的零配件送到他的手中。IBM公司说到做到，有时为了将一个价值仅有50美元的零件送到偏远地区的客户手中，甚至不惜动用一架直升飞机。

有一位经验丰富的销售人员说：“卖货就

如同嫁姑娘。”在女儿出嫁以后，父母还要随时关心她的婚后生活。对企业与销售人员来说，自己亲手售出的产品如同自己出嫁的女儿，要经常了解“产品是否得到客户的好评?”“有没有发生故障?”有时还要亲自上门倾听客户的意见，快速反馈给相关部门，作为改进产品的参考依据。

行动指南

销售人员要认识到只有重视与加强售后服务，才能更好地进行市场推广，从而提高产品的知名度。

第300天　避免售后服务同质化

核心提示

只有避免售后服务同质化，企业才能在激烈的竞争中脱颖而出。

理论指导

如今，如何避免售后服务同质化对提高产品的竞争力来说越来越重要。企业应该杜绝这样一种现象：销售时承诺太多，售后服务时只会安装调试，过后不闻不问。

就售后服务的具体操作来说，销售人员应该做到以下几点。

1. 抓住主要服务对象

在做售后服务时，就算销售人员的服务被客户方的所有技术人员认可了，但是客户方负责人的一个“不”字，便否定了一切。因此，在服务完之后，销售人员只有在得到客户方负责人的认可之后才能离开。

2. 抓住要解决的主要问题

售后服务之前，销售人员要先写出一份服务计划，明确自己主要解决哪些问题，因为销售人员不可能始终待在客户那里，所以要先解决主要问题，避免犯下本末倒置的错误。

3. 不要把话说得太绝对

世界上不存在绝对的事情，销售人员不要轻易说“绝对没问题”或“绝对应该这样做”。销售人员可以说“通常是没问题的”“可以做”“有问题的话，我们会及时为您提供服务”“正常来讲应该是这样的”等。

4. 让客户感觉到产品有强大的技术后盾做支撑

如果在售后服务过程中出现了销售人员解决不了的难题，那么要随时打电话向公司求助，得到公司有关部门的支持，让客户感觉到产品出现的问题是能够得到解决的。

5. 不打无准备之仗，做好最坏的打算

做售后服务不要抱侥幸心理，可能一根网线、一本说明书就会让销售人员来回奔波几千里路。因此，对于所带工具，销售人员必须要仔细检查。对于没有把握的事情，销售人员必须在服务之前演练一遍。

6. 和客户方负责人以及有关人员建立一条联系通道

在完成售后服务之后，销售人员必须记下相关人员的联系方式，这些信息对销售人员今后的工作都很有价值。

7. 售后服务速度不能太慢

客户的时间非常宝贵，客户的耐心也很有限。因此，销售人员应以最快的速度提供最佳的服务来赢得客户的信任。

行动指南

销售人员要充分认识到，只有切实做到产品竞争与服务竞争两手硬，才能在激烈的竞争中赢得客户的心。

第301天　信守承诺，跟进服务

核心提示

信守承诺是销售人员应具备的最基本的职业道德。

理论指导

从作出承诺到履行承诺，销售人员应始终本着务实的原则，时刻体现真诚的态度和负责任的精神。

1. 务实的承诺是诚信的前提

俗话说："没有金刚钻，别揽瓷器活。"在作出承诺之前，销售人员一定要考虑清楚自己是否有能力做到。如果只是为了迅速达成交易而夸大产品的功能和服务的范围，那么就会使客户对产品和服务抱有过高的期望，而期望越高，失望也就越大。失信于客户，就等于失去了客户。因此，销售人员对客户作出承诺一定要量力而行。

2. 记住自己的承诺是诚信的保障

如果随意承诺，却不能有效地实现承诺，那么对客户是极不尊重的。销售人员最好是在作出承诺之时，将详细内容记录下来，并常常检查，这样就不会混淆或遗忘了。

3. 有诺必践是诚信的根本

一旦作出承诺，销售人员就要采取一切可能的措施加以兑现，只有这样才能取信于人。在顺利成交之后，如果约定了送货时间，那么就要按时送货；约定有相应的赠品优惠，就要及时提供；约定了相应的使用指导、服务咨询、退换货保障等，就要如约执行。如果在履行承诺的过程中出现困难，那么销售人员要尽最大努力克服这些困难，即使有些时候自己需要承担一些损失，也不能牺牲客户的利益。

行动指南

作出承诺要量力而行，履行承诺要尽力而为。销售人员只有信守承诺，及时提供所承诺的服务，才能赢得客户的信任，从而稳定自己的客户群。

第21章

电话营销

第302天　电话营销的定义、优势与职能

核心提示

电话营销不仅可以开发新客户，而且对维护老客户、降低客户流失率也很有帮助。

理论指导

电话营销是一种有效的营销手段，它只需要一根电话线，就能在很短的时间内，快速地将信息传递给目标客户，及时抢占市场，在为企业带来丰厚利润的同时，也为销售人员带来了可观的收入，真可谓是一线万金。

如今，电话营销在我国获得了长足发展，越来越多的企业开始重视电话营销，比如在展览、互联网、旅游、培训、人力资源等行业，电话营销就已经成为了公司推广业务的主要方式，几乎完全取代了传统的面对面销售方式。毫无疑问，电话营销职业是一个非常有前途的职业，充满了无限的可能。

什么是电话营销呢？应该说，电话营销至今还没有一个相对科学和统一的定义。广义的电话营销是指通过先进的电话技术和计算机技术，实现在多种情况下与客户的接触，从而与客户建立起信任关系，并在建立关系的过程中了解和挖掘客户的需求，并满足需求，同时以高效率的双向沟通方法直接与目标客户接触、沟通并展开促销活动的直销方式。

电话营销的优势主要有以下几个方面：（1）通过电话营销帮助企业有效降低销售成本；（2）提高销售效率和管理效率；（3）建立客户档案，有效利用客户资源；（4）通过低廉的成本开发无限的客户资源；（5）建立和维护客户关系；（6）将企业的最新动向及时告知客户。

就电话营销的职能而言，广义上的电话营销职能涉及销售领域的各个方面，大致包括如下内容：（1）建立并维护营销数据库；（2）获取各种信息；（3）寻找各种销售线索；（4）组织各种会议；（5）回访新客户；（6）客户满意度调查；（7）催收各类账款；（8）接受各种咨询；（9）解决各种投诉；（10）受理各种维修；（11）直邮；（12）维护客户关系；（13）从竞争对手处挖掘客户；（14）销售产品；（15）交叉销售；（16）扩大销售。

在上述各项职能中，后四项纯属销售职能。这些职能的实现，可以帮助销售人员顺利完成各种产品的销售任务；同时，销售人员通过良好的服务以及进一步的交叉销售，可以有效提高客户的忠诚度，达到留住客户的目的。因此，电话营销不仅可以开发新客户，而且对维护老客户、降低客户流失率，也起到了非常重要的作用。

行动指南

1. 销售人员要了解电话营销的定义、优势与职能，对电话营销有一个正确的认识。

2. 销售人员要为自己能够投身电话营销事业感到自豪。

第303天　电话营销的主要目标与次要目标

核心提示

在给客户打电话之前，销售人员一定要预先定下希望达成的目标。如果没有事先定下目标，那么就会很容易偏离主题，甚至失去方向，浪费很多宝贵的时间。

理论指导

销售人员通过电话营销，不仅可以为自己带来丰厚的收入，而且可以为客户解决实际问题。

电话营销并不是一门简单的学问，而是一门复杂的艺术。销售人员在利用电话进行高效营销之前，需要做的工作还有很多，其中最为关键的就是要确定销售目标。

在给客户打电话之前，销售人员一定要预先定下希望达成的目标。如果没有事先定下目标，那么就会很容易偏离主题，甚至失去方向，浪费很多宝贵的时间。

由于销售人员要面对的客户不同，订立的目标当然也会有所不同。因此，对于目标的确定与把握，销售人员可以采用不同的处理方式。例如，如果销售人员只是为了和已经购买产品的客户确定一下邮寄地址，以便寄送发票与相关资料，那么就只需在头脑中有一个记忆，打电话给客户问清楚并记录下来即可；如果销售人员需要确定的事项比较多，那么就要在事前一一列出，并在电话沟通中按照记录逐一询问，以免有所遗漏。

在拟定电话营销目标之前，销售人员需要先查看企业营销计划中的销售目标、目标市场以及经营评估中的问题点与机会点，以便更好地确定电话营销目标。

一般来说，电话营销目标可以分为主要目标和次要目标。

1. 电话营销的主要目标

销售人员希望在本次电话中达成的事情就是主要目标。

电话营销的主要目标有：（1）根据自己所销售产品或服务的特性，确认潜在客户是不是自己的真正客户；（2）与客户约定具体的拜访时间；（3）顺利销售出预定数量或金额的产品或服务；（4）确认准客户将会在什么时候作出最后决定；（5）让准客户接受产品或服务的提案；（6）做一份完善的产品或服务调查；（7）了解客户的真实需求，并根据该需求完成相关工作。

2. 电话营销的次要目标

电话营销的次要目标是指销售人员在确实没办法达成主要目标时最希望完成的事情。很多销售人员在给客户打电话之前，常常没有定下次要目标，因此在没有办法完成主要目标时，就草草地结束了谈话，这不仅浪费了宝贵的时间和电话费，而且给自己的心理造成负面影响，觉得自己吃了闭门羹，失败了一次，从而精神不振，影响了工作业绩。

电话营销的次要目标有：（1）获取准客户的各种相关资料；（2）销售其他产品或服务；（3）定下与准客户再联络的时间；（4）引起准客户的购买兴趣，并让准客户同意先看看产品或服务的宣传资料；（5）了解准客户的真实需求，以便在日后向其推荐合适的新产品或新服务；（6）获得准客户介绍其他新客户的机会。

销售人员事先定下电话营销的主要目标与次要目标，能让自己的工作更有效率。一般来说，一位销售人员每天打100个电话，其中大概会遭到八九成客户的拒绝，也就是说没有达成主要目标；而定下电话营销的次要目标并达成后，销售人员会觉得自己没有失败，又朝着主要目标迈进了一步，进而增强自信心。

销售人员顺利地完成次要目标，收集到了许多相关资料，有助于了解客户的需求，从而早日达成主要目标，完成更多交易。

行动指南

1. 销售人员要知道电话营销的主要目标和次要目标。

2. 在每一次电话营销前，销售人员都要为自己制定主要目标和次要目标。

第304天　电话营销的五个特性

核心提示

电话营销有五个特性：效率高、成本低、双向沟通、感性销售以及能在短时间内引起客户的兴趣。

理论指导

1. 效率高

电话能让销售人员迅速与客户取得联系，并了解客户的各种具体想法。如果销售人员平均每个电话的沟通时间为5分钟，那么每小时就可以和12位客户取得联系，一天就能和近百位客户进行沟通。如果采用传统的面对面销售方式，以北京市为例，在不开车的情况下，销售人员要想在一个上午拜访五六位客户几乎是不可能的。

2. 成本低

现在，打一个电话的直接成本才几毛钱甚至几分钱。如果采用传统的面对面销售方式，考虑路程的远近以及由此而产生的交通费用等，那么成本就会高出很多。电话营销的成本优势更加明显了。随着人力成本与拜访成本的不断攀升，可以肯定的是，电话营销在未来的很长一段时间内都将会受到越来越多行业和企业的重视，成为一种不可或缺的主流销售模式。

3. 双向沟通

电话营销作为一种双向沟通活动，其最佳的沟通时间比例应该是销售人员说1/3的时间，客户说2/3的时间，这样可以维持良好的双向沟通关系。

4. 感性销售

在电话营销过程中，销售人员应该打动客户，在取得客户信赖的基础上，再辅以信息资料来促进成交。

5. 能在短时间内引起客户的兴趣

在电话营销过程中，如果销售人员无法让客户在半分钟左右的时间内对产品产生兴趣，那么就可能会随时被终止通话。没有人愿意在自己不喜欢的事情上浪费时间，除非这个电话能够让人产生某种兴趣。因此，销售人员必须说好开场白。

行动指南

销售人员要了解电话营销的五个特性，并在工作中灵活运用。

第305天 让通话声音更具魅力的关键因素

核心提示

即使是同一句话，不同的人用不同的声音在电话里说出来，会产生不同的效果，销售结果更会大相径庭。

理论指导

让通话声音更具魅力的关键因素有以下几点。

1. 语速要适中

语速就是说话的速度。在与客户电话沟通时，销售人员的语速既不能太快，也不能太慢。电话营销是一种快节奏的工作，可能是由于长期工作的原因，大部分销售人员说话的速度都相对较快，而语速太快就很容易让客户听不清楚。因此，销售人员要注意控制语速。通常情况下，语速保持在每分钟120～150字比较合适。

2. 把握语气的轻重

说话的语气可以反映销售人员的态度。在和客户通话的时候，销售人员说话的语气要不卑不亢，既不要让客户觉得销售人员有求于他，也不能让客户觉得销售人员有一股盛气凌人的架势。

3. 掌握好语调的抑扬顿挫

销售人员讲话时语调要抑扬顿挫。太过平淡的声音会分散客户的注意力，让客户产生厌倦感。

4. 音量要适中

销售人员大都在室内工作，如果讲话音量过大，那么难免会影响周围的同事。此外，音量的大小可以反映销售人员的素养；如果音量太大，那么会给人一种缺少涵养的感觉；如果音量过小，那么会给人一种自信心不足的印象。

5. 说话要适当停顿

销售人员在讲话时适当的停顿不仅能吸引客户的注意力，让客户有机会思考，而且能让客户主动参与到电话沟通中来。销售人员不能只顾自己说话，更不能说完话就挂机，而是要让客户充分地参与到电话沟通中来。

6. 务必简洁

由于通话时间有限，客户也许会很忙，这就要求销售人员的表达必须简洁。简洁主要是指用词简洁，尽量不要说太多和产品销售无关的事情。销售人员要记住：既不要浪费自己的时间，也不要占用客户太多的时间。

7. 说话要流畅

没有客户愿意在电话中听到销售人员“嗯”“啊”“怎么说呢”“我看看”等诸如此类的口头禅，这会让客户听得很不耐烦，甚至直接终止通话。

8. 最好用普通话

销售人员最好用标准的普通话跟客户进行沟通。讲标准的普通话不但是尊重客户的表现，而且能体现销售人员的良好素质。当然，如果销售人员知道客户是哪里人而想用对方能听懂的方言来沟通的话，那么就另当别论了。

9. 吐字要清晰

清晰的发音可以充分表达销售人员的专业性。当然，吐字清晰跟语速也有很大的关系，如果语速较慢，那么吐字相对就会清晰一些。

10. 表现出专业性

每一位销售人员都必须掌握产品、竞品等方面的专业知识，从而提高自己的专业性，为自己建立产品专家的形象。

11. 声音中要流露出自信

要知道，只有自己对自己有信心，别人才会对你有信心；只有对自己的产品有信心，客户才会对你所销售的产品有信心。

12. 说话要以情动人

同样的一句话，用不同的情感来表达，效果是不一样的。销售人员只有发自内心地喜欢自己的工作、喜欢自己的客户，说出口的话才能充满感情，从而感动客户。

13. 使用恰当的措辞

在和客户交流时，销售人员要使用积极的措辞，从而对客户产生积极的影响。

行动指南

销售人员要按照本节提示加以练习，让自己的声音更有魅力。

第306天　通话时要配合恰当的身体语言

核心提示

虽然在电话中销售人员与客户双方彼此看不到，但这并不是说身体语言不会影响到声音魅力。

理论指导

1. 只有面带微笑，声音才会微笑

在所有的身体语言中，最重要的就是微笑。带有微笑的声音非常甜美动听，也非常有感染力。如果销售人员用轻松的声音与客户说话，那么就会给客户留下一个很好的印象，从而增加成交的机会。

2. 配合恰当的手势

在电话沟通过程中，虽然销售人员和客户彼此看不到，但销售人员的手势给声音带来的影响能化作一股无形的力量，感染对方。

3. 将自己想表达的感情与身体语言结合起来

在工作中，销售人员应该根据不同的情况，把身体语言和自己想要表达的感情结合起来。如果遇到客户投诉，销售人员还表现得很开心，那么客户会认为销售人员不重视自己的投诉。如果跟客户聊得很高兴，销售人员要表现得很开心；如果客户不开心，销售人员要表示同情，只有这样才能赢得客户的好感。

行动指南

销售人员要按照本节提示加以练习。

第307天　发现客户最关心问题的技巧

核心提示

对于客户提出的一个微不足道的问题，如果销售人员不能及时解答，那么将会给电话营销活动带来很大的障碍。

理论指导

在电话营销过程中，客户关心的问题特别多，最关心的通常会集中在价格、质量、服务以及使用方面。销售人员必须及时找出客户产生问题的原因，快速想好可行的解决方案并有效解决，确保销售的最终成功。

俗话说“听话听音”。听音是发现问

题最有效的方法。销售人员只有听明白客户真正关心的问题，才能针对客户的问题给予正确解答，积极消除由此造成的销售障碍。

如果客户对价格比较关心，可能就会说“如果价格降一半，那么我会考虑一下”。销售人员可以根据客户当时的表现及产品使用情况，认真考虑解决方案。

如果客户愿意主动说出自己最关心的问题，那么销售人员可以详细了解一下原因。

在没有确定客户的问题之前，如果销售人员只凭借自己的判断就直接回答，那么常常会引发许多异议。因此，销售人员要多问“为什么”，让客户自己把原因说出来。

行动指南

销售人员要设法了解客户最关心的问题。

第308天　解决客户最关心问题的方法

核心提示

客户关心的问题会涉及方方面面，针对这些问题，销售人员要找到有效、可行的解决方案。

理论指导

下面就客户提出的产品的价格、质量、服务及使用方面的问题提供几个解决方法。

1. 产品质量方面

有些客户在购买产品的时候，通常很看重产品的质量，希望买得放心，用得舒心。一般来说，客户会用一些资料与数据来验证产品的质量。此时，销售人员可以把“质量绝对有保证”的信息传递给客户，甚至使客户产生“不买就是自己的损失”的感觉。例如，销售人员可以说：“这是××（产地名）生产的仪器，每个季度只能进一次货，每次进货18套，我们是有质量与信誉保证的。”当客户认真询问关于产品质量的信息时，销售人员一定要认真倾听，用专业知识打消客户的顾虑，接着再根据具体情况促进成交。

2. 产品价格方面

销售人员向客户介绍产品时，有些客户可能会说：“这个太贵了！能不能再便宜一点儿？如果打七折，那么我还可以考虑。”有些客户对价格十分敏感，除了经济条件所限之外，还可能是因为他们认为产品的服务及附加值没有达到自己的要求。对于这类问题，销售人员应该首先弄清客户对价位敏感的理由，然后提供和价位相关的信息，让客户认识到产品的价值。

具体方法有以下四个：第一，向客户说明该产品是物有所值的，比如“我们的价格是比其他同类产品的价格要高一点儿，但我们的产品……（陈述产品的优势）”。第二，对价格进行分解，让客户形成一个很便宜的感觉。第三，直接回应客户的想法，比如“如果您认为价格太高，那么您是和哪个厂家、牌子、规格的产品作比较的呢”。第四，向客户强调利益点。

3. 产品服务方面

在客户询问售后服务时，销售人员要根据自己所销售产品的情况如实回答。很多情况下，客户只不过是对产品已有的售后服务加以确认。这时，销售人员一定要用肯定的语气回答。

4. 产品使用方面

在客户询问产品使用注意事项时，销售人员要根据客户问题的重要程度来的回答。如果客户的问题比较简单，那么销售人员只需简单回答一些要点，然后礼貌地引导客户查阅使用说明书即可。如果客户的问题一时难以解答，那么销售人员就可以向客户说明“送货员送货时会对产品使用过程进行演示”。

行动指南

1. 销售人员要学会巧妙解决客户提出的各种问题。

2. 销售人员要针对自己所销售产品的特性，假设几个客户可能会提出的问题，然后和同事们讨论一下，进行总结。

第309天　遇到棘手问题的心理暗示技巧

核心提示

有些问题是无法认真讨论的，因为那将引起客户的反感，在这种情况下，心理暗示就是一种有效的解决办法。

理论指导

下面介绍几个心理暗示技巧。

1. 自信暗示

在客户关注产品的时候，多多少少都会有些疑虑，这时销售人员要以专家的身份出现，用自信的声音感染客户，让客户对产品产生信心。例如，销售人员可以说“这种产品我已经销售四年了，很多人都定期订货”或“这种产品已经上市五年了，很多消费者都反映相当好”。

2. 统一暗示

销售人员要主动表达和客户相同的观点或引导客户和自己的观点保持一致。在心理上和客户保持同步是让客户对产品感兴趣的好方法。例如，销售人员可以说“这种按摩仪的使用效果非常好，使用方法也特别简单，您只需按一下按钮就行”或“这种产品是以方便使用者为原则设计的，不仅操作简单，而且使用效果特别好”。

3. 优点暗示

销售人员不妨细数产品的各种优点，让客户产生积极情绪，进而对产品产生浓厚的兴趣。例如，销售人员可以说：“这款仪器以节能环保为设计原则，能够将运营成本压缩15%。”

4. 权威暗示

销售人员说出专家与权威人士对产品的评价，可以让客户信赖产品，并产生购买欲望。例如，销售人员可以说“某位行业专家就一直在使用这种产品”或“买这种产品的人特别多，我一天就售出了八台”。

5. 反复暗示

当人们受到某一事物的反复刺激后，通常就很容易对这个事物产生兴趣。因此，在介绍产品时，销售人员可以反复强调产品的优点，反复询问客户对产品的看法，这些行为都能有效地引起客户的兴趣。例如，销售人员可以说：“张小姐，这种化妆品是日用品，闲时买急时用，放在家里也不会坏，而且现在我们公司正在搞六折促销活动，您不如现在就买来备用，既经济又实惠。”

行动指南

在遇到不好解决的棘手难题时，销售人员要学会用本节提示的心理暗示技巧进行解决。

第310天　首次电话拜访不是非要立即成交，赢得下次拜访的机会更重要

核心提示

首次电话拜访不是非要立即成交，赢得下次拜访的机会更重要。

理论指导

下面来看一个案例。

胡小姐是某厨具公司的销售人员。有一天，她给客户张先生打了一个电话。

销售人员："张先生，您好！"

客户："您是?"

销售人员："我是厨具公司的销售人员。我给您打电话是想向您推荐一款新产品。这款产品今年非常流行，现在很多人都在使用。"

客户："价格呢?"

销售人员："5 000元一套。"

客户："我考虑考虑……"

销售人员："张先生，您考虑得怎样了?"

客户："很抱歉，胡小姐，你们这款厨具太贵了。"

销售人员："张先生，您可以仔细考虑一下，这是最新款式的厨具，而且质量很好，我们已经卖出几百套了。再说，它比市场同类产品便宜多了。"

客户："我现在还不需要，我再看看其他厨具。"

销售人员："张先生，马上就要过年了，我们这款厨具正好有优惠活动，您可不要错过这个好机会啊!"

客户："你不用多说了，我想再考虑考虑。"

胡小姐发现自己说了这么多产品的卖点仍然不能吸引张先生，于是失望地放下了电话。

销售人员一定要弄清楚客户到底是真心诚意还是虚情假意。在沟通过程中，有的情况是越谈越深，越谈越接近成交的边缘；有的情况是客户态度暧昧，回答含糊其辞。对于真心诚意的客户，销售人员要开心地继续谈下去；对于虚情假意或干脆拒绝的客户，销售人员就不必按原计划继续谈下去了，应该主动改变话题，以聊天为主，从而赢得下一次拜访的机会。

行动指南

1. 销售人员不要在第一次拜访客户时就急于要求成交。

2. 首次拜访没能成交并不意味着失败，只要销售人员能争取到第二次拜访的机会，就有成功的希望。

第311天　一定要等对方放下听筒后再挂电话

核心提示

结束会谈时，销售人员应客气地与客户道别，说一声"再见"，然后等客户放下听筒后，自己再挂电话。

理论指导

有不少销售人员常常还没等到客户说"再见"，就重重地挂了电话，虽然这只是一个很小的细节，但却是一个非常不礼貌

的行为，可能会让客户产生坏印象，甚至影响成交。

下面来看一个案例。

陈晓艳是一家饰品公司的销售人员。有一天，在她忙得不可开交时，接到一位客户打来的电话，陈晓艳在听完客户的询问后，只简单地回答了几句就挂断了电话。

客户还没说完“再见”，就听到陈晓艳“咔嗒”一声挂了电话，一下子就愣住了，因为他根本就没有想到陈晓艳会在他之前挂断电话，心里感到非常不舒服。

后来这位客户和陈晓艳的上司一起聊天时，说起了陈晓艳挂电话的事。上司听后十分气愤，回来后就批评了陈晓艳，并扣除了她当月的奖金。

无论是接听电话，还是拨打电话，若销售人员因为早挂电话而让客户不快，甚至失去重要客户，则是得不偿失。

每一位销售人员都应该在工作中注意：原则上，在结束通话前，一定要等客户放下听筒后再挂断电话。如果客户是长者，那么无论销售人员是接电话还是打电话，都要让对方先挂断电话，以示尊敬。

如果销售人员与客户的通话因故暂时中断，那么不管是出于什么原因，销售人员要马上给客户回拨过去，并说一句道歉的话。

行动指南

销售人员要了解并掌握本节提到的挂电话的礼仪。

第312天　建立和维护客户资料库

核心提示

客户资料库是一切销售活动成功的基础，也是电话营销的成功的关键因素之一。

理论指导

准确、完整的客户资料库可以保证电话营销和其他销售工作的顺利进行。

在戴尔、惠普等实施电话营销的企业中，每年都会投入大量的资金在客户销售数据库的建立和维护上。通过电话来建立和维护客户资料库是最快、最省钱的方法。

下面来看一个案例。

有一家公司的领导一边派人着手整理现有客户的资料，一边从某管理咨询公司购买了潜在客户的资料，建成了一个涵盖公司目标市场的客户资料库。该公司的销售人员利用这个资料库与客户保持联系，并随时把联系结果录入资料库。如今，这个资料库包含了6 000位目标客户、30 000位联系人、近60 000条联系记录。

可以想象一下，如果每家公司都拥有一个这样的资料库，那么一切销售活动都将变得很容易。

行动指南

销售人员要认识到客户资料库的重大作用，建议自己所在的公司着手整理客户的数据资料，从而充分发挥电话营销的作用。

第313天　利用电话快速获取各种信息

核心提示

电话营销可以帮助企业获得想要的各种信息。

理论指导

有价值的信息在现在的商业环境下变得越来越重要，比如客户对供应商的看法、产品的潜在需求信息、客户的决策人资料等。

下面来看一个案例。

有一家铜产品加工厂，目前它在全国拥有约2 000位客户。当时，该厂厂长计划推出一个新产品，但是并不知道这个新产品在全国的销售潜力有多大。于是，厂长决定通过电话统计客户在一年内购买铜产品的数量。结果，不到一个月的时间，厂长就达到了目的。

对销售人员来说，快速获取客户决策人的信息是非常重要的。广州的一家IT企业想要开发东北市场，其目标客户是东北三省的金融企业。销售人员利用电话营销的方式，在很短的时间内，便帮助企业得到了东北三省银行、证券、保险等行业的相关资料，可以想象这对于企业的帮助会有多大。

行动指南

销售人员要根据企业的业务发展需要，制定电话营销的目标与计划，并利用电话获取各种有价值的信息。

第314天　利用电话快速寻找准客户

核心提示

从电话营销的流程来看，寻找准客户是第一步。

理论指导

从电话营销的流程来看，寻找准客户是第一步。销售人员最喜欢与哪些客户打交道呢？是喜欢与那些最近有采购计划的客户打交道，还是与那些几年内都没有任何采购计划的客户打交道？除了那些战略性的大客户之外，相信大部分销售人员都喜欢前者。那么，这些客户都在哪里呢？

客户一般不会主动找上门来，除非企业是行业的领导者，或者企业与客户以前有过接触。因此，销售人员要利用电话主动出击。

在很多行业里，寻找准客户就像大海捞针，特别是对那些开发新产品、新市场的行业来说更是如此。如果某企业有5 000位目标客户，但是该企业所提供的服务现在需求量很小，可能只有50位客户会有这种需求，那么就意味着该企业每接触100位客户，才可能会有一位客户有需求。可以想象，企业安排销售人员用逐一登门拜访的方式联系客户会很困难，而利用电话拜访则容易得多。

行动指南

销售人员要能根据产品的目标市场、客户定位，制订出寻找准客户的计划。

第315天　先寄资料，再打电话

核心提示

先寄些资料再打电话，让沟通更顺畅。

理论指导

由于互不相识，在销售人员唐突地给客户打电话时，客户难免会提高警惕，从而造成非常尴尬的局面。如果在给客户打电话之前，先寄些资料、礼品之类的东西，那么无疑会大大消除客户的陌生感，提高客户的信任度。

下面来看一个案例。

有一位销售人员在获取了客户的基本信息后，初步判断这是一位潜在的大客户。于是，他就开始给对方寄产品的相关资料，一直寄了3个月，但是从来没有打过一次电话。3个月后，销售人员打电话给客户，仅仅是问对方有没有收到资料。这时候，客户已经对销售人员和他的产品产生了兴趣。但是，他目前还没有购买计划。就这样，他们的关系持续了两年多，直到有一天客户突然打电话来要求采购大批货物，请销售人员带上相关手续直接到他的公司签单。

就这样，几百万元的生意顺利成交了。之后，客户还把这种产品介绍给他的朋友，销售人员因此成了这几家大公司的指定供货人。

行动指南

销售人员锁定了潜在客户后，要先给客户邮寄资料，然后再打电话与其联络。

第316天　适当透露产品价值，有效吸引客户注意

核心提示

透露产品价值的冰山一角就像诱饵一样，促使客户想要获得更多的产品信息。

理论指导

透露产品价值的冰山一角就像诱饵一样，促使客户想要获得更多的产品信息。如果客户开口询问，那么销售人员就达到了目的——让客户主动邀请销售人员作进一步介绍。

销售人员：“您好，请问李总在吗？”

客户：“我就是。”

销售人员：“李总，我是L公司的小刘，您最近来信询问AH型产品，我很高兴能为您作介绍。请问您现在方便谈话吗？”

客户：“可以，你说吧。”

销售人员：“李总，能否先请您告诉我，现在贵公司AD型产品的使用情况如何，还有您为什么想要了解我们的AH产品？”

客户：“我们让员工自己操作AD型机器，老是搞得一团糟，许多机器都用坏了，所以我想了解一下AH型产品……”

销售人员：“李总，我们可以保证让贵公司所有员工都能顺利操作，而且我们可以提供安装维修服务。不过，我能否提个建议？”

客户：“当然。”

销售人员：“您方便的话，我想亲自去拜访您，跟您详细说说，这样您就可以对我们公司和产品有更深入的了解，因为这

些在电话里不容易说清楚。您觉得这样如何？您什么时候有空呢？”

客户：“明天下午3点吧。”

行动指南

在电话沟通过程中，销售人员要善于以提出建议的方式透露产品价值的冰山一角，并以此引起客户的好奇心，吸引客户的注意，让客户认为这个产品有助于改变当前的现状。

第317天　给客户打电话时要知趣

核心提示

打电话不要紧，关键是要了解电话另一端的客户在干什么。

理论指导

在给客户打电话之前，销售人员要做好充分的准备，从而应对各种突发情况。

例如，当销售人员打电话给客户时，客户正在开会，这该怎么办呢？是等对方把会开完再谈？还是对方一接电话就迫不及待地把自己要说的话说完？其实怎样做都无所谓，关键是销售人员要有所准备，否则又想把话说完，又觉得不合适，而在电话中支支吾吾，最后只会让客户厌烦地挂断电话。

下面来看一个案例。

销售人员小王已经找某位客户很长时间了，却一直没有找到。有一天当他再次拨打客户的手机时居然打通了，客户说：“我现在正在开车，过一会儿你再打电话给我。”但此时的小王实在是太激动了，因为好不容易才找到这个客户，所以他根本就没有注意客户说的话，独自在电话里说个不停。结果可想而知，开车时接听手机本来就很危险，而小王又不知趣地说个没完，于是客户生气地挂断了电话。

行动指南

在给客户打电话时，销售人员不要只顾着自己方便，还要考虑客户的情况。

第318天　面对知识渊博的客户，不妨做一名耐心的听众

核心提示

给知识渊博的客户打电话时，销售人员要做一名耐心的听众。

理论指导

有一些客户经验丰富、知识渊博，对于某类产品他们似乎比销售人员还要了解。在购买产品时，常常有以下几种表现：对销售人员及其产品或服务了如指掌、有时会显得心不在焉、提出的问题让销售人员感到为难、打断销售人员的话或突然要求停止交谈。

这种时候，销售人员不要感到有压力，而要把这次交谈当成一个很好的学习机会。销售人员可以让客户多谈谈他所擅长的专业和丰富的工作经验，而自己只需要做一名耐心的听众就可以了。之后，销售人员会发现自己已经与客户建立了融洽的关系。

下面来看一个案例。

有着多年电话营销经验的销售经理阿苹对此有着深刻的认识。她曾经遇到过一

位客户，那位客户的性格非常古怪，他会在电话中突然变得沉默。后来，阿苹发现只要自己在他说话时插一句话，对方就有这种反应。弄清楚这一点后，阿苹就认真扮演起听众的角色，等他说完后，阿苹再想办法加以引导。功夫不负有心人，最终阿苹得到了一个大订单。

行动指南

销售人员在给无所不知的客户打电话时，除了要做耐心的听众之外，还要主动采取对策：（1）给客户制造有关产品的悬念，引起他的好奇心；（2）在倾听客户说话的时候，留意他所说的话，从中捕捉到他与自己想法一致的地方；（3）不失时机地赞美客户。

第319天　在电话里说出你的赞美

核心提示

赞美可以让销售人员迅速与客户建立融洽的关系，为后面的谈话打下坚实的基础。

理论指导

在电话沟通过程中，销售人员可以通过哪些方式来赞美客户呢？

1. 可以从声音入手来赞美客户

这种方式最好是在异性之间进行。一位男性销售人员在对他的女性客户进行赞美时所起的效果要远远胜于赞美一个男性客户。

2. 可以赞美客户的专业

在给部门负责人打电话时，销售人员可以这样说：“陈经理，看来您真是很有战略眼光，比我接触过的很多企业家都看得远，很多人都没有您这样的战略意识，您真是挺了不起的。”客户听到销售人员这样说，无疑会感到十分自豪。

3. 可以赞美客户的公司

给客户打电话时，销售人员可以这样说：“您的公司规模很大，您又是我们的重点客户，我们对您的公司很关注。”相信大部分客户听到这些话，都不好意思拒绝，这就为销售人员下一步的沟通开了一个好头。

行动指南

1. 销售人员要找到客户的优点，并在电话里表达出来。

2. 销售人员可能有很多赞美客户的话，却苦于没机会在电话里表达。这时，发一个短信或电子邮件同样能产生很好的效果。

第320天　优秀的开场白要达到的三种效果

核心提示

好的开场白要达到这样三个效果，即吸引客户的注意力、建立融洽的关系以及与所销售的产品建立关联。

理论指导

开场白是销售人员与客户正式通话之前要说的第一句话。也可以说这是销售人员给客户留下的第一印象。

一个优秀的开场白最好达到以下三种效果。

1. 吸引客户的注意力

开场白的主要目的就是为了吸引客户的注意，引起客户的兴趣，让客户乐于和销售人员在电话中交流。销售人员要在开场白中陈述产品价值，这里所说的价值是指销售人员要让客户明白该产品在某些方面是可以帮助客户的。此外，吸引客户注意的办法还有：陈述企业与众不同之处、谈及自己刚服务过客户的同行业公司、谈客户所熟悉的话题、引起客户对某些事情的共鸣等。

2. 建立融洽的关系

与客户建立融洽关系的方法有两个，即声音感染力和礼貌用语。大量研究表明，动听的声音能够让客户感到舒心，有利于彼此建立融洽关系。销售人员在说开场白前，应先尽可能确认客户时间的可行性或对打电话干扰客户表示歉意，以便在一开始就能与客户建立融洽的关系，从而有利于电话沟通继续进行下去。

3. 与所销售的产品建立关联

这特别适合纯粹以销售为目的的开场白，让客户知道销售人员就是为了销售某种产品而来，从而避免浪费各自的时间。

行动指南

销售人员要针对不同类型的客户，设计好开场白。

第 321 天　每天都要保持足够的电话量

核心提示

销售人员打电话的数量和质量与业绩是成正比的。

理论指导

销售人员应如何提高打电话的数量和质量呢？

1. 要制订每日工作计划

每天下班前，销售人员一定要清楚第二天要打的 150 个电话的名单，这样就不会在第二天上班时去想今天到底要给谁打电话。从有效利用时间的方面来说，日计划是必须要制订的。

2. 不要过分准备

打电话之前，花 1 分钟左右的时间准备是必要的，过分准备一是浪费时间，二是会增加销售人员的恐惧感。

3. 同一类电话放在同一个时间段打

同一类电话放在同一个时间段打可以有效提高销售人员的工作效率。

4. 充分利用黄金时间

除了打电话之外，销售人员还需要处理一些其他的工作，这些不重要的工作应该放到非黄金时间来做。黄金时间一般是指上午 8：30—12：00 和下午 14：00—18：00，销售人员一定要最大限度地利用好这些时间。

行动指南

销售人员除了要做好以上的工作之外，还要培养积极乐观的心态，从而提高电话营销的质量。

第22章
网络营销

第322天 利用大数据进行精准销售

核心提示

大数据销售依托的是多平台的大数据采集，以及大数据技术的分析与预测能力，从而使广告更加精准有效，给品牌企业带来更高的投资回报率。

经典案例

随着数字生活空间的普及，全球的信息总量呈现出爆炸式增长。于是，大数据、云计算等新概念广泛兴起，它们正引领着新一轮的互联网销售风潮。

1997年，一句“农夫山泉有点甜”的广告语让国人记住了农夫山泉这一品牌。由于农夫山泉股份有限公司拥有浙江千岛湖、湖北丹江口、广东万绿湖、宝鸡太白山、新疆天山玛纳斯、吉林长白山、四川峨眉山以及贵州武陵山八大优质水源基地，农夫山泉瓶装饮用水以其优质的品质曾连续五年荣列同类产品市场销量第一位。2014年，农夫山泉还入围2013年中国行业影响力品牌。农夫山泉能有今天的成就存在众多因素，其中就包括大数据的运用。

在销售农夫山泉的很多个超市或街头摊点，都会看到来自农夫山泉的业务员，他们会在农夫山泉的各类产品面前逗留一段时间，在这段时间里，他们往往会拍摄10余张照片，包括如何摆放、每天摆放的位置有什么变化、高度如何……每个业务员一天要跑15个销售点，按照规定，在下班之前要把150张照片传回公司总部。据统计，每个农夫山泉的业务员每天使用手机拍照上传产生的数据量在10M。

这似乎并不是个大数字，但农夫山泉在全国共有10 000余名业务员，这样，每天的数据就是100G，每月3TB。这些图片会被传到农夫山泉总部的机房。总部相关负责人员会根据这些数据推断出怎样摆放产品才能促进销售、消费者一次购买的量有多大、气温的变化让购买行为发生了哪些改变……当然，有时这些判断还需要加入经验因素。

其实，早在2008年，农夫山泉便把大数据应用到了产品的销售过程中，业务员除了要拍摄照片这一典型的非关系型数据外，还要拍摄和上传视频、音频等，要系统地对非关系型数据进行分析，这是农夫山泉在“大数据时代”迈出的最典型的一步。正是大数据销售使超市、金融公司与农夫山泉有了某种渠道来分享信息，使图像、视频和音频资料可以得到系统地分析，从而使一幅基于人消费行为的画卷被完整地呈现出来。

但在没有数据实时支撑的年代，农夫山泉花了很多冤枉钱，尤其是在物流领域。比如某一产品在某个城市的销量预测不到位时，公司便会通过大区间的调运，来弥补终端货源的不足。这样做的结果便是劳民伤财。而应用大数据销售后，农夫山泉反馈到终端的信息则是准确而及时的，公司针对这种数据便能运筹帷幄。

行动指南

1. 只有积累足够的用户数据，才能分析出用户的喜好与购买习惯。这一点，是大数据销售的前提与出发点。

2. 大数据可以筛选目标群体做精准销售，进而使传统客户关系管理结合社会化数据，保持信息的新鲜有效。

3. 全面、速度及时的大数据会对市场预测及决策分析进一步上台阶提供更好的支撑。

4. 品牌传播的有效性可通过大数据分析找准方向。

第323天 利用云计算与他人共享

核心提示

消费者在云中存放的任何东西，如文件、消息、图片、应用等都将变成消费者的，而且消费者可以随意选择与他人共享，随时请求任何的应用，从而省去查找、下载、安装等步骤。

经典案例

在云计算的模式下，数据将成为战略资源，人与人之间将会形成无缝数据和计算，数据将成为一种服务。通过云计算，可以发现每个人的应用图谱、信息图谱和分享的社交图谱，而且通过进一步的分析、组织和挖掘，可以更好地了解用户，进而提高广告和销售的精准度。

2009 年，阿里巴巴公司创立了阿里云，阿里云致力于为企业、政府等组织机构提供最安全、最可靠的计算和数据处理能力，让计算成为普惠科技和公共服务。阿里云是我国大型云计算平台，服务范围覆盖全球 200 多个国家和地区。

在阿里云的服务群体中，微博、知乎、魅族、锤子科技等一大批明星互联网公司活跃其中。在天猫“双 11 全球狂欢节”“12306 春运购票”等极富挑战的应用场景中，都少不了阿里云的功劳。此外，在金融、交通、基因、医疗、气象等领域，阿里云广泛输出一站式的大数据解决方案。其中，金融云是为金融行业量身定制的云计算服务，成本低、弹性高、可用性强，能很好地帮助金融客户实现从传统 IT 向云计算的转型，助力金融客户业务创新。

电商云的价值在于把“电商”和“云”的价值相结合，阿里云具有强大的云计算产品技术，而淘宝网具有开放平台的电商数据及服务，所以，电商云能为电子商务生态中的服务商和商家提供安全、高效、弹性、稳定的基础运行环境。

2013 年 8 月，阿里云宣布将对外提供 5K 云计算服务。飞天 5K 单点服务器集群，拥有 100PB 存储空间，超过 10 万核计算的能力，可处理 15 万并发任务数，可承载亿级别文件数目。

第二年 8 月，阿里云发布“云合计划”，旨在与合作伙伴一起构建适应 DT（Data Technology）时代的云生态体系。2015 年，阿里云加快了全球化步伐，陆续启用新加坡数据中心、美国硅谷两个大型数据中心，扩建中国香港数据中心。截至 2015 年 11 月，阿里云已经在我国北京、青岛、上海、香港、杭州、深圳、千岛湖以及新加坡、美国硅谷九个地域设有数据中心。

据阿里巴巴集团发布的 2015 年财报显示，阿里云前三个季度分别获得了 82%、106%、128% 的增速，已经超越了亚马逊和微软的云计算业务增速，成为全球增速最快的云计算服务商。

在大数据时代，云计算成了经济社会发展的基础设施，在这一情况下，政府成为了云计算积极实践者之一。到目前为止，上海、天津、广东、广西、海南、浙江、贵州、河南、河北、宁夏、新疆、甘肃、吉林、云南、福建等地的政府机构，也都引进了阿里云服务。

行动指南

1. 可以将线下实体店体验、随时随地购买、移动在线支付方式和物流系统连接在一起。

2. 云计算需要各种统计数据作为支撑，如SEM营销数据、网站统计数据、消费者行为数据以及媒体监控数据等。

第324天　以企业网站为基础进行直接销售

核心提示

以企业网站为基础，利用网站为主导开展网络企业的销售活动，信息量大、见效快、附加值高、费用低。

经典案例

很多企业都建立了自己的网站，但大多数企业的网站既花费了一定的金钱，又不能为企业带来太多的利润，成了名副其实的“鸡肋”。所以，企业要重视网站的建设，充分发挥网站的作用。

戴尔公司除了通过门店直接销售计算机外，最主要的销售方式便是网络营销。戴尔公司是一家成功的网络直销计算机公司。

迈克尔·戴尔创立戴尔公司时的理念很简单：按照客户的要求制造计算机，并向客户直接发货。这种直销模式省去了中间商一环，减少了不必要的成本和时间。

1995年，戴尔公司建立了戴尔在线网站（www.dell.com），借鉴了戴尔已有的直销模式，将产品直接销售给最终用户。这一销售的目标便是最大限度地满足客户的需要，使公司能更快捷、高效地运转，产生更大的效益。顾客可以通过登陆戴尔公司的网站来表达自己的诉求，戴尔公司在获取订单后投入生产，这样便能保持最小库存量。

在戴尔公司的网站上，库存每四天会更新一次，以保证把最新的相关技术以最快的方式传达给消费者，而那些采用分销模式的公司则显得运转缓慢。

不仅如此，戴尔公司的网站还扩展了这种直销业务模式，将市场调研分析、销售、订货系统及服务和支持能力连接到客户所处的互联网中。

据有关数据显示，戴尔公司四分之一的收入来自于戴尔在线网站。同时，戴尔在线网站不但起到了宣传戴尔的目的，还大大节约了公司花费在顾客服务方面的销售费用。

戴尔在线有完善的自助服务，戴尔公司让顾客自己在网上获得信息，并进行交易。例如，顾客根据自身情况，自由选择获取信息的通信工具（电话、传真、邮寄或E-mail）；顾客自助查询产品信息和订货数据，支付或调整账单，以及获取服务；网上故障诊断和技术支持等。此外，戴尔公司还建立了一个全面的技术知识数据库，包含戴尔公司提供的软硬件中可能出现的问题和解决的方法等。所有这些用户数据库、产品信息和帮助知识数据库，都在戴尔公司的网站上得到了很好的运行。

据统计，戴尔公司将近50%的业务都是在网上完成的。

行动指南

1. 以客户为中心，提供丰富多彩的内

容和服务。例如，为消费者提供互动、交流的平台和售后技术支持，以博客的形式为客户提供资讯，介绍产品，发布新品，以提高网站的客户满意度。

2. 注重客户体验，尽量使网站结构和导航简明有序。

3. 量体裁衣，为不同用户提供个性化配置产品和服务。

4. 建立全面、方便的用户沟通渠道。

第325天 使用简单快捷的搜索引擎

核心提示

企业可以利用人们对搜索引擎的依赖和使用习惯，在检索信息的时候将信息传递给目标客户，并通过点击进入网站或网页，以进一步了解所需要的信息。搜索引擎使用广泛，操作简单方便，针对性强。

经典案例

搜索引擎追求最高的性价比，用户检索信息所使用的关键词反映了用户对该问题的关注，这也是搜索引擎被广泛应用于网络营销的主要原因。

对于艺龙公司来说，搜索引擎是一个让用户找到自己的最好途径。

艺龙旅行网是我国知名的在线旅行服务提供商之一，它依靠 www. elong. com 和 www. elong. net 为会员提供酒店、机票和度假等全方位的旅行产品预订服务。艺龙旅行网通过提供强大的地图搜索、国内外热点目的地指南、酒店360度全景和用户真实点评等在线服务，使用户可以在获取广泛信息的基础上做出旅行决定。

艺龙公司在2003年便使用了搜索引擎进行销售，但当时的搜索引擎只是发布广告的一种形式，通常为关键词按月购买，艺龙购买的关键词包括酒店、订酒店、航班、旅游、旅行、酒店预订六个，购买过的搜索引擎则包括谷歌、百度、新浪、搜狐等。

在搜索引擎类型的选择上，艺龙公司采用搜索引擎优化和竞价排名相结合的方式进行搜索引擎销售，对“北京饭店”“香格里拉酒店”等竞标价格在承受范围内的关键词采用竞价排名广告形式，而对“旅游”“酒店”等价格较贵的通用类关键词采用搜索引擎优化进行推广。

在关键词的选择上，艺龙公司曾使用很广泛的关键词，如“旅游”“酒店”“机票”等，后来发现这些关键词的搜索量虽然非常大，但转换率却非常低，经过分析用户的行为习惯，艺龙开始把搜索引擎上的关键词换成了“北京酒店”“上海打折机票”等相对具体的关键词。为了打造艺龙这一品牌，艺龙公司还选择了品牌类关键词，如“艺龙旅行网”“艺龙酒店”等。

针对那些只知道艺龙发音而不知道艺龙拼写的用户，艺龙还收集了可能会出现的关键词，如“易龙”“e龙”“义龙”等，这些词非常便宜，很少有公司购买，却能把搜到这些词的人带到艺龙旅行网页中来。

如果用户是通过“机票”搜索到艺龙的，那么与该关键词的链接页面应该是艺龙机票频道的页面，也就是说，用户可以根据不同的关键词选择不同的频道进入艺龙旅行网的登录页面。

行动指南

1. 分析目标用户的行为，了解他们的搜索习惯。

2. 不能将搜索引擎只看作是广告发布的一种渠道，还应该重视搜索引擎对品牌的影响。

3. 在关键词的选择上，要注意品牌类关键词、相关联关键词、错拼词等。

4. 从用户的体验角度、销售角度设计网站的登录界面，以提高用户的转化率。

第326天　通过E-mail传递价值信息

核心提示

商家在用户事先许可的前提下，通过电子邮件的方式向目标用户传递价值信息。用户许可、电子邮件传递信息、信息对用户有价值，这三个因素缺少任何一个都不能称之为E-mail营销。E-mail营销是网络营销手法中较传统的一种。

经典案例

E-mail不但已经成为人们生活中的一部分，而且也成为联系企业和消费者的纽带，利用好E-mail，对于企业销售产品大有帮助。

英国《金融时报》集团是世界知名的商业信息公司，而FT中文网是其针对中国用户设计的唯一的非英语网站，旨在为中国的商务精英和决策者们提供来自英国《金融时报》的权威性全球财经新闻、深度分析以及评论。

FT中文网建立于2003年，但关注度一直不高，就连很多商业精英们都对其不甚了解。2005年，为了扭转局面，打开中国市场，扩大网站在中国用户中的知名度，FT中文网在更新网站的同时，决定利用E-mail进行销售活动，以吸引更多的客户来免费注册，为下一步的收费服务和线下的刊物发行建立雄厚的客户基础。

E-mail销售的前提是必须要有客户的E-mail，而E-mail的搜集便成了重中之重，当然，客户其他方面的信息也不容忽视。FT中文网以多种方式来获取客户资源，如网站推广、数据租赁、客户推荐、展会或路演等。FT中文网将E-mail销售的对象定位在企业中层以上的管理人员、研究咨询机构的专业调研人员、各媒体的专业记者等，其中既包括现在的目标用户，也包括将来的潜在用户。对于这些用户，FT中文网并不是一视同仁，而是根据各自的不同需求提供个性化服务。

在E-mail的设计与发送上，FT中文网也别出心裁。首先，向客户发送《每日文摘》，使客户在浏览E-mail时能看到最新的经济新闻，而每周五则将一周的重要事件汇集成《每周文摘》，作为一周的总结向客户发送。与此同时，FT中文网还把E-mail设计成不同的风格和形式向客户进行宣传推广。当然，每封E-mail都会包含网站的链接和免费注册页面的链接。

此外，FT中文网还向潜在客户发送调查问卷类型的E-mail，以期达到品牌推广和吸引客户注册的目的。

行动指南

1. 与客户联系时可以采用定期寄信的方式，在E-mail中可以借机促销，如最新活动通知、新货信息等，拓展广告的宣传面。

2. 节日问候和祝贺性E-mail要适时发

送，以拉近与客户的距离。

3. 及时回复客户的来信，为了避免回复客户来信时出现遗漏，可以将邮箱设置为自动回复。

4. E-mail的内容要言简意赅，最好在正文里显示，不要采用附件形式，以免携带计算机病毒。结尾一定要附上联系方式。

5. 不要在短时间内向同一地址发送相同的E-mail。

6. 为了提高投放的精准度，避免无目的投递，否则会变成恶意投递或变成垃圾邮件，使企业形象受损。

第327天 在网络社区中相互沟通

核心提示

商家通过把具有共同兴趣的访问者集中到一个虚拟空间，达到成员相互沟通的目的。由于有众多用户的参与，网络社区已不仅仅具备交流的功能，实际上也成为了一种网络销售场所。

经典案例

新兴的网络社区在企业的销售中发挥着越来越重要的作用，百度、雅虎、腾讯等互联网领袖企业纷纷加大对网站内社区的投入，于是，网络社区销售风生水起。

三星集团是韩国大型企业集团，业务涉及电子、金融、机械化工、贸易服务等领域，其中，我们最熟悉的莫过于三星电子产品中的三星手机。其实，三星电子也是较早介入网络营销的企业之一。早在2006年，三星便荣获了新浪2006网络盛典"年度营销团队奖"。三星集团还建立了三星手机官方网站，进入电子商务领域。

2007年，三星曾推出过一款U608手机，虽然这款手机早已成为了历史，但其网络社区销售策略却成为经典例案。

根据中国用户的喜好，三星电子公司突出宣传U608的超薄炫酷外观和强大的功能，并且把这些特点通过照片的方式直观地体现在网络社区上，给用户造成了强有力的视觉冲击力，激发了用户的购买欲望。当时，在各大社区论坛上，都能看到"三星U608全图详解"。

三星电子公司还根据U608手机的人群定位，对网络社区进行选择，并针对性地对社区话题进行投放。当时三星U608手机的社区推广活动瞄准了"意见领袖"这一群体，这是一群对手机产品精通的"达人"，他们也是热门手机社区的论坛高手，而生活中人们购买手机往往会向这些人咨询，这些人的意见便成了人们购买决策的重要因素。三星电子公司在这些"意见领袖"密集的手机类论坛投放了精心策划的销售方案。随着宣传方案被大量转载，U608便影响了更大规模的受众群体。据统计，当时不同社区的30多个论坛都有关于U608的宣传方案，其中部分还以置顶的方式在网络社区进行传播。

当然，这次社区销售活动并非是独立进行的，电视、户外广告和相关媒体也都在同一时间进行密集传播。可以说，此案例是三星整合营销的一大成功案例。

行动指南

1. 网络社区宣传要选择自己潜在客户集中的网络社区，或者人气比较高的网络社区。

2. 不要直接发广告，这样的贴子很容易被当作广告贴删除。

3. 头像可以专门设计，以宣传自己的品牌，签名可以加入自己网站的介绍和链接。

4. 发高质量的贴子，可以花费较小的精力，获得较好的效果。

5. 信息传播过程中要注意引导和检测。

6. 线上销售和线下销售要相辅相成。

第328天　与用户在博客上互动

核心提示

博客就是网络日志，博客的内容通常是公开的，且具有知识性、自主性、共享性等基本特征。利用博客这种网络应用形式开展网络营销能促进双方的互动。

经典案例

在利用博客销售的过程中，企业可以自主掌控文章、图片、视频的上传、编辑与排版，目标市场精确，与用户的互动性相对较强。

2007年年初，五粮液葡萄酒有限责任公司与博拉网合作，和宜宾市国邑酒业营销有限公司发起了“结缘博友，共赏美酒——五粮液国邑干红浪漫体验”活动，活动范围是国内葡萄酒相关专业网站的博客网友，旨在利用互联网新媒体对红酒新产品进行大规模的市场推广。

为了能品尝到美酒，活动开展短短几天，报名参加体验活动的人数就突破了6000人。

五粮液葡萄酒有限责任公司在报名的博主中挑选了500名来自全国各地知名的红酒爱好者，邮寄样酒供其品尝。博友们在品尝样酒后纷纷在其博客上发表了与葡萄酒相关的博文，当然不乏对国邑干红的品味感受和评价，博客圈内迅速燃起了一股关于五粮液国邑干红的热潮，并很快得到业界普遍的关注。同时，参与网站还把这些博文推荐给红酒博友联盟，红酒博友联盟则将推荐的博文链接到联盟的网站上。

博客一般可以分为首席执行官博客、企业博客、产品博客、“领袖”博客和草根博客，而五粮液葡萄酒有限责任公司的这一活动的对象是“领袖”博客，这些博主具有一定的知名度，而且有一定的专业知识，他们不仅能在第一时间把品酒的信息反馈给五粮液葡萄酒有限责任公司，还能使国邑红酒品牌得到广泛的传播，从而激发消费者的购买欲望。

活动后，博友们还纷纷表示，本次活动的文化韵味很容易让人产生共鸣，并期待着这样的活动多举行一些。看来，利用博客销售不失为一种十分有效的营销手段。

行动指南

1. 借势而为，借助第三方博客平台。

2. 精准定位，寻找目标博客群体。

3. 保持与客户的沟通与互动。

4. 二次传播，借助用户传播渠道更深层次传播影响力。

5. 气场控制，持续增加参加博客的人气和人数。

第329天 利用手机微信实现点对点销售

核心提示

手机微信没有距离的限制，商家通过微信来提供一些查询和便利信息，根据用户的需要向其推广自己的产品，从而实现点对点的销售。

经典案例

随着智能手机的普及，微信已慢慢从高收入群体走向大众化，具有及时的互动性，只要有一部手机，便能随时随地与客户进行互动。这便成就了微信的霸主地位。于是，很多企业都竞相进入微信销售的领域。

小米手机是小米公司研发的高性能发烧级智能手机，以“为发烧而生”的设计理念，和线上的销售模式，使得小米的销量每年都能上一个新台阶。据有关数据显示，小米在2013年上半年的手机销量几乎相当于2012年全年的销量，2014年更是销售了6112万台手机，比前一年增长227%。

从本质上来说，小米手机是一个电子商务的平台，而对用户需求的把握是电商系统的本质。据了解，小米在“米聊论坛”建成了一个“荣誉开发组”，这个开发组有200～300人，是从几万人的论坛中抽出的活跃度相对较高的用户，他们会和小米内部人员同一时间拿到小米手机软件更新的版本，并进行同步测试，这样，一旦发现版本有问题便能及时修改。由于很好地借助了外力，小米手机把复杂的测试环节简单化了，同时，通过微博、论坛、微信等方式进行销售，不但形成了良好的口碑，还避免了电视广告、路牌广告等“烧钱”式销售。

据悉，小米的微信账号早在2013年便突破了100万粉丝的大关，属于企业微信账号中的超级大号。自从小米开发了微信操作后台，便通过微信与广大的粉丝进行联系，这种没有距离的联系方式极大地提升了“米粉们”对小米品牌的忠诚度。对小米来说，微信服务被当成了一个产品来运营，而不仅仅是销售的一种方法。

在小米的微信公众号中，会随时公布一些新款手机的促销活动。小米手机每周都会有一次开放式的购买活动，这种购买活动的推广链接会在小米官网中发布，其中包括二维码，喜爱小米手机的粉丝们便会进入小米的微信平台，更加近距离地与小米实现面对面的互动。据了解，小米通过官网发展微信粉丝效果非常好，最多的时候一天可以发展3万～4万名粉丝。

行动指南

1. 加强互动，用折扣和优惠吸引用户的关注，或不定期地举行一些竞猜送小礼物活动。

2. 吸收会员，定制特权开展优惠活动，赠送有价值、有特色的服务或产品。

3. 创立微商城，在微信上直接展示商家，并且支付。

4. 利用形式灵活多样的漂流瓶发布语音或者文字，然后投入“大海”中。例如，招商银行的“爱心漂流瓶”用户互动活动就是个典型案例。

第330天　动态的网络视频更能吸引顾客眼球

核心提示

动态的网络视频是通过数码技术将各种视频短片以不同的形式放到互联网上，以达到一定的宣传目的。“视频”与“互联网”的结合，让这种形式具备了两者的优点。

经典案例

网络视频广告的形式类似于电视视频短片，平台却是在互联网。随着网络成为很多人生活中不可或缺的一部分，网络视频销售的手段也层出不穷。

多芬是国际知名女性品牌，从事美容行业将近50年，是联合利华旗下非常有价值的一个品牌，产品包括护肤品、洗发水等。联合利华旗下品牌众多，如和路雪、立顿、奥妙、夏士莲等，而多芬被人们所熟知，“蜕变”系列网络短片功不可没。

2007年，多芬推出了名为“蜕变”的视频广告，在这个长达1分多钟的广告中，观众亲眼见证了一个普通人的面孔如何在化妆师、摄影师和Photoshop软件的帮助下，蜕变成美若天仙的超级模特。“毫无疑问，我们的美感已经被扭曲了。”这是广告最后的一句字幕，是对这一视频的精辟总结。当这段妙趣横生的“揭秘”视频通过网络渠道传播开后，在吸引眼球的同时，也向公众准确地传递了多芬这一品牌“自然美”的理念。

很多网友在看了这段视频后，表达了自己的心声，引发了消费者的强烈互动。一位女网友在视频的评论栏写道：“这段录像让我感觉还是自然的最好！”除了反响不断外，网友们还对这一视频进行了疯狂的自发传播，并相互讨论什么才是真的美。

“蜕变”这一视频使多芬品牌得到了有效推广，并且省下了一大笔媒体投放的费用。

2007年，多芬的这一视频广告在戛纳国际广告节上一举夺得三项Grand Prix大奖。视频广告推出两个月后，多芬在美国的销量上升了600%；半年后，在欧洲的销量上升了700%。由此可见，利用网络视频销售的效果比传统的产品销售效果要好得多。

行动指南

1. 把一些有关品牌的元素、新产品信息等放到视频平台上，以吸引网民的参与。例如，向网友征集视频广告短片，这样能起到非常好的宣传效果。

2. 内容为本，最大化视频传播卖点。

3. 增强视频的互动性，提升参与度。

4. 推广的时候要注意标签、关键词的运用，以更有利于搜索。

第331天　在电子杂志中享受阅读

核心提示

电子杂志兼具了平面媒体与互联网媒体的特点，融入了图像、文字、声音等相互动态结合来呈现给读者，使其在享受的同时达到阅读的目的。

经典案例

作为传统纸质杂志的取代品，电子杂志将发展为企业推广自身品牌的全新销售方式。一个企业要想在激烈的市场竞争中取胜，利用电子杂志销售必不可少。

《瑞丽》是影响当今都市潮流风尚的一本时尚杂志，以“设计美丽，设计生活”为传播主旨。经过20多年的发展，《瑞丽》在“媒体整合，品牌延伸”战略的指导下，已经成为一家立体化企业，以高档期刊出版为核心，同时发展网络、图书、无线移动等多种媒体，兼营广告、发行、模特经纪等多项业务。

“瑞丽”品牌已经成为时尚界的著名媒体品牌，旗下知名杂志包括《瑞丽服饰美容》《瑞丽伊人风尚》等。瑞丽还打造出用户量、影响度和创新力均大大领先的瑞丽数字媒体——瑞丽网（www. rayli. com. cn）、瑞丽电子杂志等，实现了平面媒体与数字媒体的互动整合。

《瑞丽裳》《瑞丽妆》《瑞丽家》是瑞丽旗下的三本电子杂志，它们兼具了平面与互联网的特点，融合图像、文字、声音、视频、游戏等，给人耳目一新的感觉。

在百度中搜索“瑞丽电子杂志”（emag. rayli. com. cn）并进入，读者便会被页面中的时尚内容和五光十色的图片所吸引，电子杂志中的内容都是精选自瑞丽平面杂志上最时尚、最前沿的信息，每项内容都经过精心设计，声音、图像、视频等被巧妙地应用其中，使读者在阅读的同时仿佛身临其境一般。《瑞丽裳》《瑞丽妆》《瑞丽家》和纸质杂志每期发行一样，每期都有更新，如同一本有序的平面杂志，却比平面杂志更能吸引读者。

当然，瑞丽电子杂志也是读者进入瑞丽网的一个主要通道。

瑞丽电子杂志成了瑞丽仅次于网络广告的主要利润来源，占网站利润来源的30%。

行动指南

1. 确定电子杂志的主题，对准目标读者，及时给他们提供有用的信息。

2. 用心设计电子杂志的格式，用最恰当的方式走进客户。

3. 决定好出版的周期，认真保证杂志的质量。

第332天　用微博网罗粉丝的心

核心提示

每一个听众（粉丝）都是潜在的销售对象，企业可更新自己的微博向网友传播企业信息、产品信息，树立良好的企业形象和产品形象。

经典案例

微博是一种通过关注机制分享简短实时信息的广播式的社交网络平台，其传播迅速，一条微博在触发微博引爆点后，可以在短时间内抵达微博世界的每一个角落，达到最多的目击人数。

很多人都喜欢看世界杯，有的甚至是通宵达旦，所以，世界杯期间，很多企业都争先恐后地实施一些营销策略，在电视、计算机、手机上做文章。2010年南非世界杯期间，微博成了网友使用比例最高的网络互动产品，据艾瑞世界杯网民调研数据显示，当时的52%的世界杯网友是通过微博发表观点、参加互动的。期间，新浪微博还推出了世界杯主题板块“围观世界杯”，而伊利作为该板块的冠名赞助商，也是想方设法来通过微博与消费者展开更深入的沟通，以增强与球迷的互动，并希望与之产生情感共鸣，借此来深化提升伊利的品牌形象，让球迷对伊利产生高记忆度。

众所周知，世界杯是最考验球迷体力的，因为很多比赛在后半夜，而这个时候是最需要活力的，没有活力就不能坚持看完比赛。而在消费者的心里，牛奶多是营养、健康的代表，与“活力”的关系并不大，这时就需要有一个切合点，把伊利的产品与“活力”有机地关联起来，世界杯便是很好的切合点。

南非世界杯期间，伊利营养舒化奶把“活力宝贝”作为新浪世界杯微博报道的形象代言人，在“我的世界杯”模块中，网友可以在新浪微博上为球队呐喊助威。在新浪微博的世界杯专区，有上百万网友披上了世界杯球队的国旗，相关的博文也有好几千万条。同时，通过对微博粉丝的比较，伊利还选出粉丝数量最多的网友，推举他们为球迷领袖。

伊利舒化奶的“活力宝贝”微博营销活动让关注2010年南非世界杯的球迷们都关注到了伊利营养舒化奶，将营养舒化奶为我国球迷的世界杯生活注入健康活力这一信息传递出去。

行动指南

1. 微博内容要有感情，有思考，有回应，有自己的特点与个性。

2. 企业要定时、定量、定向发布微博内容，让大家养成观看习惯。

3. 宣传信息不能超过微博信息的10%，最佳比例为3%～5%。更多的信息应该是粉丝感兴趣的内容。

4. 适当加入图片，带图片链接的博文参与率是无图片链接的两倍。

5. 如果在博文中提到“转发”字样，博文被转发的可能性会提高12倍。

第333天 在论坛中实现销售的目的

核心提示

利用论坛这种网络交流平台，通过文字、图片、视频等方式发布企业的产品和服务的信息，可以起到宣传企业品牌、加深市场认知度的作用。

经典案例

利用论坛进行销售不失为品牌推广的一个好办法，论坛销售成本低，见效快，可信度高，是企业销售人员必须要掌握的一种营销思路。

华为这几年的确是风生水起，在无线电、微电子、通信等领域做得有声有色，尤其是在手机方面，大有追赶三星、苹果的趋势。当人们惊叹为什么华为能有今天惊人的成绩时，有专家认为，华为今天的成绩与其高超的网络营销策略是分不开的。

花粉俱乐部是华为官方唯一的以服务花粉（华为粉丝）为宗旨的综合性网站，尤其是俱乐部里的论坛专栏，为花粉们提供了最新华为手机的产品资讯、最丰富的应用软件主题游戏EMUI ROM资源和最丰富的花粉活动信息，汇集了华为手机、Emotion UI、家庭产品、华为网盘等云服务的评测分享、精华资源以及互助交流内容。如果消费者对华为的产品存在某些不满，那么可以在论坛里倾诉并与售后人员沟通，华为的售后服务人员会在第一时间内帮助消费者解决问题；如果消费者能给华为产品提出一些有建议性的意见或建议，那正是华为求之不得的。在花粉俱乐部，消费者还能了解到华为的售后服务政策，查询到售后服务的状态。

除此之外，华为在“手机中国论坛”中还设有华为Mate7论坛，在一些知名网站或网络社区开辟了华为技术论坛、华为荣耀论坛等。华为每一款新产品面世，最先知道的肯定也是论坛里的花粉们，正是有了各论坛里的花粉们的支持，华为才能凭借其强大的科技力量和华为特有的精神，在竞争激烈的手机通信领域占有一席一地。

行动指南

1. 在主题集中的论坛上进行销售，这样会起到事半功倍的效果。

2. 打造一个个性化的签名，在论坛签名中插进产品和服务的介绍，或在论坛中留下签名链接，加大宣传的力度。

3. 为了避免被会员排斥甚至封账号，不要在论坛上乱发广告。

4. 企业开展论坛销售应该遵循网页策略、产品策略、价格策略、促销策略以及渠道策略等。

第334天　用SNS增加与顾客的亲密度

核心提示

商家利用社交网站的分享和共享功能，通过“病毒式”传播的手段，让产品被更多的人知道。

经典案例

SNS是一种延时的通信工具，在情感表达方面比其他的销售手段更加丰富多彩，是一种更加容易增加亲密度的销售方式。

开心网的老用户一定还记得，“悦活”种子曾经是开心农场中最热门的种子，榨“果汁”送网友，也是当时的热门话题之一。这便是中粮集团的悦活果汁利用开心农场进行的一次SNS植入销售。

2008年年底，悦活果汁上市。其提倡健康、可持续的生活概念与市场发展趋势不谋而合。但事实却是，悦活上市之后的反响并没有预期的高，中粮集团意识到，必须借助适合的平台进行推广才能使其在竞争激烈的果汁市场中打响知名度。

以往，中粮集团推出的一些品牌都是选择在电视等媒体上做密集轰炸式广告，但这次，中粮集团却选择了互联网。

悦活的目标群是都市白领：他们偏年轻，对生活追求健康，对产品要求自然。而都市白领每天接触时间最多的媒体就是网络。而当时正是开心网的火爆时期，开心农场这一游戏更是网聚了一大批喜欢“种菜”“偷菜”的网友。2009年，中粮集团与开心网达成合作协议，以开心农场为依托，推出了“悦活种植大赛”。

“线上种植、虚拟榨果汁”这种新奇的玩法在网民中掀起了一股狂热。在游戏的过程中，用户不但可以选购、种植“悦活果种子”，还可以将成熟的果实榨成悦活果汁，向好友赠送虚拟果汁。让人更为兴奋的是，中粮集团会向每周由系统随机抽出的赠送过虚拟果汁的幸运用户赠送真实果汁。活动开始半个月后，参与人数便超过40万人。

把虚拟变成现实，不但可以通过排名在心理上得到满足，还可以在竞争中得到奖品。这一做法，不但使开心网的游戏重新焕发了活力，还提高了悦活饮品知名度，传达了品牌主张。

行动指南

1. 商家要对社区的特性进行足够的了解，这样才可以做针对性的分享，从而保证分享的内容能够得到比较好的传播。

2. 账户的名称要与传播的品牌相呼应，这样品牌才能够伴随着社区平台被传播。

3. 选择SNS社区进行销售最好选择具有群组模块的社区。

4. 多接触所谓的超级用户，通过共同感兴趣的话题来吸引他们的注意力。

第335天　如何利用网络整合销售产品

核心提示

利用网络整合来销售产品指综合协调使用以互联网渠道为主的各种传播方式，以统一的目标和形象，传播连续、一致的企业或产品信息，有效地达到品牌传播和产品销售的目的。

经典案例

提到汰渍洗衣粉，家庭主妇们肯定不会陌生，汰渍是一款我们最常用到的洗衣粉，尤其是那句“有汰渍，没污渍”的广告语，更是深入人心。

汰渍的成功来自于网络整合营销。网络广告、事件营销、软文营销、“污渍”故事专栏、网络活动营销、病毒式营销……才使汰渍给家庭主妇们留下了深刻的印象。

早在2008年2月，在美国职业橄榄球赛“超级碗”决赛的日子里，一则“会说话的污渍”的汰渍广告在美国电视台播放，由于这则广告极具趣味性，广告的受众者觉得很有意思，便产生了再次观看及与好朋友分享的欲望。但由于电视广告播放的时间有限，这一愿望的实现便有了一定的难度。于是，汰渍微型网站横空问世，网民在这里可以随时随地观看“会说话的污渍”的电视广告，还可以通过发送链接的方式使网民方便分享给更多的朋友来观看。同时，主办方还鼓励网民上传自己的图像，化身为污渍，并加入自己的声音，创造属于自己的“会说话的污渍”。这种形式的互动让网民非常兴奋。为了鼓励网民们将该消息传达给身边的朋友，网站每天会提供1000份奖品，用以吸引和鼓励用户参加活动。

紧接着，主办方又推出了“污渍”选举大赛活动，凡参与创造“会说话的污渍”的网友都可以参加“一举成名”的网上竞赛，获奖的广告会在黄金时段的电视节目中播出。这一活动是一个漂亮的网络、电视“二重奏”。

“污渍”一举成名之后，又逐渐演变成为更有生命力的“怪物”，其以多种形式渗透到人们的生活中，如流氓兔、维尼熊、《长江七号》中的七仔等。在汰渍的微型网站上，有专门的视频下载、污渍铃声、污渍MP3、壁纸下载、污渍图标等下载板块，以方便用户收藏和传播，让消费者感觉到该活动时时都在身边。

在微型网站上，“看看名人们如何说”是另一个板块，是利用明星的影响力，从明星的角度来看待“会说话的污渍”活动。这一探寻的结果让普通消费者有种更亲近、亲切的感觉，让平民百姓们感觉到，原来他们和名人的生活方式很接近。

“故事上传及汇编”也是该网站的一个板块，是一个富于Web 2.0色彩的功能区，网友们可以上传自己与“污渍”之间的故事，告诉人们“汰渍如何使你免去了污渍带来的尴尬”。这一板块在较短的时间内就有了2900个不同版本的故事。正是一系列的网络营销的整合运用才使汰渍的消费群体逐年递增，走在了行业的前端。

行动指南

1. 找准市场机会和销售目标，对市场进行细分。

2. 分析各传播工具的特性以及信息需求，引导外在用户产生兴趣和需求。

3. 利用技术和数据库手段，根据用户反馈的信息进行分析，确定主要营销战术，满足更多更重要的用户需求。

4. 建立新的互动销售平台，以引导口碑传播。

5. 举办多种网络活动，强化企业的向心力和传播力。

第336天　用网络新闻来塑造品牌的知名度

核心提示

企业借助网络新闻的形式和手法，可以多层面、多角度地诠释企业文化、品牌内涵、产品机理和利益承诺，传播行业资讯，引领消费时尚，指导购买决策。

经典案例

顾名思义，网络新闻营销是指运用网络新闻为企业宣传的一种销售方式。在销售产品的活动中，新闻营销能有效地综合运用新闻报道这一传播手段，创造最佳的传播效能。这种模式对引导市场消费很有利，能够使企业在较短时间内提升知名度，塑造品牌的美誉度和公信力。

体育盛事历来是企业营销的好时机，奥运会和世博会就更不例外。2009年的上海世博会是一次规模空前的国际交流盛会，全世界的媒体都把镜头瞄准了这里，谁能在世博会这场营销大战中占据头筹，谁便是世博战场中的胜利者。

作为中国乳品企业的龙头企业，伊利借助上海世博会的契机，全面启动线下电视、报纸、杂志以及线上微博、新闻等全方位地整合营销，凭借世博效应的强劲拉动和持续释放，大获全胜。

2009年5月25日，上海世博局宣布伊利集团成为2010年上海世博会唯一一家符合世博标准、为上海世博会提供乳制品的企业，这样，伊利集团所生产的全系列产品都成为世博专供产品。当时，国内外媒体对此事进行了争相报道，伊利也在电视新闻、网络新闻中出尽了风头。

伊利集团在世博会主题的广告中，非常刻意地突出其“世博会唯一乳制品高级赞助商”这一身份，并将这一信息的诠释渗透到了广告创意的全阶段。借助于消费者对上海世博会品牌的高度认同，伊利将世博会的巨大品牌价值与提升伊利品牌价值实现了对接。

各电视台、各网络媒体对上海世博会进行了轮番的新闻播报，伊利作为“唯一乳制品高级赞助商”，也随着世博会成了各新闻中的常客，而消费者通过这种正面营销更加信任伊利。

行动指南

1. 利用网络新闻销售的成功与否，要看最后是否能将新闻点转变成记忆点。

2. 强化媒体相关内容的“可售性”，如捕捉、营造新闻“卖点”，进行新闻炒作与新闻策划等。

3. 树立企业和品牌形象，营造良好的外部发展环境，创造产品市场，培养、培育消费需求。

第337天　如何利用聊天群组进行销售

核心提示

企业可以利用各种即时聊天软件中的群功能展开销售，通过在聊天群组上发布一些文字、图片、计划书等方式来传播公司的品牌、产品和服务，从而让目标客户更加深刻地了解企业的产品和服务，最终达到宣传公司的品牌、产品和服务的目的。

经典案例

聊天群组是即时通信工具的延伸，QQ群、MSN群、旺旺群、新浪聊天吧等都属于聊天群组。因为即时通信工具成本低，具有即时效果和互动效果强等特点，所以已逐步成为企业营销尤其是销售业务员采用的主要销售方式。

几年前，广发银行的信用卡知名度并不高，为了扭转这种局面，广发银行决定借助网络推广来最大限度地提升广发卡的知名度。当时，广发银行便是利用QQ群来达到的这一目的。

2009年7月，广发银行与腾讯网联合发行首套网络主题信用卡，即广发QQ信用卡，这一主题的信用卡包括主卡和异型副卡。异型副卡包括广发QQ爱车卡、广发QQ都市精英卡和广发Qzone卡。

腾讯网拥有海量的网民，通过这一平台，广发银行首次提出“Life”概念，根据用户的在线生活喜好来整合平台产品，为不同的目标用户定制一套自我认同感很强的广发信用卡。

为了开展年度周期性活动，不断刺激关注与开卡，广发银行为QQ信用卡定制开发了网上开卡平台。据有关数据显示，白领用户占腾讯网总用户的69%，这部分人群既有在现实生活中的各种金融消费需求，也有网络个性化的消费需求。于是，腾讯整合QQIM、QQ.com、QQ会员、QQ秀、Qzone、财付通等各平台优势资源，通过精准用户导航在搜索到他们，结合多种销售方式激活他们线下的金融消费潜能。

例如，广发银行连续举行了几期活动，以达到宣传广发银行信用卡的目的。

第一期活动是幸运轮盘游戏，活动时间是2009年7月23日到8月7日，凡QQ用户均能参加，最高可获得2个月QQ会员资格，前提是完成广发银行信用卡的申请流程。

之后又举行了改版及旅游大奖激励活动、持卡人推荐活动、QzoneAPP好友买卖植入、QzoneAPP空间送礼植入、QzoneAPP抢车位场景植入、活动主页积分化改版等，将信息传递给QQ用户，甚至通过后续的激励，引导其正确使用信用卡的习惯。

行动指南

1. 销售业务员可以直接建立自己的QQ群，来销售自己公司的产品。

2. 把用户引入聊天群里后，重点要做的是活跃群，让用户感觉到群聊天是跟自己有直接利益关系的，或者对于群有独特的存在感。

3. 用情感营销来经营群，关心和鼓励群里面的姐妹兄弟，帮助他们解决问题，调解人与人之间的矛盾。

第338天 用二维码引领新媒体销售

核心提示

利用二维码销售能轻松实现线上和线下的有机结合，通过二维码将客户从线下引到线上，引导用户访问企业网站，从而提升关注度，提升品牌形象，带动客流量和销售量。

经典案例

如今是移动互联网时代，是掌中新媒体的时代，凭借其独特的特点，二维码正成为互联网时代重要的商用载体和企业热捧的销售手段。我们最常看到的二维码的应用有很多，包括二维码购物、二维码查询，二维码看电影、二维码签到等。

美诺彩妆创立于2005年，是广东著名的化妆品品牌，2012年5月在天猫商城上线。当时，由于美诺彩妆是一个地方品牌，虽然产品不错，且种类繁多，但在全国范围内的知名度并不高。怎么才能打破这一局面呢？2012年的广州网货交易会便成了美诺彩妆提高知名度的一个契机。

网交会是从线上走到线下再回到线上的O2O创新展会，是厂商发展网上分销商的重要平台，美诺彩妆便是看准了这一点，想搞出一番大动静来。在广州网货交易会上，美诺彩妆抓住了分销商的心理诉求，上演了一场精彩刺激的“抢钱”活动——现场发钱，当然，现场发的钱并不是人民币，而是独创的美诺财富币。

美诺财富币将美诺元素和创意二维码融合在一起，“抢”到美诺财富币的人不仅可以享受分销支持优惠，用手机扫描、收藏美诺二维码，还可以获取淘宝天猫商城美诺彩妆的百元兑换券。

无独有偶，2013年12月11日，淘宝官方宣布，淘宝花费近3600万元购买了12月12日开奖的那期双色球彩票的所有投注组合，免费送给当天用手机客户端登录淘宝的用户，最高奖金达到了1500万元。

12月12日零点刚过，登陆淘宝网首页便会看到一个巨大的二维码，用户登录手机淘宝客户端，利用“扫一扫”功能，扫码即可获得一注随机彩票。仅仅一分钟内，这个二维码就被淘宝用户疯狂扫了20万次，扫码速度创造了一项新的世界纪录。

行动指南

1. 根据实际需要对二维码进行灵活设置。例如，将长链接转变成短链接，减少链接的长度，降低二维码的密度。

2. 对二维码的效果进行监控，统计二维码的访问量（被扫码次数）以及扫码进入网站后浏览页面的数量。

3. 可以将二维码附加在传统媒体上，如报纸、杂志、名片、宣传册、展会等，扩展企业传播信息的承载量。

第339天 用团购把零散消费者集中起来

核心提示

以互联网为基础，有意识、有组织地将具有相同购买意向的零散消费者集中起来，以最优惠的价格大批量地向商家购买某种商品。

经典案例

目前，团购销售非常流行，拉手网、窝窝团、百度糯米、美团、大众点评等都是我们比较常用的团购网站。

拉手网成立于2010年3月18日，成立之初推出了全球首创的“G+F”模式，其中，“G”是指Groupon模式，即每天只推一款折扣产品、每人每天限拍一次；而“F”是指Foursquare，即通过手机来定位自己所在的位置，并把自己的位置通过社交平台发布出去，然后商家再根据用户所在的位置给予用户相应的折扣。

拉手网每天推出的一款优质低价团购，都是性价比高的商品或服务，以此来吸引用户参加这一团购，并为其提供新鲜时尚的生活方式。同时，为了能给当地的消费者提供优质的服务，拉手网还在各大城市网罗发掘适合当地消费者品味和特色的商品与服务商家。

拉手网的产品组合主要分为两个部分：一是服饰、母婴玩具、茶、酒等实物类商品；二是餐饮美食、电影、KTV、酒店、旅游等生活服务类商品。其中，推广重点是生活服务类产品，因为服务类产品比较容易打折，而且，服务消费可以省去店家的物流和仓储成本，顾客重复消费的可能性较大。

相关数据表明，拉手网的注册用户年轻人居多，而且多是20～30岁的消费群体。因此，根据年轻群体的特质，拉手网开发出新鲜、时尚、能满足年轻人喜好的产品，并不断推陈出新，形成了自己独特的产品定位。

作为知名团购网站，拉手网长期实行低价策略，不但增加了用户的关注度，还激发了他们的购买欲望。拉手网曾经推出的“名鞋类低至一折”活动便吸引了大量的消费者，引发了一股“团鞋热”。

拉手网还经常通过网络和新闻媒体等传播途径，制造舆论与新闻点，引起消费者的关注，从而刺激他们的消费。例如，2010年8月14号正是我国的“七夕节”前夕，拉手网推出了针对单身女性的促销活动，要求参与者必须在规定的抢票时段抢购活动门票。活动现场有互动游戏、8秒钟拉手交友、踩人赢大奖、嘉宾表演等环节。这一活动取得了较好的公关促销效果。

目前，拉手网交易成交量、用户的好评度、网站点击率等指标均较高。

行动指南

1. 团购消费一般在节假日比较集中，更多体现出的是一种季节性和阶段性购买特征。

2. 忌讳满地撒网，以减少团购销售的运营成本。

3. 作为企业，在合理合法的前提下，在团购销售中要充分整合企业内外部资源。

第340天　利用Wi-Fi随时随地进行销售

核心提示

就目前来说，利用Wi-Fi销售的主要形式是Wi-Fi广告，指的是餐饮、酒店、旅游、医院、机场、学校等商户或公共场所通过提供免费Wi-Fi，向可接收Wi-Fi信号的智能手机、计算机等终端展示或推送广告信息。

经典案例

智能手机和平板电脑的快速普及，使人们对Wi-Fi网络的需求越来越大，尤其是那些休闲娱乐场所，人们通过Wi-Fi网络在平板电脑或手机等移动设备上进行工作、娱乐、休闲等。于是，不少商家推出了自己的Wi-Fi，Wi-Fi广告便成为覆盖这类人群的最有价值的广告形式，而出入这些场所的人群是社会消费的主力军，也必然是各企业和商家宣传推广的重点目标群体。

说到Wi-Fi，不能不提到360免费Wi-Fi，它不仅给用户提供了方便，更是达到了推销自己的目的。

作为我国大型的互联网安全网络公司，360一直致力于为用户提供最安全便捷的网络环境。2014年9月24日，在我国互联网安全大会上，360公司正式发布了“360免费Wi-Fi手机版”。智能手机用户可通过安装360免费Wi-Fi接入CMCC、ChinaUnicom、ChinaNet等Wi-Fi热点，还可以免费使用中国移动400余万、中国电信100余万和中国联通60余万热点，实现免认证、一键连接。同时，因为有360 Wi-Fi安全检测和免费Wi-Fi地图保驾护航，用户可以随时随地享受真正便捷、免费、安全的Wi-Fi服务。

打开“360免费Wi-Fi”，系统会自动搜索附近的Wi-Fi资源，如果附近存在CMCC、ChinaUnicom、ChinaNet等运营商的Wi-Fi，该软件会免费为用户接入；如果附近没有免费Wi-Fi，系统便会查看Wi-Fi地图，为用户搜索最近距离的免费Wi-Fi资源。

当然，360公司通过免费Wi-Fi对自己的宣传更是费尽心思。用户可以将金币自由兑换为免费上网时长。金币是“360免费Wi-Fi”内的虚拟货币，除了可以兑换免费上网时长外，金币还可参与幸运大抽奖，以赢取苹果iPhone 6、随身Wi-Fi等精美礼品。

行动指南

1. 受流量速度限制，Wi-Fi广告必须短小精悍，直奔主题，而不需要太多的修饰。

2. 商家要不断提升网络营销专家的实力与品牌形象，领先市场步伐，面对高端客户，抢占先机，占领移动商务阵地。

第341天　如何利用O2O达到销售目的

核心提示

商家通过打折、提供信息、服务预订等方式，把线下商店的消息通过互联网推送给用户，从而将他们转换为自己的线下客户。

经典案例

随着互联网的快速发展，电子商务模式不断出现新花样，除了原有的B2B、B2C、C2C商业模式之外，O2O也快速在市场上发展起来。

对于B2B、B2C这两种商业模式我们并不陌生，买家在线拍下商品，卖家通过物流企业把订单中的商品发出去，当物流快递人员把商品派送到买家手中时，交易便完成了。这种消费模式已经相当成熟，从淘宝、京东等网站便能窥之一二。

在美国，电子商务非常发达，但就是在电子商务如此发达的国家，在线消费交易比例却只占8%，其余的92%都是在线下消费的，而这却是通过O2O模式来完成的。

作为我国都市型百货折扣连锁店的旗舰品牌，上品折扣包括十几家实体店和一家电子商务网站——上品折扣网。旗下包括600多个国内外知名品牌，商品数达近10万款，门类涵盖广泛，包括各种知名品牌的服装服饰、鞋、运动用品、儿童用品、家居生活用品、化妆品、钟表以及珠宝等。

虽然上品折扣的线下店数量不多，只有十几家，但却为其O2O改造和优化体验带来了极大便捷。上品折扣为导购员配备了手持终端，用来对商品进行录入和收银，而由此构建的商品信息数据库，则实现了线上与线下商品库存和物流信息的实时传输与共享。

上品折扣通过O2O销售模式掌握了商品的经营能力，在联营框架下实现了单品管理，此外，上品折扣又通过“腾讯微生活”优化CRM系统，解决了与供应商的利益协调。

O2O模式下的全渠道经营阶段，上品折扣除了向上下线拓展外，还确保了各个触点的良好体验，如购物入口、商品挑选、下单支付、物流配送以及售后服务，此外，在运营后台的建设和优化方面，上品折扣也是下了一番功夫的，这便使得它的业务流程能够承受多渠道带来的购物压力。

上品折扣算是O2O销售非常成功的一个案例。

行动指南

1. 掌握用户数据，可以大大提升对老客户的维护与销售效果。

2. 通过与用户的沟通、释疑，更好地了解用户心理。

3. O2O销售中线下绝不是销售的终点，而是下一个起点。

第342天　用APP进行客户端的销售

核心提示

APP销售指的是利用应用程序销售，通过特制手机、社区、SNS等平台上运行的应用程序来开展的营销活动。

经典案例

随着智能手机和移动终端设备的普及，人们已经习惯了使用APP客户端上网，目前，国内各大电商几乎都建立了自己的APP客户端，APP这种第三方应用程序逐渐盛行起来，Apple的iTunes商店、Android的Android Market、诺基亚的Ovi store、微软的应用商城、Blackberry用户的BlackBerry App World都是比较有名的APP商店。

用户基数较大、用户体验不错的几款APP有淘宝网、京东商城、当当网、美丽说、蘑菇街、艺龙在线、大众点评等。当然，游戏、阅读等热门类APP更是层出不穷。

"有信免费电话"是一款基于熟人圈的社交通信应用，可到有信电话官网和各大软件市场下载。

2015年2月，有信对外宣布用户突破一亿。为打造"亿级APP俱乐部"，有信发起了一场声势浩大的联合销售活动，即携程旅行、暴风影音、快的打车、欧朋浏览器、搜狗手机助手、墨迹天气、喜马拉雅FM、掌阅iReader和魔漫相机这十大用户量级过亿的APP一起联合销售。活动的主题是"十亿游子给妈妈写的一份家书"，"亲情""回家""母亲"成了这次活动的主要情怀要素，并推出了H5品牌活动。当时正值春节期间，有信抓住了消费者回家过年的情怀，对这一销售活动进行了推广以扩大传播效应。

2月10日，上述十家企业于同一时间在各自的客户端、微博和微信平台推出H5活动，据统计，这次活动的直接覆盖用户量超过10亿。

这次APP之间的销售合作项目，合作企业的用户都超过了一亿，而且，这些企业都是各个领域中首屈一指的重量级APP。有信推出的相关活动和这十家APP统一推广的资源整合，投入虽小，却能收到数倍的宣传效益，不失为APP销售的典范。

行动指南

1. 采用"铺面"+"打点"的形式，通过内容定向"铺面"和机型定向"打点"来进行受众定位。

2. 利用手机上的"震撼"和高冲击动态广告栏吸引受众眼球，以引起受众的好奇心理。

第343天　用B2C实现商对客的销售

核心提示

B2C是Business-to-Customer的缩写，简称为"商对客"，是电子商务的一种，一般以网络零售业为主，主要借助互联网开展在线销售活动，即网上商店，消费者通过网络可以在网上购物、网上支付等。

经典案例

B2C行业的领军者应属天猫。

天猫商城是网络销售平台，这种平台类似于现实生活中的购物商场，卖家可以通过这个平台出售各种商品，而天猫商城则不直接参与任何商品的买卖。但天猫商城有明确规定，入驻的商家在进行商品交易时要遵守天猫商城的规定，不能违规，否则会受到处罚。

有时，天猫商城会增加商户的租金，那些拒绝加租的商户只能退出天猫，但却能继续在淘宝网上"摆摊"。这就是天猫商城。

天猫商城已经成为我国大型电商平台之一，这种模式的优势是平台大，买卖自由，自负盈亏，与天猫商城没有任何关系。当然，前提是商户没有违法违规，天猫商城负责维护这个平台，不过，作为这个平台的使用者，不管你的生意如何，你都要交一定的租金。如果想提高你的店铺的知名度，你可以在商城内做广告推广，或是进行促销活动，这些都是商户自愿的经营行为。

作为平台的经营者，天猫商城有义务来维护自己良好的形象，以吸引足够多的消费者，进而吸引更多的商家入驻。

天猫商城这种B2C模式的优势是，商户可以随着市场变动自行做出反应，没有太多条件的限制，扩充性强。对天猫商城与商户来说，这种模式相当稳定，除了一些管理上的纠纷，市场经营方面是各自为营，一般情况下不会发生利益方面的冲突。

总体来说，天猫商城这种模式收入稳定，市场灵活，但有时盈利可能偏低，商城的战略变动可能会受到商城内部商户的抵制，从而导致内部纠纷较多。不过，这种模式却得到了越来越多商户们的认可，因为他们可以在这个平台上获得利润。

行动指南

1. 减少硬广告的投放，降低销售成本，多花费一些精力在销售上进行创新是B2C模式盈利的前提。

2. 支付方式越便捷，对B2C的销售越有好处。

3. 根据不同的方式及服务的范围可以收取一定的会费。

4. 价格低廉，能吸引网上买家，提高点击率和访问量。

第344天　用原生广告植入激发消费者的情感诉求

核心提示

原生广告植入销售是一种“润物细无声”的销售方式，使广告和网站内容融合在一起。销售的本质是说故事，目的却是建立品牌与消费者的联系，激发消费者的情感诉求，增加品牌的喜好度，最终促成消费。

经典案例

原生广告植入是近几年提出的一个全新的概念，是一种通过在信息流里发布具有相关性的内容产生价值、提升用户体验的特定商业模式。

原生广告植入不是单纯的广告信息，而是能够为用户提供满足其生活形态、生活方式的信息。原生广告内容的植入和呈现不会破坏页面本身的和谐，而每个用户都可能成为扩散点的互动分享式的传播。

2012年，我国乳业面临着前所未有的公信力挑战，为了建立品牌和消费者之间的信任，伊利乳业选择植入原生广告。

当时，伊利选择与腾讯合作，并与腾讯旗下品牌“腾讯新闻”进行联合，与其系列新闻《中国人的一天》达成内容上的深度合作，借助《中国人的一天》来为伊利品牌积淀新闻影响力。其具体做法是，在《中国人的一天》中植入伊利公司一线员工的故事，并将制作的两期新闻特辑栏目——《中国“牛仔”》和《90后质检班长》在腾讯新闻栏目中播放。无论是这两期新闻特辑栏目还是《中国人的一天》中伊利员工的故事，都采用新闻图片的生动形式来记录，尽现了伊利一线普通员工一天的工作与生活。

单纯的广告形式往往达不到太大的效果，但是通过用媒体语言来传达品牌公信形象的方式，却能收到意想不到的效果。

伊利的原生广告植入到腾讯新闻中后，两天内就在微信、微博上获得了72万正面评论及转发。由此可见，原生广告的植入越来越被广大的消费者所接受。

行动指南

1. 原生广告的植入尽量不要显得突兀，要尽显自然，融入剧情，变成不可割裂的一部分。

2. 原生广告的植入不是简单的广告信息，而是对客户有帮助、有价值的内容。

3. 无论原生广告植入的载体是什么，都不要干扰用户的体验。

第345天 自媒体销售

核心提示

自媒体销售是指普通网民或机构组织在任何时间、任何地点，以任何方式访问网络，提供并分享他们的真实看法、自身新闻。自媒体已成为网络传播非常活跃的一个主体和新兴舆论场。

经典案例

自媒体是未来几年的流行趋势之一，而“罗辑思维”正站在这一趋势的潮头。

最近几年，“罗辑思维”是非常热门的一个自媒体。“罗辑思维”于2012年12月21日在优酷网首次播出，由独立新媒创始人申音和央视《对话》栏目前制片人罗振宇合作推出。如今，“罗辑思维”已经成为一个互联网社群品牌。

“罗辑思维”主要服务于80、90后有“爱智求真”强烈需求的群体，目前包括微信公众订阅号、知识类脱口秀视频及音频、微商城、百度贴吧、会员体系、微信群等具体互动形式，“有种、有趣、有料”是其提出的主要口号，其推崇自由主义与互联网思维。

2015年10月，“罗辑思维”完成了B轮融资，估值13.2亿元人民币。自此，“罗辑思维”成为自媒体的知名品牌。

罗振宇曾在他撰写的文章《夜观天象》一文中阐述过“罗辑思维”初期运营的思路，即：推出自媒体视频；在APP上免费推广，靠粉丝打赏维持运营；帮助其他自媒体人打造产品；寻求合作。

从网络视频脱口秀到微博群、微信公众号，再到图书、微刊、电子杂志，“罗辑思维”的产品形式不断丰富，但却一直具有自己的个性和独到之处。

目前，“罗辑思维”会员群体已经成为一个以价值观为基础的创业和知识社群。

行动指南

1. 品牌定位要清晰，其中的品牌定位包括受众定位、产品定位和个性化定位。

2. 传播渠道呈网状式分布，跨越传统媒体与新媒体等多个平台，可以有效整合内容资源和媒介资源。

第346天 电商造节调动消费者的购买欲望

核心提示

商家在某个特定日期内，实行平台“打折、促销、降价”等活动，或融入娱乐元素邀请网民或粉丝深度参与体验，以达到促销商品的目的。

经典案例

对于所有的电商品牌来说，“造节”销售早已经成为一种趋势，一些电商企业自发将非约定俗成的日子打造成节日来宣传和促销，如“双十一”“双十二”“女生节”“老年节”等。在我国的传统节日，如春节、劳动节、国庆节等，实体店、商场都会有促销活动，而这些节日并不是网购族的消费高峰，所以，电商必须避开这些传统节日，想方设法打造网购的节日。

电商们的造节促销具有极大的自主性和诱惑性，调动了消费者的积极性。

继淘宝推出“双十一”促销节日并取得骄人成绩之后，京东商城也不甘示弱，在2014年相继推出了“正妆蝴蝶节”和“超强奶爸节”。虽然网购一族已经见过了各种各样千奇百怪的“人造节日”，但这两个节日的名字刚一推出，还是让很多人感到新鲜。当年的三月到四月，京东接连发起了以这两个节日为主题的销售活动。

京东的造节并不只是“图新鲜”，“有激发，有趣味，有好处”才是这次“造节”销售的三个原则。京东方面的有关负责人说：“我们只是想通过‘造节’来让一次促销活动变得更加有意思，而不只是简单地告诉大家京东的商品有多便宜，并借此激发消费者更加强烈的参与感。”

“正妆蝴蝶节”所处的时间背景有两个，即3月8日的“妇女节”和3月15日的“消费者日”，在这段期间内，恰巧京东所主打的促销点是“多、快、好、省”中的“好”，所以，“正妆蝴蝶节”便应运而生。为了迎合这两个节日，“正妆蝴蝶节”把女性消费者作为促销的主要目标对象，将“正品”作为这次“造节”销售中的重要诉求点，以强化“买正品，上京东”的品牌正面形象。

在创意执行层面，京东设计了递进式的整合传播，先是从2月中旬便在京沪两地投放楼宇大屏广告，进行线下预热，当时京东是以“全城男人要小心”为主题先制造了一个悬念，并在网络上产生热议；随后，又在传统电视媒体、户外楼宇、网络视频贴片及社交网络等多种媒体上展示“骗女生，后果很严重”为主题的TVC，在揭晓悬念的同时也将整个“正妆蝴蝶节”的核心概念传达出来……经过一段时间的预热宣传，3月，“正妆蝴蝶节”正式启动，并在社交媒体上发起话题推广；最后以温情收尾。

“超强奶爸节”在销售上虽然没有“正妆蝴蝶节”那样大的投入预算，但依然赢得了消费者的关注。作为京东母婴类产品的促销推广，京东把促销的目标人群定位在了“奶爸”的身上。当时，亲子类娱乐节目正在兴起，奶爸文化成为一种新的潮流，于是，“超强奶爸节”应运而生。

行动指南

1. 造节时切不可太过生硬，一定要迎合消费者的消费心理。

2. 从身边着手寻找契机，如从当下正流行的电视节目中挖掘出一些新的消费点，造节切忌胡乱编凑。

第347天　通过"饥饿销售"激起人们的购买欲望

核心提示

为了维护品牌形象，提高品牌附加值，商品提供者以调低产量、积压货物、推迟产品上市时间等方式来制造产品紧缺的现象，以达到销售产品的目的。

经典案例

苹果手机是"饥饿销售"的践行者。从苹果iPhone4开始，到iPad2，到iPhone6s的全球上市，都是以一种方式在进行着其独特的销售，即：产品发布—公布上市日期—消费等待—销售抢购—全线缺货。

除了苹果，小米成了国内"饥饿销售"的典型范例。

每次小米手机的发布会都是苹果推介新产品的中国版，不管外界怎么评论，结果是：小米手机的这种效仿苹果的做法取得了成功。当然，小米手机前期销售的顺利离不开小米团队精心而周密的策划。

每款小米手机都存在供货紧张这一现象，对此，小米公司CEO雷军曾对外表示，出现这一现象的原因是大量高端定制器件在生产环节很复杂，才会一时难以满足用户们的需求。

小米手机上市之初，公司便发出公告，宣布首批预订小米手机的用户将根据排位顺序支付并发货。同时，小米手机定价不高也只是为了吸引消费者的关注，等消费者有兴趣想购买时，小米手机就宣布供货不足。而越是这样，越能激起人们的购买欲望。

小米手机有国内一流的豪华团队，手机本身的设计也采用简洁风格。而"饥饿销售"是成就小米销售传奇的一大策略。

行动指南

1. 做好线上、线下的宣传造势工作，制造产品话题和产品期待，让产品本身就带有某些话题性。

2. 密切监控市场动向，提高快速反应的机动性。

3. 为了更好、更快地传播，可以在多个媒体源发布内容，吸引更多网站转载，让更多人点击。

第348天　利用手机短信增加销售的受众面

核心提示

商家通过发送手机短信的方式来达到销售目的。短信销售受众面广，较为直接，能够引起人们的关注。

经典案例

手机短信销售贴近生活且充满温情。如今，手机已成为人们随身携带的必需品，这让手机短信销售更能保证目标客户的确定性。手机短信内容比较灵活，可以发促销短信、问候短信、节日祝福等，最重要的是发100条短信就意味着有100个客户能看见短信。所以说，手机短信销售是一种受众面较大的营销方式。

麦考林全称为上海麦考林国际邮购有限公司，1999年麦网正式上线，开始涉足电子商务领域。2006年麦考林的第一家零售店铺开业，标志着它正成为一家多渠道零集商。2012年3月1日，麦考林旗舰店入驻淘宝。

如果你在麦考林买一双鞋，并且留下

联系方式，那么麦考林的短信便会时不时地光顾你。不过，麦考林发的短信非常具有人性化。

很多推销员都会采取狂轰滥炸的方式向消费者进行推销，但麦考林的短信不会这样，而是十分有技巧地把短信时间控制在接近周末的日子，比如周四或周五。而且，这种短信不会在消费者上班的时候出现，一般会选择在下班后的非繁忙时段，短信通常是一个月发一次。

麦考林的短信内容是非常人性化的，开头通常是“亲爱的××，最近在干什么呢”，然后才开始进入正题，将麦考林周末的相关促销大肆渲染一下，并附上促销截止日期，短信最后还会加上一句：“周末没事就来逛逛吧！”

麦考林的短信除了让人感觉舒服外，还具有煽动力，这是成功的短信销售必不可少的一点。

总之，麦考林的短信销售内容十分符合消费者的心理，有购物欲望的人往往会因此而光顾。

行动指南

1. 短信发得太频繁会惹人厌烦，语气广告味太浓则会适得其反。所以，手机短信销售要把握好时间和语气。

2. 短信销售，经营的不是产品，而是客户。

第349天　为消费者提炼出最具优势的卖点

核心提示

商家对某款产品进行产品优势的总结、概括和赋予价值，从而在销售中取得一定的竞争优势。提炼卖点就是怎样把最适合的产品卖给最需要这个产品的人。

经典案例

任何一款产品，都是带着自己特有的卖点被设计师设计出来的，就像我们每一个人都有自己的性格一样。在每个人的性格中，有优点，也有缺点，在向他人展示自己的时候，我们都会把最优秀的那些点表现出来，这样才更容易被他人接纳和喜爱。而在销售产品时，呈现给消费者的如果正好是消费者关心的那些点，那么就能提高他们购买这些产品的概率。当然，呈现给消费者的点要么切中用户痛点，要么满足用户期望，这就需要商家去充分地理解客户心理，对产品的卖点进行提炼。

精准提炼卖点的案例有很多，这里介绍几个供大家参考。

好多年前的太空棉防寒服、太空型饮品等，是较早的以技术为卖点的产品。在人们的意识里，太空技术一般都是相当高深的，而带有“太空”字眼的产品则让人不由不瞪大了眼睛，难以拒绝。

海尔的“计时洗”热水器，使用了新的工艺，解决了使用热水器洗浴不能掌握热水量的烦恼，为了提炼出最能打动人心的卖点，海尔以“高科技，使您节电、安全还方便”来凸显利益，受到了消费者的喜爱。

提到计算机芯片，我们马上会想到英特尔，的确，英特尔芯片的技术含量非常高，这也是它的关键卖点。在用英特尔芯片所做的以机器人为形象代表的广告片中，我们清楚地看到了英特尔芯片“傲视全球、独步天下”的特点。

另外，美的空调的“强力制冷”、乐百氏纯净水的“27层进化”、科龙空调的“宁静无噪音”……卖点也都各具特色。

行动指南

1. 卖点永远不能代替产品，卖点提炼一定要建立在产品实物基础上。

2. 一个产品的卖点有很多，而将哪一个提炼成核心卖点，是按照市场需求决定的。

3. 核心卖点必须有足够多的受众，否则，产品最后的获利能力就会变差。

4. 提炼的核心卖点一定要优于或别于同类产品，有自己独特的、趋于感受的、更多为消费者需求考虑的核心卖点。

第350天 如何成为淘宝网中的旺铺

核心提示

目前，淘宝网正处在飞速发展阶段，多种新型网络销售模式不断地被开创，加入淘宝，将拥有更多接触前沿电子商务的机会，也将为全新的B2C事业创造更多的奇迹。

经典案例

淘宝店铺广义上可以分为天猫商城店铺、淘宝无名良品店和淘宝集市店铺。自淘宝商城建立以来，众多品牌包括联想、惠普、迪士尼、乐扣乐扣、罗莱家纺等开设的旗舰店，受到了消费者的热烈欢迎。其中，2012年由安徽三只松鼠电子商务有限公司推出的互联网森林食品品牌——“三只松鼠”成了淘宝众多店铺中的旺铺。

“三只松鼠”代表着天然、新鲜以及非过度加工，仅上线65天，其坚果销售量便在淘宝天猫坚果行业跃居首位，花茶的销售量则在茶行业跃居前十名，发展速度之快堪称我国电子商务历史上的一个奇迹。

2012年，在天猫“双十一”大促中，“三只松鼠”当日成交额近800万元，而当时的“三只松鼠”刚刚成立四个月，同时，“三只松鼠”还成功在约定时间内发完10万笔订单。2013年1月，“三只松鼠”单月业绩更是突破2000万元大关，轻松跃居坚果行业全网第一。

“三只松鼠”之所以取得了如此的成绩，与其独特的销售技巧不无关系。

在淘宝网开店容易，但要想把店铺长久地开设下去并成为众多店铺中的旺铺还是相当不易的。众所周知，自从有了互联网，便极大地缩短了厂商和消费者之间的距离，减少了中间环节。所以，“三只松鼠”从开设淘宝店铺的第一天起，便把自己定位于做“互联网顾客体验的第一品牌”，并坚信“产品体验是顾客体验的核心”，而要让顾客能第一时间进行产品体验，便要把最新鲜的产品以最快捷的方式送到顾客手中。互联网的速度能够实现这一切，这就是“三只松鼠”坚持做“互联网顾客体验的第一品牌”和“只做互联网销售”的原因。

行动指南

1. 从各个角度去深挖卖点，体现出产品的性价比、服务、质量等，让顾客感觉到不是产品本身便宜，而是他占到了便宜。

2. 淘宝开店，要选择有特色的商品，还要对店铺进行宣传，如选择论坛中的签名档，吸引感兴趣的人光临你的店铺。

3. 拥有一个好听、简单、易记的店名很重要，一个富有个性的店标也能让顾客深深地记住你。

第351天　如何在天猫商城中实现销量的突破

核心提示

商场上的竞争是一场没有硝烟的战争，电商也不例外，天猫作为我国知名的电商平台则更是如此。在这场战争中，谁运用的营销技巧最能被消费者接受，谁便是这场战争的赢家。

经典案例

相对于其他产品，厨电的更新频次较低，而随着消费者对健康和安全关注度的提高，其对厨电的选择也越来越谨慎。那么，作为高端厨电领导品牌的方太，是如何在激烈的竞争中脱颖而出的呢？

2015 年 11 月，方太与互动通数字平台携手，运用互动通程序化广告营销平台 hdtDXP，通过炫酷丰富的广告开展方太双十一“爱您所爱，万众期待”回馈活动的网络推广，为方太天猫旗舰店活动预热并引流。

本次方太在天猫的销售目标很简单，那便是宣传自家的品牌形象和产品信息，巩固市场地位，进而提升双十一方太天猫旗舰店的销量。

首先，方太将受众目标锁定为 25 ~ 50 岁有购买厨电需求的潜在人群，这一人群有一定的经济实力，品牌意识较强，追求高品质的生活，同时，他们习惯于使用网络获取信息、查看商品和购物。

其次，本次推广活动，方太通过扩展、视窗等丰富且多元化的广告形式，直接醒目地刺激了目标受众的眼球。

最后，在 PC 端平台的投放上，方太选择与受众息息相关的新闻门户、财经、时尚、汽车、旅游、生活社区等；在手机端选择受众使用频繁的新闻综合、在线视频、新闻娱乐、生活工具等 APP 进行活动信息投放。通过高质量的网站，有效触达目标受众。

这次方太广告投放的周期为 2015 年 11 月 7 日 – 11 月 12 日，PC 端点击率高达 2.0%，大幅度超过行业均值；移动端点击完成率高达 118.91%，广告实现超额投放并收获受众的高效关注。

广告投放期间，方太天猫旗舰店 10 分钟完成 1000 万元的销售额，第一小时突破 3500 万元，“双十一”当日销售额达到 1.48 亿元，同比增长 70%。据有关数据显示，由于使用销售技巧得当，方太天猫旗舰店在大家电行业销售额排名第八，厨电行业排名第一。

行动指南

1. 针对年轻的买家，可聊一些时尚现代的话题。销售过程中，商家应该多配合买家，营造融洽的聊天氛围，而不是单纯地买家与卖家交易。

2. 可以根据买家的情况适当地赠送礼品，在成本允许范围内，一切以成交为目的。

3. 商家要清楚买家最关心的问题，针对买家的问题在最快的时间内予以解决，并令买家满意，这样成交的概率会大大增加。

4. 对于有意向购买，或者拍下没有付款的顾客，商家应该及时将其加为好友，或者做好记录，以便日后询问情况，增加自己的成交转化率。

第23章 营销大师

第352天　菲利普·科特勒：营销学之父的10Ps营销理论

核心提示

10Ps营销理论包括产品、地点、价格、促销、探查、划分、优先、定位、政治权力和公共关系。

理论指导

菲利普·科特勒是现代营销学的大师，被尊称为“现代营销学之父”，其营销理念影响了一代又一代人，培养了数不清的世界商业精英。科特勒的观念和方法被广大销售人员奉为宝典，10Ps营销理论就是其中之一。

所谓“10Ps”即是在“4Ps”的基础上引申出来的，只是增加了更多的因素，成为了一个全新的理念。“4Ps”用通俗的语言来说，是指如果公司生产出适当的产品，制定出适当的价格，利用适当的分销渠道（地点），并辅之以适当的促销活动，那么该公司就会取得销售成功。

销售人员必须精通产品、地点、价格和促销这四种营销战术；为了做到这一点，销售人员必须事先做好探查、划分、优先和定位这四种营销战略；同时销售人员还必须具备灵活运用政治权力和公共关系这两种营销技巧的能力。这就是科特勒的10Ps营销理论。

1. 产品

产品是指能满足客户需求和欲望的任何有形物品和无形服务。有形物品是指产品实体及其品质、特色、式样、规格、品牌和包装等；无形服务是指客户得到的附加利益，包括售后服务、保证、安装、退货等。

2. 地点

地点通常包括分销渠道、储存设施、运输设施、存货控制，它代表了销售人员为使自己的产品进入和达到目标市场所组织、实施的各种活动。

3. 价格

价格是影响客户行为和市场需求的关键因素之一。价格的制定必须要考虑到产品自身的因素，如成本、利润等，还要考虑到客户对价格的理解和接受能力。

4. 促销

促销是指销售人员以各种手段向客户传递产品信息，从而影响和促使客户购买产品。

5. 探查

在营销学上，探查实际上就是市场营销调研，其含义是在市场营销观念的指导下，以满足消费者需求为中心，用科学的方法，系统地收集、记录、整理与分析有关市场营销的情报资料，比如，市场是由哪些人组成的、市场是如何细分的、竞争对手是谁以及怎样才能使竞争更有效等，从而提出解决问题的建议，确保营销活动顺利地进行。市场营销调研是市场营销的出发点。

6. 划分

划分实际上就是市场细分，其含义是根据消费者需要的差异性，运用系统的方法，把整体市场划分为若干个消费者群的过程。每一个细分市场都是由具有类似需求倾向的消费者构成的，因此，分属不同细分市场的消费者对同一产品的需求有着明显的差异，而属于同一细分市场的消费者的需求具有相似性。

7. 优先

优先就是对目标市场的选择，即在市

场细分的基础上，企业要进入的那部分市场，或者要优先最大限度地满足的那部分消费者。企业资源的有限性和消费者需求的多样性决定了企业不能经营所有的产品并满足所有消费者的需求。任何企业只能根据自己的资源优势和消费者的需求，经营一定的产品，满足消费者的部分需求。

8. 定位

定位即市场定位，其含义是根据竞争者在市场上所处的位置，针对消费者对产品的重视程度，强有力地塑造出本企业产品与众不同的、给人印象鲜明的个性或形象，从而使产品在市场上、企业在行业中确定适当的位置。

9. 政治权力

科特勒认为，除了给客户和中间商（如代理商、分销商和经纪人）提供利益之外，还应包括政府、工会和可以阻碍企业进入某市场获利的其他利益集团。政治权力是指企业为了进入和在目标市场上经营，向相关政府机构提出自己的主张，为了获得其他利益集团的预期反应和关注，合理运用谈判技巧。

10. 公共关系

公共关系则在于影响公众的观点，在公众心目中树立良好的产品和企业形象，这主要是通过大众性的沟通技巧来实现。

行动指南

销售人员要深入理解科特勒提出的10Ps营销理论，并以此来指导自己的销售工作。

第353天　菲利普·科特勒：让客户高度满意是销售成功的关键

核心提示

客户高度满意会导致高度忠诚，这既是目标又是一种销售理念。

理论指导

营销大师菲利普·科特勒曾在其著作中多次强调，客户所理解的产品效能与其对产品期望的比较决定了客户满意的程度。如果产品效能低于客户的期望，那么客户便不会感到满意；如果产品效能与客户的期望相当，那么客户就会感到满意；如果产品效能超出了客户的期望，那么客户就会感到非常满意。

所以，销售人员在宣传自己的产品时，如果向客户承诺了一大堆，而实际上却都做不到，那么客户是绝对不会感到满意的。只有在所提供的产品效能超出所提供的承诺时，销售人员才能取悦客户，使其成为忠实客户。

通常来说，客户对产品的期望是建立在以下一些信息之上的，比如以往的购买经历、亲朋好友的意见或商家的承诺以及竞争对手的水平。对销售人员来说，设定正确的期望是一项必须仔细去做的工作。销售人员将产品的期望设定得太低，虽然可能会满足甚至超出一部分客户的要求，但却不能让足够多的客户对产品产生兴趣；将期望设定得太高，可能会让那些初次使用的客户感到失望，而这种负面情绪往往具有传染性，不利于产品的进一步销售。

有时，让客户满意可能意味着“失去客户”，因为当产品不能满足客户的要求时，客户可能会选择退货。面对这种情况，销售人员所能做的就是及时答应客户的退货要求，并作出合理的解释以消除客户的不满，因为哪怕失去一笔交易，也不能让客户失去信心，更不能因为一位失望的客户而影响其他客户的信心。

行动指南

让客户感到非常满意是一项极不容易做的工作，如果这项工作做得很好，那么会给企业带来极大的繁荣与发展，销售人员一定要对此引起足够的重视。

第354天　菲利普·科特勒：认真调查市场，获取有用信息

核心提示

销售成功的基础是信息，而非销售力量。

理论指导

企业开展销售调查的一个主要原因是为了发现市场机遇。调查工作结束之后，企业必须进行仔细的评估，从而决定发展的方向。

营销大师科特勒在自己的销售学著作里，对市场调查进行了精辟而又深刻的描述。他认为，市场调查的目的与实质就是为了分析信息，从而发现属于自己的市场空间。

科特勒非常重视信息的作用，他曾说："销售成功的基础是信息，而非销售力量。"他认为，当今的市场销售环境发生了巨大的变化，这比任何时候都更加需要即时的销售信息。如果企业想扩充产品或服务的市场覆盖面，那么就必须掌握更多、更及时的市场信息。

对企业来说，既可以成立专门的销售调查机构来进行独立的市场研究，也可以聘请其他机构进行市场研究。一般来说，优秀的销售调查有以下一些特征：具有创造性、可信度高、方法科学合理、成本及收益分析、模型和资料的相互依存性、采用多种调查方法。

科特勒认为，市场调查的步骤主要包括以下几个方面：确定问题与研究目标、收集信息、制订调查计划、分析信息并向管理层提交结论。

由于每一位销售人员的业务重点不一样，因此，在市场信息的调查和收集过程中应采取不同的方式，争取用最实用、最有效的手段，达到快速、高效获取市场信息的目的。

科特勒反复强调，在进行市场调查时，销售人员必须要对客户的购买现状进行细致的分析。因此，研究客户的消费行为是市场调查的重要内容之一。消费行为研究绝非一项简单的工作，它需要销售人员综合运用统计学、心理学、市场营销学以及社会学等学科的知识。

行动指南

1. 在进行市场调查前，销售人员一定要根据项目的不同，选用适当的调查方法。

2. 在进行市场调查时，销售人员一定要对客户的购买现状进行细致的研究。

第355天　史蒂夫·乔布斯：有不一样的想法，才会有不一样的收获

核心提示

只有想的与别人不一样，你才能超越别人，甚至改变世界。

理论指导

美国苹果公司CEO乔布斯的逝世，让全世界都为其扼腕长叹，乔布斯生前在苹果公司（以下简称“苹果”）采用的营销方式，非常值得我们借鉴和学习。

苹果在美国家喻户晓，其生产的产品是潮流人士不断追求的宠儿。苹果为什么能取得成功？它是通过什么样的营销策略实现成功的？让我们来认真分析一下。

1. 敢于使用逆向思维

说起苹果在营销方面的策略，可以简单概括为逆向思维。

乔布斯带领苹果做到了“我们公司生产什么，消费者就需要什么”，在每年的新品发布会上推出的产品永远只有一种，消费者别无选择。但是这些也只有苹果能够做到，这是因为苹果培养了一大批忠实的消费者。苹果凭借其极为出色的产品、良好的信誉和优越的售后服务等，不断吸引着新的消费者，提升消费者对产品的购买认知度，让消费者感觉到购买苹果的产品能够获得更多的价值，体验到前所未有的乐趣。

2. 勇于创新的精神

对于苹果，很多人都有一个共同的认识和评价——创新能力，举个简单的例子来说，当乔布斯在发布会上用灵活的双指同时触控屏幕放大照片时，人们为之惊叹，原来触屏也能这样玩。苹果的创新引领着时尚潮流，每一项由苹果率先发布的创新技术总会引来一大批的效仿者。苹果的创新精神就在于，如果没有办法全方位优于竞争对手，那么就一定要优于自己，开辟一个新的战场，牵着竞争对手的鼻子走。

3. 饥饿营销模式

所谓饥饿营销模式，通俗点儿说，就是未见其貌，却闹得满城风雨。每年在召开新品发布会之前，乔布斯都会放出一点儿口风，但是对于产品本身却闭口不谈，这就吊足了全世界“果粉”们的胃口，人们纷纷猜测它的新功能、新外形，各种非正式设计图更是在坊间广泛流传。因此，每年的新品发布会都会引来全世界关注的目光，乔布斯总是不紧不慢地走上演讲台，在吊足了“果粉”们的胃口后，在不经意间从口袋里或信封中掏出让人惊艳的新产品来。

4. 不只是在卖产品

苹果不只是在卖产品，更是在宣传企业文化。人们一提到苹果，就会联想到乔布斯的偏执创新、推崇精英的文化理念。苹果的产品也许不是最高端、最智能的，但一定是最具文化魅力的。

行动指南

乔布斯也许是唯一的，无人能够超越，但销售人员可以借鉴那些让他取得卓越成就的思想和方法。

第356天 阿尔·里斯：品牌才是企业的核心竞争力

核心提示

如果一个品牌出现在很多不同类别的产品上，那么它很难成为强势品牌。

理论指导

阿尔·里斯是定位理论的创始人，享誉世界的美国营销大师，其定位理论对美国营销产生了极大的影响。阿尔·里斯和女儿合作出版的《公关第一，广告第二》和《品牌之源》引发了世界性营销观点的革命。

阿尔·里斯认为，如果一个品牌在很多不同类别产品上出现的时候，那么这个品牌很难成为强势品牌。未来是属于品牌的，企业家和管理层应把更多的时间和精力放在品牌上，而不再是以产品廉价取胜。企业要创造品牌，而不只是生产产品。

阿尔·里斯认为，在世界上生产成本最贵的国家不是美国、不是日本，而是德国，但是德国并不是靠生产有形产品取得竞争力的，而是生产品牌，比如奔驰、宝马。

阿尔·里斯表示，国家实力增长并不完全依赖于制造产品，更多的在于品牌创造，世界上经济发展比较好的国家，基本上都不完全是依赖产品成功的，他们是依赖品牌而走向成功的。

谈到品牌定位，阿尔·里斯提到了两个理论：一个是A理论，在某个行业中精工细作，垂直纵向发展；另一个是G理论，主要是指比较宽泛、深度比较浅的发展方式。

阿尔·里斯举例说："戴尔专注于做个人计算机，英特尔专注于做芯片，微软专注于做计算机软件，这些公司都是A理论的具体实践者，他们的利润和总体销售额都是逐年上升的。与此相反，有些企业坚持G理论，虽然生产的产品涉及方方面面，但营业额却在不断下降。"

行动指南

生产廉价产品，企业只能赢得一时的市场；只有做好品牌，企业才能获得永恒的发展。

第357天 杰弗里·吉特默：请客户帮助推荐潜在客户

核心提示

转介绍可以加快取得新客户信任的速度，提高合作成功的概率，降低营销的成本，是一种省心省力又可靠的营销方式。

经典案例

杰弗里·吉特默是美国著名销售大师，是《销售圣经》《销售红宝书》《人脉关系黑宝书》《积极心态金宝书》等畅销书的作者。杰弗里·吉特默的很多书都曾荣登Amazon. com畅销榜排名第一的位置。

除此之外，杰弗里每年有超过100次的演讲，他的客户包括可口可乐、宝马、希尔顿、时代华纳有线电视、嘉士伯、大都会人寿、IBM以及《纽约邮报》等数百家世界知名企业。

杰弗里的销售理念一直被奉为经典。曾经有一位初入职场的销售员拜访杰弗里，问他："您是怎么取得如此辉煌的成就的？"

杰弗里回答说：“因为我知道一句神奇的格言，那就是‘我需要您的帮助’。”

销售员不解地问：“您如此的成功，还需要别人的帮助吗？”

杰弗里笑着说：“每个人都需要别人的帮助，每当遇到客户时，我都会表示我需要他们的帮助，请他们介绍几位朋友给我认识。因为这对他们来说只是举手之劳，所以很多人都会答应帮忙。年复一年，日复一日，我的客户群就像滚雪球一样越滚越大。”

行动指南

1. 多向对方表达几次我们的意思，使对方形成一种习惯性的思维。

2. 不管客户买不买产品，我们都要请客户帮我们转介绍。

3. 要求对方介绍客户而对方不肯时，不必强人所难，立即转换话题给自己找个台阶下。

第358天　博恩·崔西：问出客户的真正需求

核心提示

问得越多、问得越细，销售人员从客户那里得到的信息就越多，也就越容易把产品卖出去。

理论指导

美国成功学家、营销培训大师博恩·崔西表示，只有通过有效的问话才能了解客户的真正需求，问得越多，销售人员了解得就越多，从而更好地掌握客户的真正需求。

小李是国内某知名白酒厂商麾下的销售人员，一次，在参加一个酒类博览会时，他认识了某家大酒店采购部的经理赵先生。据小李了解，在此次博览会上，有好几家酒商都对赵先生抛去了橄榄枝。为了能把自己的产品推销给赵先生，小李抓住了一次机会开始向赵先生介绍自己的产品。

首先，小李礼貌地向赵先生打招呼：“您好，赵先生！唐突地问一句，您平时会为酒店选择什么样的白酒产品呢？”

“我们选择白酒产品，首先考虑的是产品的质量，另外是产品的利润空间、售后服务、包装和瓶型。”赵先生也想通过这次博览会找到一个可以长期供货的白酒厂商。

“赵先生，您所说的产品质量主要指的是什么呢？”小李像一个虚心的学生，仔细聆听着赵先生的回答。

“我所说的产品质量是指要达到国家标准。另外，口感和度数要符合我们当地消费者的消费习惯。”

“是什么原因让您觉得采购的白酒必须要达到国家标准呢？”小李大有打破砂锅问到底的架势。

“这件事说来话长，上次我们进了一款产品，包装的确很漂亮，但是酒店的客人喝了以后反应晕乎乎的，有的消费者甚至说我们销售的是假酒……”

赵先生说着说着竟然有些激动，小李忙安慰起对方来，待赵先生的情绪平稳后，小李接着问道：“如果我们的产品能满足您的质量要求，而且我们给您合理的利润空间，并且保证每周至少拜访一次，为您做好售后服务。您会选择采购我们的产品吗？”

“如果你们的产品质量好、售后好，又

能为我们带来利润，我们当然愿意选用你们的产品了，不过，我得品鉴以后才能告诉你答案。”

见赵先生不但爽快而且认真负责，自己的产品又正好符合赵先生的要求标准，小李忙趁热打铁：“您看，我们参展的产品就在前面，要不我带您去品鉴一下？”

赵先生品鉴后，对酒的质量很是满意，最终小李公司与这家大酒店签订了长期的合作关系。

可见，提问是销售过程中必不可少的手段，销售人员只有通过有效提问，掌握了客户的真正需求，才能做好产品介绍并提供更符合客户利益的服务。问得越多、问得越细，销售人员从客户那里得到的信息就越多，也就越容易把产品卖出去。

行动指南

1. 在销售过程中，销售人员一定要多问，问出对自己有用的信息。

2. 销售人员可以根据产品特性，以及常见客户类型，有针对性地设计出几种提问模式，并不断加以完善。

第359天　盖瑞·亥尔波特：用精美的文案打动顾客

核心提示

用精彩的文案打动顾客，是销售商品的一大技巧。当然，前提是你的文案要能够击中消费者的内心。你要传达的信息，恰好是消费者最想看到的，恰好击中了他内心“最敏感”的神经。

经典案例

盖瑞·亥尔波特是美国直复式营销的奠基人，文案撰稿大师。他开创了邮件式销售，以及中小企业和个人公司的营销之路。自从盖瑞·亥尔波特的这一销售方式面世以后，即使没有品牌，没有资金，没有雄厚的运营实力，中小企业也依然可以凭借着自己撰写的销售信成功完成产品的销售任务。盖瑞·亥尔波特撰写的《男人必知的16个赚钱最快的秘密》《来自博伦监狱的信件》《时事通讯》等书一直久畅不衰。

盖瑞·亥尔波特在推广《男人必知的16个赚钱最快的秘密》一书时曾写下一封销售信，从这封销售信中可以看出盖瑞·亥尔波特不愧为方案撰稿大师。现摘录精华部分，供企业在产品营销时借鉴。

亲爱的朋友：

如果您决定购买这本书，那是您做出的最明智的选择！因为您将知道，这本书会完全兑现我在广告中许下的每一个承诺。

……

您在第一部分将读到的是我在俄亥俄州与巴恩合作带来超过5800万美元销售总额的秘密！

……

第五部分是我曾经帮助 Ernest Borgnine 和他的妻子 Tova 使他们的化妆品公司销售额在8个月中增长了1200%的成功案例！

然后，您将在第十六部分了解到如何订阅 Gary Halbert 时事通讯，以及如何得到世界上最贵重的礼物作为奖赏！

并且，另一方面，如果您是真正渴望赚钱，您订阅我的《时事通讯》就是很好的决定，因为这样您每个月都能得到对您有益的新想法。

这样的销售文案，很容易激发客户购买这本书的欲望。

行动指南

1. 描述对方心中的渴望。

2. 建立强大的信赖。

3. 让客户享受你提供的价值，然后再收取回报。

4. 激活客户的好奇心。

5. 你必须在大规模投入之前，测试你的想法是否真的可行。

第360天　杰·亚伯拉罕：今天让小利，明天挣大钱

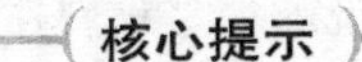

核心提示

重复购买的客户能为企业带来源源不断的利润，前端持平甚至轻微亏损，让后端带来大量利润。

经典案例

杰·亚伯拉罕是具有传奇色彩的营销大师，被誉为“世界上伟大的市场行销智囊”，也是美国加州洛杉矶的亚伯拉罕集团的创始人和 CEO，杰·亚伯拉罕辅导过 470 个行业 14000 家企业。被《财富》、《福布斯》等权威杂志评选为全美伟大的五位商业决策教练之一。

在 25 年的行销生涯中，杰·亚伯拉罕曾协助的企业包括 IBM、微软、联邦快递、花旗银行等。杰·亚伯拉罕的客户不但有商业巨头，还有小型公司业主。这些企业都有一个共同点——他们都从杰·亚伯拉罕的专业指导中收获颇丰。

潜能开发大师安东尼·罗宾运用杰·亚伯拉罕的行销策略，一年内不但扭转了公司濒临倒闭的境况，还成为畅销书作者和亿万富翁。

杰·亚伯拉罕曾说过：“这个世界上增加业绩的方法有成千上万种，而归根结底只有三种，增加客户的数量、增加客户单次购买量以及增加客户购买频率。”所以，杰·亚伯拉罕主张今天让小利，明天挣大钱。杰·亚伯拉罕能使经营资产最大化并倍增，他总是告诉他的客户如何运用不同的成功理念来面对不同的行业，并把它们引进到自己特殊的行业中去。这一点让他的客户在竞争中占尽优势。

在一些行销学的著作中，杰·亚伯拉罕认为，要和一个客户建立长期关系并不容易，除非你能在一开始时降低他们的心理防卫，甚至赔本赚吆喝。而一旦你能赢得对方的信任，他们就会变成你的终身客户。杰·亚伯拉罕有一个客户是做冷暖气空调设备维修的，在杰·亚伯拉罕的指导下，这家小小的维修店每年营收竟然高达 6000 万美元，秘诀何在？原来，每到春夏之交，维修店会将成本 30 美元的维修费用降到 19.95 美元，也就是说，维修店将损失 10 美元，但有一半的客户在维修过程中会发现其他的一些问题，于是，便衍生出至少 125 美元的高利润额外工作。而且，经由这个优惠活动争取到的新客户，有半数都会成为固定的熟客。

行动指南

1. 确定客户的终身价值，这样才能确定第一次应该对客户投资多少。

2. 奖励带来新客户的销售员，提高其工作积极性，促使其创造更高的效益。

第361天　菲尔·奈特：耐克的“轻资产运营模式”

核心提示

“轻资产运营”模式是指企业将产品制造和零售分销业务外包，自身则集中于设计开发和市场推广等业务。这种运营模式可以降低公司资本的投入，特别是生产领域内大量固定资产的投入，以此提高资本的回报率。

经典案例

1972年，菲尔·奈特创立了耐克公司，并迅速将其打造为全球体育用品行业的领先品牌。奈特是一个富有传奇色彩的人物，他永远戴着墨镜，以超“酷”的形象出现在众人面前。2016年2月，菲尔·奈特在胡润研究院发布的《2016胡润全球富豪榜》上排名第33位。

20世纪80年代，奈特在耐克公司推行了“轻资产运营”模式，当时的美国市场，体育产品正从专业运动员转向大众市场。奈特抓住了这一时机，依靠“轻资产运营”模式改变了美国运动鞋市场的传统商业模式。

如今，“轻资产运营”模式已经成为全球体育用品商业主流的业务模式。那些拥有百年历史的传统体育品牌，在激烈的竞争压力下，也不得不选择“耐克化”生存方式。

从产业链的角度看，依靠“轻资产运营”模式，耐克公司较好地整合了产业链两端：产品研发和产品营销。

从产品研发角度来说，耐克公司于1980年成立了研发实验室，由生化及生理学研究专家组成，从1995年开始，耐克公司每年拿出5000万美元作为技术研发与产品开发的费用；耐克还聘请教练员、运动员、设备经营人、足病医生和整型医生等共同审核设计方案，以求根据人体工程学改进运动鞋的设计。

耐克公司的研发始终保持一个原则，那就是奈特所说的：“我们在技术研发方面花了许多心力，不好的产品绝对无法引起人们投入感情，如果卖出去的商品不是货真价实的，那么大家早晚会知道。”

从商品营销角度来说，耐克公司总是在市场推广过程中表现出自己是一家充满活力的公司，每一款耐克鞋都充满诱惑力。

菲尔·奈特认为，“营销学跟社会学很像，耐克做得最成功的就是诠释了人们现在正在做什么、他们的兴趣在哪里”。奈特抱有一种理念：把别人不需要的商品卖出去，是一项不道德的工作。所以，奈特希望耐克的营销行为不仅能让大家注意到耐克的产品，更能不断地提醒大家耐克公司在做什么。

行动指南

1. 区分核心业务与非核心业务，将非核心业务转移到企业外部经营，核心业务留在企业内部，不给合作伙伴接触核心业务的机会。

2. 引入多个外包商，以避免形成对外包商的依赖。在外包商之间形成一定的竞争关系，有利于提高外包产品的品质。

3. 为形成对外包质量的有效控制，企业应实行严格的标准化管理。

第362天 杰夫·贝佐斯：让广告的投入物超所值

核心提示

在市场营销中，现代广告的运用正以前所未有的速度在全世界广泛、迅速地发展和普及，信息化的浪潮推动并促进了电子商务的发展，广告便成了让消费者接受新的服务方式的有效手段。

经典案例

广告投入并不是越多效果越好，企业希望的是，投入比较少的广告，却能让广告效果明显而突出，以应变消费者挑剔、万变的心理。

杰夫·贝佐斯在1995年创办了全球大型网上书店——亚马逊。1999年，杰夫·贝佐斯当选《时代》周刊年度人物。2013年8月，贝佐斯以2.5亿美元收购《华盛顿邮报》。2015年9月29日，贝佐斯以470亿美元净资产排名《福布斯》美国富豪400强榜单的第四位。

目前，亚马逊公司已经成为美国知名网络电子商务公司。其实，在亚马逊成立之初，只经营网络的书籍销售业务，而如今，亚马逊的业务扩及了范围相当广的其他产品，已成为全球商品品种最多的网上零售商和全球第二大互联网企业。在亚马逊公司的名下，包括了AlexaInternet、a9、lab126和互联网电影数据库等子公司。

贝佐斯曾为亚马逊量身定制了付费点击广告服务，在众多的品牌和制造商中，虽然他们可能不会通过亚马逊来销售产品，但他们希望能通过亚马逊与其约2.8亿的用户建立联系。例如，当用户在亚马逊网站搜索灯具时，该广告服务能引导他们到专门的家装网站。该广告服务被亚马逊称为“Product Ads”。这一服务很受品牌商和制造商的欢迎。

据一项调查显示，35%受调查的零售商认为亚马逊的Product Ads或类似的广告链接能带来非常好的投入回报。

早在1996年，贝佐斯还大力推动广告投资，为了让技术精英以外的人群也知道亚马逊网站，贝佐斯在1996年上半年就投入了超过34万美元的广告费用，在网络广告花费中排名第34。贝佐斯不但跟雅虎、Excite、美国在线等互联网门户网站签订了多年的广告协议，还雇用了硅谷的一家广告公司来代理广告业务，为了展现亚马逊的图书范围有多广，这家广告公司想出了一系列令人印象深刻的广告，且幽默十足，如：“16本书是关于男性谢顶的，128本书是关于帽子的”；“163本书是关于结婚的，798本书是关于离婚的”……

贝佐斯不但在线登广告，还在主流报纸上登广告。在1998年的3个月时间内，贝佐斯就在市场宣传上投入了2600万美元，到1998年年底，贝佐斯在广告上投入的钱差不多占了收入的四分之一。2009年，贝佐斯在广告和促销上花了将近6亿美元，亚马逊俨然成了一个大广告商。

根据某市场研究公司的数据显示，亚马逊在2015年的广告营收预计将达12.6亿美元，比2014年的10.3亿美元增长了13%。

行动指南

1. 对于那些财大气粗的大企业来说，可以通过“洗脑”般大量的广告宣传来让自己做到“妇孺皆知”。

2. 对于一些中小企业来说，需要立竿见影，以最小的投入让尽可能多的潜在客户知道并了解自己。

3. 对于一些企业和临时性的活动来说，要找准潜在客户，以最少的投入，以及最精准、最快捷的广告达到宣传目的。

第363天 杰夫·贝佐斯：使客户没有后顾之忧

核心提示

对于客户来说，购买任何产品都存在一定的风险，所以，对于企业来讲，在没有取得客户的信任之前不要过早地销售你的产品，否则，即使是卖掉了产品，也得不到信任，更不会树立良好的口碑。

经典案例

贝佐斯的亚马逊网站具备一些只有少数公司才能想到的功能，比如那些让客户安心使用网站的功能。在亚马逊，如果人们只是为了开始找书或者把它们放到购物车内，可以不必在网上注册。而对于其他早期的电子商务网站来说，建立账户是一块真正的绊脚石。

贝佐斯曾命令订货系统要“温柔”些，为的就是要打消客户的顾虑，因为网上交易要留下银行卡或信用卡的信息，而对于将银行卡或信用卡信息留在网上，大多客户会有所担心，所以，亚马逊规定客户可以选择只留下银行卡或信用卡账号的最后几位，当客户对商品满意并准备好付钱时，再打电话给亚马逊网站来告知完整的银行卡或信用卡号码。同时，亚马逊还向客户承诺，不到最后一步，亚马逊是不会收客户一分钱的，以消除客户误购买的担心。

总之，亚马逊做到了每一步都让客户放心，并让客户明白，在亚马逊上操作的每一个步骤都是可以逆转退回的，直到客户真正准备好购买产品。当然，这一功能在现在的网络平台上已经很普遍，但当时却是比较独特的，比如放在购物车的图书“你随后还可以把它拿出来”。

在20世纪末，对很多人来说，亚马逊这个网站是全新的，所以，让客户建立起对亚马逊的信任很受贝佐斯的重视。亚马逊的系统帮助贝佐斯实现了为客户营造一种美好体验的目标。贝佐斯认为，这个方法对于亚马逊的成功来说至关重要。

当时的互联网是一种处于婴儿期的技术，贝佐斯认为，如果客户不用上网就能获得同样的服务，那么他们就没有必要换到这个看起来让人迷惑甚至有点儿害怕的新媒介。所以，亚马逊只有做一些线下做不了的事情，才能更具竞争力。贝佐斯说：“如果你想在中短期内成功，只能做给客户提供超强价值的事情，而传统方式是不可能提供这种价值的。也就是说，你应该在网上做些线下不可能完成的事情。”

贝佐斯要求他的团队要把客户的需求永远放在第一位，而不是尽可能从客户虚拟的钱包中多弄出一美元。客户喜欢什么、厌恶什么，然后想尽一切办法解除客户的后顾之忧。

行动指南

1. 为对方着想。没有人会对一个自私自利的人充满信任，只有真正为对方的利益着想，才能得到尊重。

2. 严谨的工作作风、专业的建议是赢得客户的基础。

3. 任何人都不会对一个不了解的组织产生信任感。所以，要解除客户的后顾之忧，就必须增加公司的透明度，让客户看到一个真实的公司。

第364天　杰夫·贝佐斯：反其道而行之的营销策略

核心提示

营销策略千变万化，没有固定的模式，尤其在创新时代，一切皆有可能。运用逆向思维，在改变中突破，在创新中发展，只要能取得最好的营销效果，创造佳绩，便是成功的营销策略。

经典案例

当贝佐斯决心在亚马逊的网站上增加一些实体书店很难实现或不可能实现的功能时，互联网正好为他的这一设想提供了方便，即实现了网站与客户的双向沟通。贝佐斯意识到，可以让客户自己在亚马逊的网站上做一些编辑工作，亚马逊邀请读者发表评论，然后让其他客户来给这些评论打分，并请作者来回答读者们贴在网上的问题。

此外，亚马逊还允许客户在访问该网址的时候，自由选择显示状态——“可见”或“不可见”。如果客户选择“可见”，那么，浏览同一类书籍的客户便可以相互交流，相互推荐喜欢的图书。

当时还发生了一件令人惊讶的事，在贝佐斯的授意下，亚马逊公司邀请二度普利策奖的得主约翰·厄普代克撰写小说《谋杀造就了杂志》的开头，发布于亚马逊的网站上，由网民自由续写。出人意料的是，这个故事征集到了40万个结局。为了鼓励读者，在6个星期内，亚马逊每周选出一个获胜者，给予其1000美元的奖励。然后，再从这6位获奖者中随意抽取一位最终的获奖者，给予其10万美元的奖励。最后，全书再由约翰·厄普代克定稿在亚马逊网站上正式发行。亚马逊网站不但是一家图书销售网站，还是书迷早期的社交网络。

人们对续写事件的最初反馈是有争议的，有很多负面评论，亚马逊的竞争对手们很是纳闷：为什么亚马逊会让这样的事情发生？谁会买一本别人说了坏话的书呢？但这恰恰是杰夫·贝佐斯“打造以客户为中心的公司”计划的一部分。顾客评论程序进行几周后，贝佐斯开始收到了一些善意的来信，很多人都劝告贝佐斯不要让负面评论出现在网站上，并提醒他只有卖产品才能赚到钱。客户的善意更使贝佐斯坚信，能够帮助人们作出购买决定，才能销售出更多的书。

亚马逊的举动太非同寻常了，客户评论和客户推荐让人们认识到亚马逊真的是一家不一样的书店，客户可以依靠它来甄别出那些既浪费时间又浪费钱的书。这一非常之举不仅推高了亚马逊的声誉，还凸显了贝佐斯以客户为中心的总裁形象。

行动指南

1. 找到与竞争对手相比自身的优势，商家竞争的不是低价而是与众不同。

2. 越与产品格格不入的事物越能引起客户的注意，所以，商家应适时把这些格格不入的事物拉入客户的视野里。

3. 任何事物都有两面性，先抑后扬是高效的营销策略之一。

第365天　杰夫·贝佐斯：服务比销售更重要

核心提示

客户购买的往往并非产品本身，而是相关服务。销售了产品，并非工作就结束了，客户是否满意要靠售后服务和延伸服务做保障和支持。只有顾客真正喜欢你，认可你之后，才会选择你的产品。

经典案例

1998年7月，贝佐斯进行了两次合并，一是PlanetAll，一个是Junglee。

PlanetAll的主要功能是销售网上地址簿和日历系统。虽然今天很多公司都提供这种服务，但在当时，这却是一项独特的业务，贝佐斯以前卫的眼光意识到了这项业务的重要性，果断合并了PlanetAll。贝佐斯曾说："PlanetAll是我见到的对互联网最具有创新性的应用，在保持联系这一基本而又重要的事情上，他们做了突破性工作……我相信PlanetAll将被证明是一项非常重要的在线应用。"

Junglee是一家购物比较网站，通过与Junglee的合作，亚马逊能让客户更容易地找到和发现他们想要的东西，因为人们在Junglee上搜索某一个产品时，它会搜索其他销售这个产品的网站，并把每个网站的价格都列出来。这样的比较清晰而明了，客户自然知道自己应该购买哪家的产品。

通过这两次合并，贝佐斯向客户展示了亚马逊的宗旨：提供卓越的服务。卓越的服务比销售本身更重要。贝佐斯说："我们没必要销售所有东西，只要帮助客户找到销售这些东西的网络平台就足够了。"

这些项目后来被合并到zShops中，最终被zShops取代，变成了"亚马逊市场"，在那里，个人和零售商可以通过亚马逊来销售商品，作为报酬，亚马逊会收取5%～25%的手续费。

亚马逊市场刚一推出，大多数观察家便提出了异议，他们普遍认为这个想法太过疯狂，竞争对手通过亚马逊网站出售自己的商品，而亚马逊也在该网站上销售自家的商品，这不是自己给自己制造障碍吗？但是，贝佐斯却有他自己的想法，人们可以通过互联网找到任何商品，与其让他们到其他网站上搜索和销售商品，不如通过亚马逊销售，这样，不但能提升亚马逊的知名度，还能赢得客户的信赖。

事实证明贝佐斯的决策是正确的。据有关数据显示，2010年的第四季度，"亚马逊市场"占了亚马逊该季度收入的35%。

行动指南

1. 没有不接受产品和服务的客户，只有不接受商家的客户。

2. 商家应真心付出，用心思考，真诚地为客户服务，多站在客户的角度去考虑问题，善于抓住客户的心理进行"攻关"。

3. 为了让客户接受商家的产品或服务，商家应找出产品或服务的特点，明确能为客户提供哪些帮助。

参考文献

1. 郑月玲．一本书学会做电话营销［M］．北京：人民邮电出版社，2010

2. 金鸣，张敏．世界500强企业品牌创新之道［M］．北京：北京出版社，2006

3. 杨智斌．电话营销中的心理学［M］．北京：电子工业出版社，2009

4. 董本东．能者为王［M］．北京：东方出版社，2006

5. 傅雷．世界500强企业顶尖营销法则［M］．深圳：海天出版社，2007

6. 王静．如何做电话营销［M］．北京：中国物资出版社，2008

7. 张云起．销售业务与潜能开发（第二版）［M］．北京：中国经济出版社，2006

8. 张与弛．中国推销员最容易犯的101个错误［M］．北京：中国商业出版社，2008

9. 文光．营销大师的9堂课——大师讲堂2［M］．北京：中央编译出版社，2005

10. 张烜搏．赢得客户的12个关键电话［M］．北京：人民邮电出版社，2005

11. 吕叔春．金牌直销员手册［M］．北京：中国纺织出版社，2005

12. 唐华山．一本书学会做销售［M］．北京：人民邮电出版社，2010

13. 菲利普·科特勒，欧文·瑞恩，迈克尔·哈姆林，马丁·斯托勒．塑造知名度［M］．北京：人民邮电出版社，2007

14. 李智贤．电话营销实战训练［M］．北京：机械工业出版社，2008

15. 朱华，窦坤芳．市场营销案例精选精析（第三版）［M］．北京：中国社会科学出版社，2006

16. 菲利普·科特勒，凯文·莱恩·凯勒．营销管理（第3版）［M］．北京：清华大学出版社，2007

17. 菲利普·科特勒，费尔南多·德·巴斯．水平营销［M］．北京：中信出版社，2008

18. 博瑞森．陌生拜访细节训练［M］．北京：中国商业出版社，2006

19. 李桂荣．现代推销学（第四版）［M］．北京：中国人民大学出版社，2008